영상번역 연구

번역학 총서 13

영상번역 연구

Topics in Audiovisual Translation

Pilar Orero 엮음

김윤정· 권유진· 이수정· 박영민· 홍지연
강지수· 박보람· 심안리· 양지윤· 윤예정
이가은· 이성제· 이은지· 최은영 옮김

도서출판 동인

■ 이 번역학 총서는 BK21⁺ 사업에 의하여 지원되었음.
(부산대 영상산업 번역전문인력 양성사업단 번역학 총서)

TABLE ● OF ● CONTENTS

영상번역(Audiovisual translation)
역동적 포괄성을 지닌 새로운 분야

Pilar Orero

번역 김윤정

지난 2001년 이 책을 처음 에디팅할 당시 필자는 『번역학서지 (*Bibliography of Translation Studies*, 이하 BTS)』에 들어갈 영상번역 관련 내용을 검토하고 있던 중이었다. Yves Gambier와 Henrik Gottlieb이 집필한 「(멀티)미디어 번역」(BTS 2001: 45) 부분을 보면 이런 문구가 나온다. "다음과 같은 질문에 답하고자 하는 것이다. (멀티)미디어 번역은 전혀 새로운 분야인가 아니면 다양한 학문 분야를 아우를 수 있는 포괄적 틀인가? 혹은 혼란을 야기하는 유행어에 지나지 않을 뿐인가?" 이 글을 읽는 순간 스크린 번역

(screen translation), 멀티미디어 번역(multimedia translation), 혹은 보다 광범

위하게는 영상번역에 대해 알려진 바가 거의 없고 번역학의 다른 분야와

어깨를 나란히 할 수 있도록 하기 위해서는 할 일이 많음을 깨달았다. 일단

시작은 원천텍스트(source text)가 청각(라디오) 채널을 통하거나, 청각과 시

각이 섞인 형태이거나(스크린) 혹은 문자와 청각과 시각이 혼합된 형태(멀

티미디어)인 경우 발생하는 번역의 복합적이면서도 다양한 모드를 정의하

기 위한 일반 명칭에 대한 합의를 도출하는 것이 될 것이다. 라디오를 영상

번역의 일부로 보는 관점에 동의하지 못할 수도 있다. 그러나 15년 이상 라

디오 방송용 보이스오버(voice-over) 번역을 수행한 필자의 경험 상 그 과정

은 TV 인터뷰 보이스오버 작업과 흡사하다. 영상번역 용어의 난맥상은 이

분야의 명칭 자체에서부터 극명하게 드러난다. '제약 번역(*Traducción*

subordinada 혹은 Constrained Translation)' (Titford 1982: 113, Mayoral 1984: 97

& 1993, Rabadán 1991: 172, Díaz Cintas 1998, Lorenzo & Pereira 2000 & 2001)

에서 '영화 번역(Film Translation)' (Snell-Hornby 1988), '영화/TV 번역(Film

and TV Translation)'(Delabastita 1989), '스크린 번역(Screen Translation)'(Mason

1989), '미디어 번역(Media Translation)'(Eguíluz 1994), '영화 커뮤니케이션

(Film Communication)'(Lecuona 1994), '필름 번역(*Traducción Fílmica*)'(Díaz

Cintas 1997), '영상번역(Audiovisual Translation)' (Luyken 1991, Dries 1995,

Shuttleworth & Cowie 1997, Baker 1998), '(멀티)미디어 번역((Multi)Media

Translation)'(Gambier & Gottlieb 2001)에 이르기까지 실로 다양하다. 본서는

이중 '영상번역'이라는 용어를 채택했는데 '스크린 번역'이라는 용어는 극장

이나 라디오까지는 아우를 수 없을 것이고 '멀티미디어'라는 말은 일반적으

로 IT 분야와 연관되는 것으로 생각하기 때문이다. 반면 '영상번역'은 어떠

한 종류나 형식의 매체든 해당 매체용으로 제작되는 혹은 제작 후 방영/상

영 과정에 필요한 모든 번역(혹은 다중 기호 전송)을 포괄할 수 있으며, 더 나아가 미디어 접근성이라는 새로운 개념, 즉 청각장애인을 위한 자막과 시각 장애인용 화면 해설 제공까지도 아우를 수 있다.[1]

벤자민스출판사의 편집자 Isja Conen에게 영상번역 관련서 출판을 제안해 봐야겠다는 생각은 필자가 몸담고 있는 스페인 바르셀로나자치대학에 새로 마련된 영상번역 대학원 과정의 일환으로 동 분야 학자 및 실무 전문가를 모셔 강의를 들으면서 생겼다. 그간 Yves Gambier와 Henrik Gottlieb를 비롯해 여러 학자가 많은 연구를 진행해 왔지만 학문적 차원에서, 즉 교육과 연구에 있어 모두 여전히 노력을 기울여야 할 부분이 많이 남아 있다. 기술 발달에 따라 종이 기반 사회가 미디어 사회로 전환됨에 따라 영상번역은 번역학에서도 가장 역동성을 띠는 분야가 됐다. 이는 영상번역에 대한 시장 수요와 영상번역을 전공하고자 하는 학부 및 대학원생의 숫자를 통해 객관적으로 드러나는 사실이다. 영상번역을 주제로 한 각종 소논문이나 박사논문, 학술대회, 출판물 및 학술서의 증가 역시 이를 방증한다.

스페인에서 대학원생을 대상으로 한 영상번역 교육 과정 기획 시 다양한 관련 기술을 훈련시키기 위해서는 몇 가지 문제를 해결해야만 했다. 우선 이 특수 분야에 대해 번역가를 훈련시키기 위해서는 실제 작업 환경과 유사한 시스템을 갖춰야 했다. 즉 소프트웨어 프로그램과 번역하고자 하는 영상 자료를 준비하는 한편으로 수업을 진행할 전문 번역가를 찾아야 했다. 자막 및 더빙/보이스오버 작업용 소프트웨어 프로그램(Subtitul@m, REVOice)을 제작하고 실습실 환경을 극장에 버금가도록 업그레이드하는 것으로 첫번째 문제는 해결했다. 실무 분야 전문성을 갖춘 교수자를 찾는 일은 당시도 그랬고, 현재도 여전히 쉽지 않은 문제다. 우리는 실제 작업 환경을 그대로 재현하고자 했고 활발히 활동하는 전문가만이 현장에서 일상적으로 일어나는 경험을 전달해줄 수 있다고 생각했다. 그러나 짜인 일정표를 준수하며 학생 과제물을 준비하고 교정하는 일련의 업무는 이들 전문가에게는 부담일 수밖에 없다. 다행히도 우리 대학이 세계에서 영화 제작 관련 작업이 가장 활발히 일어나는 도시 중 한 곳인 바르셀로나에 위치한 덕에 몇몇 영상번역전문가와 연락할 수 있었다. 물론 이들 전문가가 강의를 위해 시간을 내고 그 일정을 조율하는 것이 녹록한 일은 아니다.

바르셀로나는 다양한 요인이 작용한 결과로 현재와 같은 지위를 누리고 있다. 스페인의 많은 TV 채널(지상파, 디지털 및 위성)과 영화관, 라디오 방송사를 통해 방송 혹은 상영되는 해외 멀티미디어 자료의 수는 지속적으로 증가하고 있다(예를 들어 Gambier 2003과 본서의 「이중 언어 맥락에서의 번역: 더빙 번역에서의 여러 규범들」 참조). 또한 바르셀로나는 카탈로니아 지방의 주도(州都)로 서반아어와 다른 언어가 같이 공용어의 지위를 누리며 6백만 명 이상의 주민에 의해 사용되고 있다. 따라서 카탈로니아에서는 같은 작품을 카탈로니아어와 스페인어 두 가지 버전으로 더빙 및 자막 작업을 해 영화관에서 상영하는 경우를 종종 볼 수 있다. TV와 라디오 방송 역시 이 두 언어로 진행되며 이러한 이언어 정책은 모든 시청각 및 멀티미디어 자료에 적용된다. 카탈로니아어 구사자가 이언어 화자라는 속성을 지니므로 서반아어 및 카탈로니아어로 된 모든 시청각 자료의 제작 및 후제작 과정이 바르셀로나에 집중되는 것이 당연해 보인다. CityTV, BTV, Flax 등 신규 TV 방송 채널이 카탈로니아에 개국하면서 이 지역 내 더빙 및 자막, 보이스오버 작업 수요를 증대시켰으며 번역 시장의 규모를 키워 카탈로니아 공영방송인 TV-3에서 발급하는 자격증을 소지하지 않은 사람까지도 시장 진입이 가능하기에 이르렀다(본서 「이중 언어 맥락에서의 번역: 더빙 번역에서의 여러 규범들」의 설명 참조). 바르셀로나는 영상번역 연구를 위한 자료 수집은 물론, 종래의 형식과 새로운 온라인 형식을 모두 아우르는 영상번역 교육을 실시하기에 더할 나위 없는 장소인 것이다(본서 「온라인과 영상번역의 완벽한 만남: 온라인 영상번역 학습 전략, 기능 및 상호작용」 참조). 접근성에 관한 2003 아테네선언은 미디어 접근성이라는 주제가 이제 학계와 실무 현장 모두에서 주목받는 분야로 부상할 것임을 의미한다. 바르셀로나는 전체 방송 시간 대비 청각장애인을 위한 자막 방송 비율이 스페인에서 가장 높은 수치인 56%에 달하고 있다.

본서는 영상번역 분야의 '최신' 연구 및 교육 동향을 반영할 뿐만 아니라 현장 전문가들의 경험까지도 담아내고 있다. 본서에 글을 기고한 여러 학자와 마찬가지로 필자 역시 영상번역 연구는 영상번역을 둘러싼 다양한 변수를 고려해야 한다고 생각한다. 이러한 의미에서 영상번역은 이 글의 도입부에서 인용한 "다양한 학문 분야를 아우를 수 있는가"라는 Gambier와 Gottlieb의 질문에 대한 답이 될 수 있을 것이다.

본서는 크게 (1) 전문가 관점, (2) 영상번역 이론, (3) 이데올로기와 영상번역, (4) 영상번역 교육, (5) 영상번역 연구, 이렇게 다섯 부분으로 구성되어 있다. 1부는 실무 전문가들이 자신의 경험에 바탕을 두고 쓴 글을 엮은 것으로 Xènia Martínez는 스페인에서 이루어지는 더빙 작업의 세부 절차를 자세히 기술하고 있다. 더빙 작업은 기본적으로 팀 단위로 이루어지지만 작업 자체는 개별적으로 수행되는 경향이 있다. Diana Sánchez는 자막 작업과 관련해 표준화된 방법 혹은 절차가 부재함을 보여주며 자신의 회사에서 사용하는 네 가지 전략을 소개하고 각 전략별 장단점을 분석한다.

2부는 이론에 초점을 맞춘다. Jorge Díaz Cintas는 기술번역학(Descriptive Translation Studies)이라는 이론적 틀 내에서 규정된 일련의 개념에 대해 그 유효성과 기능성을 분석하고 이를 영상번역 분야에 적용함으로써 앞으로 수행될 연구의 준거틀을 설정하고 있다. 한편 Frederic Chaume는 동기화 (synchronisation)를 다양한 관점에서 고찰한다. 관련된 여러 가지 번역학적 이론을 역사적으로 접근하며 번역적 특성을 장르, 텍스트 유형, 언어, 문화, 실제 전문 작업 환경, 관객이라는 요소로 구분해 분석해 나간다. 그는 또한 영상번역 훈련 과정에 동기화 작업(synchrony)을 포함할 것을 주장하는 교육적 관점에 대해서도 다룬다. Eduard Bartoll은 Luyken, Ivarsson, Gottlieb와 Díaz Cintas의 선행연구를 바탕으로 자막에 대한 포괄적 분류법을 제시한다. 오늘날 광범위하게 존재하는 모든 자막 유형을 자막 산업에서 다 아우를 수 있도록 새로운 분류 요소(parameter)를 제시한다.

3부에서는 일정 거리를 두고 현실을 조망해 본다. Rosa Agost는 스페인의 더빙 번역에 대해 개괄하고, 더빙 번역에 영향을 미치는 외부 여건 및 개입 요인, 그리고 때로 어떻게 번역이 모델화 되어 언어 전형으로 자리 잡게 되는지를 고찰한다. 그는 또한 번역자가 번역 시 취하게 되는 다양한 입장을, 목표어와 출발어의 언어 및 문화적 측면 중 어디에 더 우위를 두게 되는가라는 관점에서 조망한다. Henrik Gottlieb는 자막의 정치적 함의를 학문적 관점 및 시장 관점에서 모두 분석하고, 특히 경제적인 것이 관련된 경우 합의를 도출할 필요가 있다고 결론짓는다. 그는 TV 방송사가 국내 제작사보다 저렴한 비용에 매수가 가능한 미국이나 영국, 호주 제작사를 인수함으로 어떤 악순환이 발생할 수 있는지 사례를 제시한다. 국내 제작사는 이웃 국가에 수출하기도 어렵다. 영미권 작품에 대한 선호도 때문이다. 이러한 고리가 끊어지지 않는 한 언어 및 문화 다양성은 누리기 어렵다.

4부는 영상번역 교육을 주제로 다룬다. Aline Remael은 영화 대사를 영상번역 관점에서 고찰한다. 영상번역 시 영화의 내러티브, 특히 영화 대사를 분석하는 데 보다 많은 시간과 노력을 투자하는 것이 얼마나 큰 이점으로 작용할 수 있는지를 보여준다. 한편 Josélia Neves는 학생들이 자막번역 수업에서 획득한 여러 기술 및 언어적 인식이 다른 과목의 수업 활동에까지 반영되어 나타남을 기술한다. 이는 일반적으로 언어 학습의 자산으로 인식되어온 두 가지 요소, 즉 번역과 시청각이 융합되며 생긴 결과다. 또한 자막번역 작업은 방대한 종류의 기술을 필요로 하기 때문인데 이들 기술은 자막번역의 각 단계별로 필요한 여러 기술을 아우를 수 있도록 체계적으로 구성된 다양한 활동을 통해 향상될 수 있다. Miquel Amador와 Carles Dorado, Pilar Orero는 대학원 과정의 온라인 교육 환경에 대해 기술한다. 많은 우려에도 불구하고 이 새로운 교육 형식이 원활히 작동함을 보여주며 교습 전략 및 기능을 상세히 기술함으로써 그 적절성을 입증하고자 한다.

본서의 마지막 장은 영상번역 연구에 할애하고 있다. Francesca Bartrina는 번역 산출물을 중심으로 연구 가능한 다섯 가지 영상번역 연구 분야를 분석하고 있는데 각기 시나리오 연구, 영화 각색, 청중 설계(audience design), 화용론, 폴리시스템 이론(Polysystem Theory)을 그 출발점으로 한다. Yves Gambier는 매우 흥미로운 연구 분야에 대해 소개한다. 즉, 영화 각색이 어떻게 다양한 모습과 방향으로 이루어질 수 있는지를 보여주며 이러한 현상을 기술하기 위해 '번안각색(tradaptation)'이라는 용어를 제안한다. 사례 연구를 통해 다양한 전이와 변경, 변형, 각색을 분석한다. Eva Espasa는 다큐멘터리에 대해 고찰하는데 영상번역에서 더 많은 논의가 이루어져야 할 분야라 할 수 있다. 그는 다큐멘터리를 혼종성과 다양성을 지닌 영화학의 한 장르라는 관점으로 접근하고 있는데 이러한 시각은 향후 영상번역 연구에 접목해 볼 수 있을 것이다. 그는 흔히 다큐멘터리와 연결 짓는 두 가지 속설에 초점을 맞춰 논의를 진행해 나간다. 즉, 다큐멘터리는 영화가 아니며 다큐멘터리 번역을 영상번역으로 특정 지을 수 없다는 인식 말이다. 다큐멘터리의 허구적/실화적 속성, 영상과는 별개인 다큐멘터리 번역 모드, 다큐멘터리의 담화 모드, 담화의 장, 번역 모드, 텍스트 기능, 대상 청중 등의 문제를 살핌으로써 향후 다큐멘터리 번역 연구의 청사진을 제시하고 있다. Vera Santiago는 브라질의 폐쇄 자막 시스템(closed subtitling system)을 개괄하며 자국 청각장애인들의 수요에 맞추기 위해서는 일부 개선이 필요한 점들이 있다고 결론짓고 있다.

본서가 영상번역과 관련해 정리가 필요한 일부 문제를 해결하고 관련 용어 및 요소를 확립하는 데 도움이 되기를 바라본다. 영상번역이 그 자체로 번역학에 포함되어야 할 당위성에 대해 더 논할 필요는 없다고 본다. 이미 2004년 런던 학술대회에서 그 부분은 충분히 증명이 되었기 때문이다. 19세기 말을 기점으로 한 시청각 기술 사회는 이제 급격한 변화를 맞이하고 있는 바 영상번역학은 미디어 기반의 새로운 사회 현실을 탐구하는 학문 분야로 거듭나야 할 것이다.

본서의 출간을 독려해준 Gideon Toury와 이 책이 세상에 나올 수 있도록 각고의 노력을 기울여준 벤자민스출판사의 고문 겸 편집자 Isja Conen에게 지면을 빌어 감사를 전하고자 한다. Henrik Gottlieb와 Yves Gambier는 관심을 갖고 조언과 지원을 아끼지 않았으며, Jorge Díaz Cintas와 Diana Sánchez는 사기를 진작시키는 한편으로 도움을 마다하지 않았다. 번역자 John Macarthy의 공도 빼놓을 수 없다. 또한 본서가 탄생할 수 있도록 열정을 갖고 성실히 글을 기고해준 저자 한 분 한 분께도 감사의 마음을 전한다. 마지막으로 본서를 기획함에 있어 촉매제 역할을 한 우리 대학의 2001/2학년도 대학원생들에게도 감사한다.

2004년 5월 20일
바르셀로나에서 Pilar Orero

주석

1. 상세한 영상번역 분류법에 대해서는 Gambier(2003: 171-177)를 참조하라.

참고문헌

Baker, Mona & Brano Hochel. 1998. "Dubbing". In *Routledge Encyclopedia of Translation Studies*, ed. Mona Baker. London: Routledge: 74-76.

Delabastita, Dirk. 1989. "Translation and Mass-Communication: Film and TV Translation as Evidence of Cultural Dynamics". *Babel* 35 (4) 193-218.

Díaz Cintas, Jorge. 1997. *El substitulado en tanto que modalidad de traducción fílmica dentro del marco teórico de los Estudios sobre Traducción*. Published in microfiches Universitat de Valencia 1998 n° 345-28.

Díaz Cintas, Jorge. 1998. "La labor subtituladora en tanto que instancia de traducción subordinada". In Orero, Pilar (ed.) *Actes del III Congrés Internacional sobre Traducció*. Bellaterra: Servei de Publicacions de la Universitat Autónoma: 83-89.

Dries, Josephine. 1995. *Dubbing and Subtitling: Guidelines for Production and Distribution*. Manchester: The European Institute for the Media.

Gambier, Yves. 2003. "Screen Transadaptation: Perception and Reception". *The Translator* 9 (2): 171-189.

Gambier, Yves and Henrik Gottlieb (eds) 2001. *(Multi) Media Translation*. Amsterdam: John Benjamins.

Lecuona Lerchundi, Lourdes. 1994. "Entre el doblaje y la subtitulación: la interpretación simultánea en el cine". In Eguiluz Ortiz de Latierro, Federico; Raquel Merino Alvarez; Vickie Olsen; Eterio Pajares Infante and José Miguel Santamaría (eds). *Transvases culturales: literatura, cine, traducción*: 279-286.

Lorenzo García, Lourdes and Ana María Pereira Rodríguez (eds) 2000. *Traducción subordinada: El doblaje (inglés-español/galego)*. Vigo: Servicio de Publicacións Universidade de Vigo.

Lorenzo García, Lourdes and Ana María Pereira Rodríguez (eds) 2001. *Traducción subordinada: El subtitulado (inglés-español/galego)*. Vigo: Servicio de Publicacións Universidade de Vigo.

Luyken, Georg-Michael *et el*. 1991. *Overcoming Language Barriers in Television*. Manchester: The European Institute for the Media.

Mason, Ian. 1989. "Speaker meaning and reader meaning; preserving coherence in Screen Translating". En Kólmel, Rainer and Jerry Payne (eds) *Babel. The Cultural and Linguistic Barriers between Nations*. Aberdeen: Aberdeen University Press: 13-24.

Mayoral Asensio, Roberto. 1984. "La traducción y el cine. El subtítulo". *Babel: revista de los estudiantes de la EUTI* 2: 16-26.

Mayoral Asensio, Roberto. 1993. "La traducción cinematográfica: el subtitulado". *Sendebar* 4: 45-68.

Rabadán Álvarez, Rosa. 1991. *Equivalencia y Traducción: Problemática de la Equivalencia Translémica Inglés-Español*. León: Universidad de León, Secretariado de Publicaciones.

Shuttleworth, Mark and Moira Cowie. 1997. *Dictionary of Translation Studies*. Manchester: St. Jerome.

Snell-Hornby, Mary. 1988. *Translation Studies. An Integral Approach*. Amsterdam: John Benjamins.

Titford, Christopher. 1992. "Sub-titling: Constrained Translation". *Lebende Sprachen* 37 (3): 113-166.

전문가 관점

영상 더빙
더빙의 과정과 번역

Xènia Martínez
번역 이수정

　더빙 번역은 영상번역 중에서도 가장 독특한 방식을 취한다. 우선, 번역가가 만든 번역물은 완성된 것이 아니며 프로젝트의 최종 작업물이라고 볼 수도 없다. 길고 복잡한 과정 중 먼저 번역가가 번역물을 만들어내고, 이후 그것은 여러 사람의 손과 과정을 거쳐 처음 번역물과는 다소 달라질 것이다.

　더빙 작업은 밀접하게 연결된 단계로 구성되며, 공장의 생산라인처럼 반드시 정해진 순서와 리듬을 따라야 한다. 만약 이 단계 중 하나라도 지연되거나 잘못된다면 전체 과정에 영향을 끼칠 것이다. 또한, 워낙 많은 사람이 참여하는 작업이므로 문제가 발생하기 쉽다.

　전 세계적으로 더빙 작업의 주요 단계는 기본적으로는 같지만, 국가나 스튜디오에 따라 다를 수도 있다. 이 책에서는 스페인어 더빙의 일반적 상황을 분석하고 부분적으로 카탈로니아어도 다룰 것인데 다른 언어의 더빙 작업과는 다소 차이가 있을 수 있다.

더빙 제작 준비 단계는 고객이 영화나 프로그램의 복사본을 더빙 스튜디오에 보냄으로써 시작되며 주로 TV 방송사, 방송 제작자, 배급사가 고객에 해당한다. 이러한 복사본은 마스터본이라고도 불리며 번역이 용이하도록 보통 원본 대본과 지시사항이 첨부된다. 지시사항은 노래도 더빙되어야 하는지, 영상 삽화에도 자막을 달아야 하는지, 특정한 역할을 정해진 더빙 배우가 맡아야 하는지 등의 내용을 포함한다.

제작사 대표는 관련된 모든 복사본을 더빙 스튜디오의 소속이 아닌 번역가에게 보낸다. 번역가는 주로 영상과 대본의 원본으로 작업한다. 그렇지만 대본은 최종본이 아닌 제작 준비 단계용이며 대사를 그대로 옮겨 적어 놓은 것이 아니기 때문에 가끔 대본과 영상의 대사가 상당히 다를 수 있다. 다시 말하자면, 번역가는 원본과는 다른 불완전한 대본을 받을 것이다. 어떤 경우에는 아예 대본을 받지 못할 수도 있는데, 이때 번역가는 온전히 영상에만 의존해서 작업해야 한다.

번역이 완성되면 무조건은 아니지만 주로 교정가에게 보낸다. 몇몇 방송사와 배급사는 회사 소속의 교정가와 언어전문가가 있으며, 이러한 교정 단계를 필수로 여긴다. 그러나 어떤 곳들은 이 단계를 완전히 생략한다.

다음은 번역된 대사와 배우의 입 모양, 그리고 영상 속 이미지를 최대한 맞추는 동기화(synchronisation) 단계이다. 동기화 작업을 번역가나 교정가가 하는 경우가 종종 있고, 아주 가끔은 배우나 더빙 감독의 몫이 되는 경우도 있다. 동기화 작업가(synchroniser)는 교정가와 마찬가지로 변경 사항이 원문과 동떨어지지 않도록 주의해야 하고, 불필요한 정보를 삭제하거나 축구 경기나 병원 응급 병동의 배경 소리와 같은 음향 효과를 부가적으로 삽입해야 할 수도 있다.

동기화 작업을 하고나면 제작 부서에서 더빙 완성 전 최종 마무리를 한다. 다음은 번역이 끝나고 동기화된 대본을 더빙할 수 있게끔 물리적으로 준비하는 단계이다. 영화, 시리즈물, 다큐멘터리 등 번역물의 종류에 따라 약간의 차이가 있을 수 있지만, 그 과정은 근본적으로 같다. 제작 조수는 우선 정해진 규칙에 따라 대사를 테이크(take) 단위로 나눈다. 즉, 인물이 한 명 이상 등장할 경우 여덟 줄의 대사를 한 테이크로 간주하고 인물이 한 명일 경우 다섯줄까지의 대사를 한 테이크로 본다. 장면이 전환될 때는 대사가 얼마나 짧든 상관없이 테이크가 끝난다. 화면에 나타나는 TCR(Time Code Record: 시간 설정 코드 녹화)은 테이크가 시작하는 지점마다 표시되며 각각 숫자가 매겨진다. 각각의 인물이 등장하는 테이크가 몇 개인지, 보통 더빙 감독이 결정하는 사항인 누가 해당 인물의 목소리를 더빙할지, 그리고 더빙할 때 테이크가 어떻게 적용되는지(예를 들어, 배우의 등장 시점과 연기 소요 시간)가 차트에 기록된다. 더빙 세션을 구성하는 것은 마치 조각 퍼즐 같아서 테이크와 배우의 분배를 일반 세션처럼 하여 최소한의 시간과 비용으로 더빙 작업을 완료할 수 있게 한다. 더빙 세션에 영향을 미치는 여러 가지 요인으로는 녹음실이나 배우의 사용 가능 여부와 실질적인 테이크의 어려움 등이 있다.

모든 세션이 구성되면 제작 조수는 스케줄을 작성한다. 이것은 감독에게 가이드와 같은 역할을 하는데, 각 배우의 도착 시각과 어떤 인물을 더빙할지 그리고 어떤 테이크를 녹음할지 등의 정보를 포함한다. 때로는 고객은 등장인물 한 명에 대해 두세 명의 더빙 배우 목소리 샘플을 요구하며 그 중 제일 적합한 사람 한 명을 선택하는데, 특히 영화일 경우에 그렇다.

더빙 세션을 할 때 감독은 녹음실에서 모든 자료를 가지고서 배우들에게 더빙할 인물과 연기 방식에 관해 설명한다. 감독은 배우의 연기를 살피며 오류가 없도록 감독하고, 특히 발음이나 내용이 틀리지 않도록 지도해야 한다. 그리하여 부족한 부분 없이 계획된 테이크의 더빙을 모두 완료하게끔 한다. 더빙된 번역물을 카탈로니아 방송사 채널인 TV-3에 보내기 전에 한 번 더 언어에 대한 확인이 필요하다. 만약 오류가 있다면 그 부분은 다시 녹음해야 한다.

끝으로 자막을 더빙 영상에 추가하여 최종 작업물을 만든다. 즉, 영상과 소리를 미세 조정하여 더빙된 목소리가 녹음된 여러 채널 사이에서 조화를 이루게 하는 것이다.

더빙 과정은 매우 복잡하며 아주 많은 요소를 포함한다. 번역가가 작업한 최초의 번역물이 계속 변경되는 것은 불가피한 일이다. 사실 영상번역이라는 분야의 텍스트는 처음부터 끝까지 아주 많은 변화를 겪는다. 번역가가 제출한 텍스트는 모든 단계에서 어느 정도 계속해서 변경된다. 앞서 말했듯이, 번역가가 완성된 번역물을 제출하면 그것은 교정가와 동기화 작업가의 손을 거친다. 이 두 단계에서 텍스트의 변경은 때때로 필수가 될 수도 혹은 아닐 수도 있다. 또한, 대개 교정가나 동기화 작업가가 원문의 언어를 이해하지 못한다는 것을 유념해야 한다. 그렇게 변경된 부분으로 인해 원문과 내용이 달라질 수 있다. 앞선 두 전문가에게는 번역물의 형식이 최우선 관심 대상이며 그 속의 내용은 상대적으로 적은 관심을 받는다. 교정가와 동기화 작업가로 인해 변경되는 경우에 관해 다음과 같은 간단한 예시가 있다. "Please"의 의미를 가진 "per favor"를 "sisplau"로 대체함으로써 "sisplau"의 p와 원문 "please"의 p를 일치시키며, 마찰음 f가 들어 있는 "per favor"는 제외하는 것이다. 또 다른 영어 예시로, "what do you think?"는 다음과 같이 여러 방식으로 번역될 수 있다. 우선 "Què en penses?"와 "Què et sembla?"가 있지만 아마도 동기화 작업가는 "Què me'n dius?"를 선택하여 영어의 th와 도착어의 d와 i를 일치시키려 할 것이다. 비슷한 예시로, 영어의 "Don't talk like a fool"의 가장 자연스러운 번역은 "No diguis bestieses"이지만 "No siguis ridícul"(영어로는 "Don't be ridiculous")라고도 할 수 있는데 마지막 음절의 소리가 원문의 것과 반복되며 뜻에도 큰 차이가 없다. 앞서 보았듯 이러한 조화를 맞추기 위해 때때로 정보가 상실된다. 예를 들어, "How did they meet? — They're both commuters."라는 대화를 번역했을 때, 가장 적절한 선택으로 "Com es van conèixer? — Viatjant en autobús."나 "De què es coneixen? — D'anar en metro."가 있다. 이것을 영어로 직역하면 "How did they meet? — travelling by bus."와 "What do they know each other from? — From the metro."가 된다. 그러나 어떤 방법을 선택하든, 주로 대중교통을 이용해 직장으로 이동하는 사람을 일컫는 원문의 "commuter"를 충족시키는 번역은 없다.

　교정과 동기화 작업이 끝나면 다음으로 텍스트를 테이크 단위로 구분한다. 이번 단계는 물리적으로는 텍스트를 체계적으로 산산조각 내는 단계이지만, 더빙 번역의 모든 과정 중 이 단계가 내용적 측면에서 보았을 때 가장 텍스트를 존중하는 단계임은 분명하다. 이미 최종 번역물이 만들어졌으므로 이론상으로는 이 단계에서 번역된 텍스트에 대한 어떠한 변경도 필요 없다. 그러나 테이크 구분을 표시하는 사람이 영화에 나오는 원어를 이해하지 못할 확률이 높음에도 불구하고, 이 단계에서 보통 형식적 오류가 발견된다. 그 예로, 번역가에 의한 생략이나 텍스트와 이미지의 부조화 등이 있다. 만약 제작 조수가 출발어를 이해할 수 있다면 내용상의 오류도 발견할 수 있다. 여기서 발견되는 모든 오류는 향후 다시 텍스트를 수정하게

끔 한다. 그 예로, 화면에는 분명히 유리컵이 등장했는데 "I'll go and get the glasses"의 번역으로 "Vaig a buscar les ulleres"(직역할 경우, "I'll go and get my spectacles")가 자막으로 나와 문제가 되는 경우가 있다. 이렇게 출발어의 모호성은 번역에 있어 많은 실수를 일으킬 수 있다. 특히 번역가가 영상을 받지 못했거나 충분히 주의를 기울이지 않았을 경우에 발생한다.

텍스트는 최종 더빙 단계에서도 변경될 수 있다. 만약 제작 감독이 동기화 작업을 하지 않았다면, 그가 개인적 취향으로 작은 변화를 주기 위한 목적이었거나 또는 텍스트에 오류가 있기 때문일 것이다. 게다가 배우가 텍스트를 수정할 수도 있는데, 즉흥 연기를 하거나 주어진 대사의 구절이나 단어가 어려워서 대사를 바꾸기도 한다. 예를 들어, "mòdul lunar"라는 단어의 조합에는 두 개의 l이 포함되며 "una ascensió sensacional"에는 같은 s 소리가 반복된다. 이러한 모든 변경에는 감독의 승인이 필요하다.

결론적으로 영상 더빙은 많은 과정을 거치는 매우 복잡한 작업이다. 더빙 작업을 하기 위해 팀이 구성되지만, 작업 자체는 개인별로 수행된다. 이때 특이한 점은, 번역가가 만들어낸 번역물이 최종 완성품이 아니며 고객의 필요와 요구에 의해 다듬어지고 변경되는 일종의 초안이라는 점이다.

자막번역 방법과 팀 번역

■

Diana Sánchez
번역 박영민

1. 서론

필자는 1999년부터 바르셀로나에 위치한 소규모 자막번역 회사인 이매지너블스(Imaginables)에서 자막번역가이자 편집자로 활동해왔다. 본 회사는 주로 영어 자막을 카스틸리안어나 카탈로니아어 자막으로 번역하며, 이외에도 영어, 프랑스어, 독일어, 포르투갈어, 이탈리아어와 같은 다양한 언어의 자막을 스페인어로 번역하거나 반대로 스페인어 자막을 다양한 언어의 자막으로 번역한나.

자막번역 업계에서 사용되는 자막번역 방법과 절차는 스튜디오와 고객에 따라 매우 다양하다. 본 업계에서는 딱 하나로 정해진 기준을 전체에 적용하기 힘들기 때문에 스튜디오 대부분이 자체의 자막번역 절차를 오랜 시간 동안 발전시켜 왔다. 필자의 경험을 참고하여 자막번역 방법을 크게 네 가지로 분류했고, 이를 간략히 설명하고자 한다.

기술이 나날이 발전함에 따라 스튜디오들이 서비스와 전략을 고객의 수요에 발 맞춰 융통성 있게 펼쳐야 하는 세상이 되었다. 이러한 환경을 고려하여 필자는 DVD와 위성방송이 보급되면서 발생하게 된 자막번역과 관련된 문제들을 살펴보고, 네 가지 자막번역 방법의 장단점을 분석하고자 한다. 자막번역과 관련한 전문용어는 아직 표준화 되어 있지 않기 때문에 본 회사에서 사용하는 용어로 자막번역 방법을 설명하겠다.

사전 번역(Pre-translation): 자막번역 전 대사 목록(Dialogue List, 한 영상의 대사를 비롯해 번역가가 해당 영상의 번역 작업을 위해 참고해야 할 사항 등이 적힌 문서)을 번역하는 작업

각색(Adaptation): 사전 번역된 텍스트를 분류 및 수정하여 자막 단위로 바꾸는 작업

TC-in / TC-out: 한 자막이 시작되고 끝나는 시간을 나타내는 타임 코드 (Time Code, TC)

코딩 혹은 스파팅(Coding or Spotting): 전체 자막에 TC-in과 TC-out을 표시하는 작업

LTC(Linear Time Code): 음성 채널에서 기록되는 선형 타임 코드

VITC(Vertical Interval Time Code): 수직 귀선 기간의 비디오 신호에 겹쳐서 기록되는 타임 코드

시뮬레이션(Simulation): 영상과 완성된 자막을 같이 보는 것

들여오기(Import): 각색 작업이 완료된 텍스트를 자막 형식으로 변환하는 것

내보내기(Export): 자막을 텍스트 형식으로 변환하는 것

2. 네 가지 자막번역 방법

앞으로 설명하고자 하는 네 가지 자막번역 방법은 다음과 같다.

1. 사전 번역 - 각색 - 스파팅
2. 사전 번역 - 스파팅 - 각색
3. 각색 - 스파팅 - 번역
4. 번역/각색 - 스파팅

모든 프로젝트는 자막번역 방법에 상관없이 두 단계의 검토 과정을 거친다.
첫 번째 검토 단계에서는 원어민이 영상을 보지 않고 자막 파일만 읽어
본다. 이를 통해 자막 내 철자 혹은 구두점과 관련된 오류나 비논리적인 부
분을 쉽게 찾을 수 있다. 이때 자막 내 비논리적인 부분을 최대한 많이 발
견하는 동시에 원문의 개입을 최소화하고자, 해당 영상을 본 적 없는 사람
이 첫 번째 검토 단계의 작업자로 선호된다. 그러나 적합한 작업자가 항상
존재하는 것은 아니다. 특히 직원 한 명이 자막번역 프로젝트에서 한 가지
이상의 역할을 수행해야 하는 작은 회사의 경우, 적합한 작업자를 선정하기
가 더욱 어렵다.
두 번째 검토 단계는 시뮬레이션 단계이다. 이 단계에서는 영화나 프로
그램을 완성된 자막과 함께 띄워 보며 이전 단계에서 미처 발견하지 못한
오류가 있는지 확인한다. 본 회사는 자막 제작 프로그램을 사용해 자막을
영상과 같이 띄워서 보며 오류를 검토한다. 자막 제작 프로그램을 이용해
자막을 화면에 띄우고 완성된 자막이 어떻게 나타나는지 살펴본다. 그 결
과 비디오 복사본 없이도 자막을 최종적으로 수정할 수 있게 되는 것이다.
본 회사의 경우, 더 많은 고객들이 자막 파일만을 제공 받기를 원하고 있고,

DVD의 경우 텍스트 형식으로 된 파일만을 요구하는 경우가 흔하기 때문에 시뮬레이션 단계에서는 자막이 담긴 비디오를 복사할 필요가 없다. 본 회사에서 사용하는 프로그램 외의 다른 자막 제작 프로그램들 역시 컴퓨터 모니터로 영상과 자막을 함께 볼 수 있는 기능을 제공한다.

두 번째 검토 단계를 수행할 적임자가 누구인지에 대해서는 의견이 분분하다. 첫 번째 검토 단계를 수행할 적임자를 선정할 때와 마찬가지로, 원어를 전혀 모르는 사람이 시뮬레이션 단계의 적임자라는 의견도 있다. 오히려 원어에 대한 지식이 목표언어로 된 텍스트를 읽고 이해하는 데 방해가 될 수도 있기 때문이다. 실제로 한 언어를 읽고 이해하는 동시에 다른 언어로 듣고 이해할 수 있는 능력은 엄청난 집중력을 필요로 한다. 그러나 원어를 이해하는 작업자가 자막 내 사소한 오류를 간과하기도 하는데, 이는 작업자가 원어에 대한 이해를 바탕으로 일종의 '연상'을 하게 되면서 저지르는 실수이다. 실제로 번역가들은 시뮬레이션 단계에서 이러한 실수를 많이 범한다. 이와 같은 문제를 예방하기 위해 원어를 전혀 모르는 사람에게 시뮬레이션 작업을 맡길 수도 있다. 그러나 첫 번째 검토 단계가 제대로 실행되었다면, 영화나 프로그램을 보면서 바로 이해해서 자막 내 번역 오류를 찾아낼 수 있는 사람이 두 번째 단계의 작업자로 적합하다.

방법 1: 사전 번역 – 각색 – 스파팅

더빙용 대본으로 번역하는 과정과 비슷하게 첫 번째 방법에서는 사전 번역된 대본이 각색 단계에서 자막 단위로 바뀐 후 스파팅 작업을 한다. 이와 같은 전략이 채택되는 이유는 다양하다. 우선 고객이 번역된 대본을 제공하거나 시간 관계상 스파팅 이전에 대사 목록이 반드시 번역되어야 하는 경우를 들 수 있다. 또한, 고객이 며칠 후 방영예정인 영상의 자막번역을 긴급히 의뢰하면서 영상이 담긴 비디오테이프 없이 대사 목록만 제공할 때 첫 번째 방법이 주로 채택된다. 이때, 자막 제작자에겐 두 가지 선택권이 있다. 바로 고객에게 영상을 받을 때까지 기다리는 것과 영상 없이 우선 대사 목록만이라도 번역하면서 시간을 버는 것이다.

각색 단계에서는 번역된 대사 목록이나 대본과 같은 텍스트가 워드 프로그램이나 자막 제작 프로그램을 통해 자막 단위로 바뀌는데, 이때 자막에 담긴 의미가 검토되고 필요하다면 요약되기도 한다. 번역된 대사목록이나 대본이 워드 형식인 경우, 해당 텍스트는 자막 제작 프로그램을 통해 자막 형식으로 바뀌고 타임 코드도 표시된다. 그 후 검토 과정을 거친다.

방법 2: 사전 번역 - 스파팅 - 각색

두 번째 방법은 첫 번째 방법이 변형된 방식으로, 영화나 프로그램에 스파팅 작업을 한 후 각색 작업을 하는 것이다. 자막 제작자는 먼저 개별 자막에 TC-in, TC-out을 표시하고 자막 단위를 확인한 후 번역된 대사목록이나 대본과 같은 텍스트를 첫 번째 방법과 마찬가지로 워드 프로그램이나 자막 제작 프로그램을 사용해 자막 형식으로 바꾼다.

이 방법을 통해 자막 제작자가 대사의 실제 개별 단위를 파악해서 개별 자막의 시작점과 끝나는 지점을 결정할 때 너무 많은 정보에 휩쓸리지 않는다는 장점을 누릴 수 있다. 그 결과 스파팅 작업 시간이 단축된다.

물론 이때도 문제가 발생한다. 스파팅 작업이 각색 작업보다 먼저 행해지면, 자막 제작자는 텍스트에 담긴 정보의 과도한 손실을 막으려는 노력을 덜 하게 된다. 자막 제작자가 마지막 단계인 각색 작업을 수행하며 타임 코드를 수정할 수도 있으나 스파팅 단계에서 수정하는 경우보다 그 빈도수가 적은 것이 일반적이다.

작업 시간을 벌 수 있다는 점 외에도, 방법 1과 방법 2를 택하면 자막번역 경험이 없는 프리랜서 번역가도 자막번역이 가능하다는 장점이 있다. 번역가는 컴퓨터와 영상, 모니터만 갖추면 되기 때문이다. 또한, 각색 작업을 하면서 번역을 재검토할 수도 있다. 그러나 두 번째 방법 역시 단점이 있다. 더빙 번역과 마찬가지로 번역가가 작업이 완료된 번역물에 대해서 사실상 의사결정권을 가질 수 없다는 것이다. 결국 이와 같은 자막번역이 가진 제약 때문에 각색 단계에서 번역이 다시 이루어지거나 요약되는 경우가 많다.

자막 제작자의 입장에서 봐도 이 방법은 불리한 면이 있다. 고객들이 제공한 대본이나 대사 목록은 엉망인 경우가 많다. 고객들이 준 자료에는 영화에 나오지 않는 텍스트가 담긴 경우도 있고, 심지어는 영화에는 나오지만 자료에는 텍스트가 없는 경우도 있다. 고객들이 제공하는 대본이나 대사 목록이 실제 영상에 나오는 정보들과 일치하지 않는다는 사실은 아마 사전 번역 단계에서 간과되었을 것이다. 또한, 텍스트가 번역 작업을 위해 자막 단위로 적힌 문서인 CCSL(Combined Continuity and Spotting Lists)을 받아서 작업하는 경우, 문서에 담긴 내용이 턱없이 부족하다는 것을 스파팅 단계에서 발견하는 경우가 종종 있는데, 이때 자막의 추가가 불가피 할 수가 있다.

첫 번째와 두 번째 방법에서 나타나는 문제는 폐쇄 자막(Closed Caption, 자막의 표시 여부를 선택할 수 있는 자막)을 사용하는 영화나 프로그램에서도 나타나며, DVD나 위성방송용 자막을 번역할 때도 발생하는 문제이다.

3. 새로운 미디어의 자막번역

DVD와 디지털 및 위성 텔레비전이 출현하면서 자막이 제공되는 영화와 TV 프로그램이 많아졌다. 또한 예전에는 자막번역과 더빙 제작으로 나뉘었던 두 분야가 이제는 동일한 고객을 위해 서비스를 제공하기도 한다. 더빙 버전이 항상 먼저 제작되기 때문에 고객은 이미 더빙용으로 번역된 대본을 첨부해서 자막번역을 의뢰한다. 그러나 더빙번역 시 발생하는 제약과 자막번역 시 발생하는 제약은 매우 다르다. 자막번역물을 만들 때는 관객들이 항상 원어 음성을 들을 수 있기 때문에 좀 더 '충실한(faithful)' 번역을 하게 되는 반면 더빙 번역물의 경우에는 더빙 번역가가 유의해야 하는 제약들이 자막번역가에 비해 느슨하기 때문에 좀 더 '자유로운(freer)' 번역이 가능하다. 물론 더빙번역을 할 때는 배우가 대사를 말하지 않거나 카메라를 등지고 있을 때, 내레이션만 나올 때도 소리와 영상의 동기화가 이루어졌는지 반드시 고려해야 한다. 하지만 대사의 시작점이나 끝나는 지점, 대사의 순서는 철저히 고려하지 않아도 된다. 더빙의 경우 대사가 원어로 들리지 않기 때문에 그 내용이 원어와 상당히 다를 수 있고 실제로 그런 경우가 많다.

이러한 점은 여태껏 별 문제가 되지 않았다. 번역가들은 자신만의 방법이나 노하우를 사용해서 이러한 점을 잘 보완해 왔다. 그러나 중복되는 분야가 많아지면서 예외적인 상황도 발생하고 있다. DVD나 디지털 위성 TV 방송사는 한 언어의 영상을 자막 또는 더빙과 함께 즐길 수 있도록 서비스를 제공하고 있고 특히 DVD는 서로 다른 언어로 된 더빙과 자막을 조합해서 영상을 시청할 수 있는 서비스도 제공하고 있다. 이로 인해 더빙 버진과 자막 버전 간의 차이점이 눈에 띄기 시작했다. 물론 자막의 공간적 제약 때문에 발생하는 단어의 삭제나 더빙 버전과 자막 버전에서 사용된 단어의 미묘한 차이 같은 사항은 크게 문제되지 않는다. 그러나 많은 경우 이것보다 훨씬 더 극명한 차이점들이 나타나게 되었다.

스파팅 작업 시, 대사의 시작점과 끝나는 지점의 정확한 프레임에 따라 스파팅 하며 가끔 영화 장면을 우선시하거나 관객에게 대사를 읽을 시간을 더 많이 제공하기 위해 조정하기도 한다. 자막이 나타나는 지점이 관객의 예상에 부응해야하기 때문이다. 대사가 들리기도 전에 자막이 보이거나 대사와 함께 바로 자막이 나타나지 않으면 관객은 매우 혼란스러울 것이다. 만약 이런 상황이 발생하면 관객은 번역된 자막을 읽고 있다고 자각하게 되며 번역에 오류가 있다고 생각하게 되고 결국 자막의 질에 대해 의심을 갖게 될 것이다. 그러므로 더빙 버전이 원어로 된 대사의 시작점과 끝나는 지점을 제대로 반영하지 않는다면 자막 버전과 더빙 버전 간에 동기화가 이루어지지 않는 문제가 발생할 것이다.

동기화가 이루어지지 않는 문제 이외에도 더빙 버전과 자막 버전은 같은 대사임에도 불구하고 완전히 다른 번역을 자주 내놓기도 한다는 문제점이 있다. 물론 시간차를 두고 여러 사람들이 번역을 하므로 당연히 일어날 수 있는 일이다. 더빙용 대본을 작업할 때 번역가는 있는 그대로 번역하기보다 각색에 가까운 번역 전략을 취한다. 더빙의 목적을 생각해볼 때 수용 가능한 전략이다. 그러나 자막은 직역에 가까운 경향이 있는 반면, 더빙 버전은 원래의 뜻과는 상당히 멀어지는 경향이 있어서 자막번역을 할 때는 적합하지 않은 전략이다. 자막 제작자는 시퀀스를 한 번 더 번역하거나 더빙 버전의 번역을 그대로 사용해서 자막을 만들 수도 있는데 후자는 이상적이지 않은 방법이다. 더빙 없이 자막만 제공될 때는 관객이 원어로 된 음성을 들을 수 있기 때문이다.

스페인 위성채널에서 방영 중인 미국 TV 드라마 ⟨Homicide, Life on the

Streets)의 자막번역 프로젝트에서 이와 같은 문제를 발견할 수 있다. 이 드라마는 시청자에게 스페인어로 된 폐쇄자막을 제공하며, 시청자는 더빙 음성과 원어로 된 음성 중 하나를 선택할 수 있다. 이 드라마는 살인사건 전담반을 배경으로 형사들이 맡은 사건과 형사들 간의 관계를 중심으로 이야기가 전개된다. 드라마의 일부 장면을 예로 들어 설명하도록 하겠다.

다음은 매우 거만한 형사 팔손(Falsone)이 자신이 근무하는 경찰서에서 동료 형사들에게 자신의 복싱 실력을 자랑하는 장면이다. 이때 팔손의 또 다른 동료 형사인 마이크(Mike)와 발라드(Ballard)가 들어온다.

마이크: 엉터리야.
발라드: 누구? 팔손 말하는 거야?
마이크: 아니, 보험 서류에 적힌 테일러의 서명 말이야.

Mike: Crude.
Ballard: Who, Falsone?
Mike: No, Taylor's signature on the life insurance policy.

더빙 버전에서 "crude(엉터리야)"는 "genial(친절하네)"로 번역되어 비꼬는 어투로 표현됐다. 그러나 자막에서는 비꼬는 어투가 잘 전달되지 않기 때문에 다른 방식으로 대사의 뜻을 전달할 수 있다면 비꼬는 어투를 살리지 않는다. 그 결과 자막에서는 "crude(엉터리야)"가 비교적 본래의 뜻에 가까운 "vulgar(저속하군)"로 번역됐다. 자막이 함께 제공되는 더빙 버전을 보는 시청자들은 자막과 더빙의 내용이 불일치한다는 것을 알 것이다.

더빙용으로 사전 번역된 대본으로 자막을 만들 때는 이보다 더 다양한 문제들이 발생한다. 물론, 자막이 함께 제공되는 더빙 버전을 볼 때는 더빙 내용과 자막 내용의 차이를 당연히 감안해야 한다고 생각할 수도 있다. 그러나 위성 TV나 DVD와 같이 시청자가 다양한 선택권이 있을 때는 더빙과 자막 간의 내용 차이에서 발생할 수 있는 문제를 고려해야 한다.

만화 더빙의 경우 더빙 번역이 언어별로 훨씬 더 다르게 될 때가 있기 때문에 만화 자막번역에 많은 문제점이 발생한다. 예를 들면, 카탈로니아어로 된 만화영화 시리즈 〈Les Tres Bessones(세 쌍둥이)〉의 DVD는 스페인어, 갈라시아어, 바스크어, 프랑스어 그리고 영어로 더빙 및 자막번역 되었다. 이 만화영화의 자막은 카탈로니아어로 된 원래 버전을 바탕으로 여러 언어로 번역되어 제작되었다. 그러나 고객이 자막이 더빙 내용과 일치하지 않았다는 이유로 자막 버전을 돌려보냈는데, 이때 더빙 내용은 카탈로니아어로 된 원어 대사와 판이했다. 해당 DVD는 외국어 교육용으로 제작되었기 때문에 자막이 원어 대사에 충실하기보다는 더빙 내용을 그대로 따르는 게 더 적합해서 발생한 상황이라고 볼 수 있다.

결국 프로젝트의 주 대상이 되는 관객층을 파악하는 것이 중요하다. 자막 제작자는 자막이 원어와 함께 제공되는지, 앞서 언급한 만화영화와 같은 경우인지, 청각장애인을 위해 더빙 버전에 함께 제공되는 자막인지 등 여러 가지 사항을 고려해야 한다.

방법 3: 각색 – 스파팅 – 번역

만화영화 〈Les Tres Bessones〉와 마찬가지로 여러 언어로 자막이 번역될 때는 약간 다른 방법이 사용된다. 이때는 원어로 자막이 만들어지고 스파팅 된 후에 다른 나라 언어로 각각 번역된다. 이때, 두 가지 방법이 주로 쓰인다. 첫 번째는 관객들의 읽는 속도를 고려하여 원어 자막을 줄여야 할 때 번역가에게 대사를 어떻게 요약해야 할지, 생략해야 할 정보는 무엇인지 세세하게 알려주는 것이다. 두 번째는 전체 대사가 모두 포함된 자막으로 나누어야 할 때 번역가에게 자막 길이를 줄일지 말지 결정권을 주는 방법이다. 후자의 경우, 번역가는 한 자막이 화면에 머무는 시간과 그에 따른 자막 당 최대 글자 수 등에 대한 사항을 전달받는다. 일부 회사들은 번역가가 자막 한 줄 당 고정된 최대 글자 수를 초과하지 않는다면 미리 정해준 글자 수의 10~20% 초과하는 정도는 허락하기도 한다.

자막이 전사되고 각색과 스파팅 작업을 거치고 나면, 자막은 TC-in과 TC-out, 자막 지속 시간, 번역될 텍스트, 자막 내 허용된 최대 글자 수 등의 정보를 담고 있는 텍스트 파일로 변환된다. 아래 제시된 자막의 윗줄은 왼쪽부터 차례로 자막 번호, TC-in, TC-out, 자막 지속 시간, 자막 내 허용된 최대 글자 수를 나타낸다. 아랫줄은 번역이 필요한 자막을 옮겨 쓴 것이다.

1:	01:00:00.03	01:00:02.06	2:03	25
	Could you please explain why?		(이유를 설명해주시겠습니까?)	
2:	01:00:02.19	01:00:04.21	2:02	24
	It was completed a month ago.		(한 달 전에 끝냈습니다.)	
3:	01:00:05.19	01:00:07.12	1:18	20
	If we attack them with this...		(이걸로 공격하면...)	
4:	01:00:07.17	01:00:09.24	2:07	27
	...we'll eliminate them at their source.		(그 자들을 완전히 없앨 수 있을 겁니다.)	

스파팅이 끝난 원어 자막이 텍스트 파일로 변환되면, 번역가들은 워드 프로그램으로 작업하면서 원어 대사를 지우고 그 자리에 자신의 번역을 바로 쓴다. 이때 번역가는 한 줄 당 최대 글자 수 제한(보통 35자에서 38자 사이)을 지키고 윗줄에 담긴 정보는 그대로 둔다.

1:	01:00:00.03	01:00:02.06	2:03	25
	¿Pueden explicar por qué?			
2:	01:00:02.19	01:00:04.21	2:02	24
	Lo acabamos hace un mes.			
3:	01:00:05.19	01:00:07.12	1:18	20
	Si atacamos con esto...			
4:	01:00:07.17	01:00:09.24	2:07	27
	...los eliminamos de raíz.			

일부 회사들은 이 방법을 약간 변형시켜서 번역가에게 타임 코드를 수정할 수 있도록 권한을 주고 번역가의 판단에 따라 자막을 합치거나 나눌 수 있도록 허락하기도 한다. 물론 자막번역 절차를 잘 알고 있으며 자막번역 경험이 풍부한 번역가여야만 가능한 작업이다.

세 번째 방법을 택하면 각 언어로 자막을 만들 때 일일이 스파팅 할 필요가 없어서 자막이 동시에 여러 언어로 번역될 수 있다는 장점이 있다. 자막번역 업계는 프로젝트의 마감기한이 터무니없이 짧은 경우가 많은데, 특히 DVD 자막번역의 경우 더욱 짧다. 그러나 이 방법을 통하면 프리랜서 번역가들이 컴퓨터와 비디오테이프 녹화장치, 모니터만 가지고도 집에서 작업할 수 있어서 작업 시간을 단축할 수 있다. 또한 이 방법에서는 번역가가 자막에 담긴 정보를 요약하고 생략할 내용을 스스로 결정하면서 자신이 완성한 번역물에 대해 더 많은 결정권을 가질 수 있다.

그러나 세 번째 방법은 번역할 텍스트를 옮겨 쓰는데 시간이 많이 걸린다는 단점을 가지고 있다. 예를 들면, 영화에 대한 감독의 설명과 촬영 일화를 알려주는 감독의 해설은 보통 DVD에 포함되어 시청자의 선택에 따라 제공되는데, 감독의 해설이 대사 목록과 같이 번역가에게 전달되는 경우는 매우 드물다. 그래서 자막 제작자는 번역을 하기 전에 해설의 전체 내용을 옮겨 써야 한다. 물론 번역가가 들으면서 바로 번역할 수도 있겠지만 본 회사는 그렇게 하고 있지 않다.

또한 각 언어가 가지고 있는 구문상의 제약이 다 달라서 번역가마다 자막 단위를 자신의 임의대로 나누고 이 때문에 해당 언어에 적합하지 않게 나누어진 자막이 만들어질 수 있다는 단점도 있다. 그러나 짧은 마감 기한 내에 여러 언어로 자막을 만들어야 하는 경우, 한 번역가나 자막 제작자가 각 자막 파일을 다 만들어내는 이상적인 상황은 불가능하다.

방법 4: 번역/각색 – 스파팅

네 번째 방법에서는 번역가와 자막 제작자의 역할이 합쳐진다. 이 방법에서는 스파팅 이전에 번역과 각색 작업이 동시에 진행되거나 먼저 스파팅을 한 뒤 번역과 각색 작업이 진행된다. 이 방법은 모든 절차를 한 사람이 수행해서 여러 단계를 거치면서 발생하는 제약 속에서도 최선의 해결책을 찾을 수 있다는 장점이 있다.

그러나 안타깝게도 번역하고 요약할 때 필요한 역량과 개별 자막이 담고 있는 정보와 소리의 단위를 결정할 수 있는 기술을 동시에 갖춘 번역가는 거의 없다. 스파팅이 완료된 자막을 번역하는 것에는 능숙하지만, 스스로 자막 단위를 찾아서 스파팅하는 것은 어려워하는 번역가들이 가끔 있다. 어느 시점에 대사를 넣을지, 단일 자막으로 길게 만들지 아니면 자막을 나누어야 할지, 언제 영화의 테이크를 반드시 준수해야 할지 등의 사항을 결정하는 것은 복잡하고도 주관적인 작업임은 분명하다. 자막번역 시 꼭 지켜야 하는 법칙들이 있긴 하지만, 그 외의 사항은 항상 변할 수 있으며 번역가 개인의 선호에 따라 바뀌게 된다.

4. 결론

앞서 설명한 네 가지의 자막번역 방법 중 네 번째 방법을 통해 최고의 품질을 갖춘 자막이 탄생할 수 있다고 생각한다. 그러나 실제로 네 번째 방법이 가장 드물게 사용되는데, 이는 다양한 능력을 갖춘 번역가를 찾기 어렵기 때문이다. 번역 절차에 관한 실무 능력과 수평적인 사고력을 갖추고 어휘 너머에 있는 숨은 뜻을 잘 파악하며 일관성 있는 번역이 가능한 번역가가 부족한 실정이다.

자막번역시 주로 발생하는 오류와 문제들을 해결하기 위해서는 출발어와 목표언어에 대한 폭넓은 지식을 두루 갖춘 전문 번역가들이 한 팀을 이루는 것이 이상적일 것이다. 결국 자막번역은 팀원들 모두의 노력이 필수적으로 수반되는 작업이기 때문이다. 모든 팀원들이 자막을 제작하면서 각 단계를 수행할 여건과 능력이 된다면 작업을 끝낼 때마다 결과물에 대해 여러 번 검토할 수 있을 것이다. 번역가가 먼저 영화를 번역하고 각색 작업을 하고 나면, 해당 영화의 원어를 모국어로 하는 다른 팀원이 스파팅을 해서 오류를 찾고, 마지막으로 해당 원어를 모르는 또 다른 팀원이 앞선 두 단계를 다시 검토하는 과정이 자막번역의 이상적인 전개이다.

현재 일부 대학교에서는 잘 훈련된 자막 제작자와 번역가를 양성하지 못하는 문제점을 안고 있다. 일반적으로 더빙이 우세한 나라로 여겨지는 스페인에서도 자막번역은 나날이 성장하고 있는 산업이다. 앞으로 자막번역에 대한 관심이 더욱 커지길 바라며 대학원 과정과 같은 전문화된 교육을 통해 번역가들이 관련 기술을 향상시킬 수 있길 바란다. 미래에는 산학 협동 하에 앞서 언급한 이상적인 자막번역팀이 많이 만들어져서 자막번역이 모든 면에서 질적으로 향상되길 기대해본다.

영상번역 이론

영상번역 연구를 위한 이론적 체계를 찾아서

Jorge Díaz Cintas
번역 박보람

1. 역사적 접근

　본 글의 목적은 기술번역학이라고 막연히 알려진 이론적 틀 안에서 축적된 일련의 개념들의 유효성과 기능성을 분석하고 이를 영상번역 분야에 적용하기 위함이다.[1] 최근 들어 기술번역학이 연구적인 면에서 큰 성과를 이뤘지만, 그 중심이 문학과 문학번역에만 국한되어 있다는 한계를 지닌다.

　이 학문이 먼저 넘어야할 관문은 기술번역학과 폴리시스템 이론이라는 포괄적인 용어를 통해 사람들이 무엇을 이해하고 있는지를 정의하는 것이다. 기술번역학과 학자들의 선택은 또 다른 논쟁거리이다. 비록 기술번역학과 폴리시스템 이론 두 가지는 미묘한 의미의 차이가 있지만, 두 가지 모두 상호보완적이라는 것이 본 논문에서 취하는 지배적인 입장이다. 본 논문에서 '기술번역학'으로 함축된 용어는 폴리시스템 이론을 포함하는 보다 넓은 분류로 간주된다.

1972년에 기술번역학의 선구자인 Holmes는 다음과 같은 두 가지 목적을 가진 규범으로서 좀 더 일반화된 '번역학'이라는 용어를 만들었다: 1) 우리의 경험세계 안에서 나타나는 번역 및 번역 현상을 설명하기 위함이고, 2) 이러한 현상을 설명하고 예측할 수 있는 일반적인 규칙을 확립하기 위해서이다(1994: 71). 이에 따라 두 분파가 발생되었는데, 하나는 Holmes가 기술번역학(DTS: Descriptive Translation Studies) 혹은 번역기술(TD: Translation Description)이라고 일컫는 실증적인 분파이고, 또 다른 하나는 이론번역학(ThTS: Theoretical Translation Studies) 또는 번역이론(TTh: Translation Theory)이라고 일컫는 보다 이론적인 분파이다. 이러한 원칙들 하에, 그리고 1970년대 후반에 생겨난 여러 학회의 도움에 힘입어,[2] 번역학은 본격적으로 발전하기 시작했다. Toury, Even-Zohar, Lefevere, Hermans, Lambert, van den Broeck와 Bassnett은 어떻게든 이러한 이론적 규율을 지지하고 상세히 기술한 일부 학자들이다.

Hermans(1999: 8)가 지적했듯이 번역학은 종종 구체적인 서술적 접근법으로 받아들여져 왔지만, 최근에는 그 사용이 발달하면서 Holmes의 용어가 흔히 학문 분야 전체를 칭하게 되었다. 다음 장에서부터 '번역학'이란 용어는 전체 번역학 학문 분야를 가리키는 것으로, 그리고 '기술번역학'은 특정 학문적 접근을 가리키는 더 구체적인 용어로 사용하기로 한다.

2. 개념 및 전제

본 논문에서 필자는 번역학계의 중심을 이루는 모든 축의 개념을 자세하게 분석하려는 것이 아니라, 영상번역 연구 분야에서 기술번역학의 잠재적 타당성을 찾아내기 위한 목적으로 전반적인 개요를 제시하고자 한다.

반드시 극복해야 하는 관문 중 하나는 대부분의 이론적 전제들을 영상 세계에 적용해야 한다는 것이다. Holmes가 초기 프로포절 단계에서 문학번역뿐만 아니라 번역에 대해 전반적으로 이야기 했고, 또한 대부분의 학자들이 학술 교류에서 전통적으로 도외시되던 번역 실무를 통합할 수 있는 새로운 연구 분야를 개척해야 한다고 인식하고 있음에도 불구하고, 사실상 기술번역학은 거의 전적으로 문학작품 세계만 다루고 있다. 더빙이나 자막번역과 같은 번역 모드를 참조하는 것은 최근의 몇몇 특정 연구에서만 볼 수 있는 일이다(Bassnett 1998: 136). 그렇지만 필자는 이러한 개념들이 본질적으로 영상번역을 연구하는 데 있어서 경험적인 도구로써의 역할을 수행해야 한다는 점을 강조하고자 한다. 우리가 살펴볼 몇 가지의 영상번역은 새로운 방향의 분석이 이루어져야 한다는 것을 제시한다.

3. 폴리시스템

'폴리시스템'이란 Even-Zohar가 1970년대에 쓰고, 1970년대 후반에 영어로 출판된 일련의 논문에서 만들어 낸 용어이다(1978a, 1978b). 이것은 특정 문화권 내에서 역동적으로 공존하는 기호체계 그룹을 지칭하기 위해 사용되었다. 폴리시스템은 끊임없는 변화와 내부적 대립을 수반하고, 주된 목표는 시스템의 중심을 차지하는 것이다. 이는 사회·역사적인 규범에 의해 통제된다. 문학적 폴리시스템은 고전으로 여겨지는 작품부터 전통적으로 대수롭지 않게 여겼던 장르인 아동문학, 로맨스물, 스릴러까지 다양한 문학 작품 범위와 번역 작품들로 구성된다. 이 개념은 스페인뿐만 아니라 다른 국가들의 영화 폴리시스템을 설명하는데 매우 유용하다. 영화 폴리시스템은 자국영화와 더빙 혹은 자막으로 이루어진 번역영화로 이루어져 있고 영화들 간의 관계를 다룬다. 번역에 대한 이 새로운 접근방식은 번역 작품이 목표 폴리시스템 안에서 통합된 작품 그 자체로 연구될 수 있게 한다. 또한 정의롭지 못한 상위 원작으로부터 파생된 하위 번역물에 대한 전통적인 인식을 반박하고 있다(Hermans 1985). 과정으로서의 번역연구(translating)에서 벗어나서, 결과물로서의 번역 분석(translation)을 중점에 두는 것으로 관심사가 바뀌었다. 따라서 이 신생개념은 채택된 사회 안에서 동화되고, 이 새로운 문화에서의 자리매김에 대한 학자들의 설명이 필요하다.

이 접근방식은 많은 장점이 있다. 첫 번째로 학문적 교류에서 엄격했던 고급문화와 저급문화의 경계를 허물고 전통적으로 하찮게 여겨졌던 분야들도 발전 가능한 발판이 마련되었다. 예를 들면 스릴러의 경우, 그리고 문학 번역이나 시 번역에 비해 상대적으로 경시되었던 영상번역도 발전하기 시작했다. 또한 영화예술 연구에서 번역 작품을 포함해야 하는 필요성이 대두됨에 따라 연구시야를 넓히는데 도움이 되었다. 모든 영상번역 학자들의 관심을 끌 필요는 없는 연구 영역이긴 하지만, 일부 지식들은 그들에게도 상당히 도움이 된다. 자국영화와 번역영화의 관계는 번역가들에게 영향을 미칠 뿐 아니라 번역의 역할을 무시해왔던 영화학계에까지 영향을 미친다. 더빙과 자막 모듈 도입을 계기로 최근에서야 번역학뿐만 아니라 영화학과 언론학의 학자들까지 번역에 관심을 갖기 시작했다. 영화학 중심의 학회들은 영화 번역에 관한 논문을 포함하기 시작했다.[3] 일부 학자들은 적극적으로 영화와 번역학 사이의 격차를 좁히려는 노력을 하고 있다(Chaume

2000, 2003, Remael 2000). 그리고 일부 출판사들이 영상번역에 대한 책을 번역 시리즈가 아닌 영화 컬렉션의 일부로 출간하고 있음을 보고한다.[4] 이로 인해 번역가들과 연구원들이 명성을 얻고 우리 사회에서 좀 더 눈에 띄게 되었다. 이러한 이론적 체계 안에서 번역과 어느 정도의 번역가는 학계의 신데렐라로 치부되던 오명에서 벗어나고, 번역 작품은 역사적으로 부담스러웠던 부족한 작품들을 변화시킨다. 원칙적으로 번역물은 자국작품과 사회적·문화적 수준이 같다.

더빙과 자막에 관한 선행연구는 언어적 차원에 편향된 접근법으로 인한 결함이 있다. 사회·문화적 요소뿐만 아니라 영상작품을 어떻게 번역할 것인가에 대한 최종결정에 영향을 주는 전문성 요인들이 무시되거나 다소 피상적으로 다루어졌다. 이런 의미에서 폴리시스템의 역동성은 그것을 구성하는 여러 시스템 간의 지속적인 대립으로 더빙 대 자막 토론에서 분석적 공격을 펼치기 위한 이상적인 플랫폼을 제공한다. 이는 분명 자국 시스템(스페인 영화)과 타국 시스템(번역영화) 간의 직접적인 관계를 구축함으로써 연구의 새로운 장을 열어주고 있는 것이다. 예를 들면, 더빙/자막 영화의 대사와 원어인 스페인어로 된 영화의 대사간에 어떤 관계가 나타나는가? 또 다른 기호간(intersemiotic) 영향이 존재하는가? 영화가 왜 리메이크 되는가? 그들의 사회·문화적 함의는 무엇인가? 그리고 원작과 번역영화 사이에 어떤 계급과 권력 투쟁이 발생하는가?

폴리시스템 이론에서 비롯된 분석 지침은 자막 대 더빙을 보다 강한 사회·문화적 관점에서 대조시키는데 초점을 맞추도록 한다. 두 가지 번역 방식 중 어떤 것을 선택해야 할지가 아니라, 둘 사이를 상호보완적으로 보는 것이 중요하다. 비록 번역영화의 분석이 지속적으로 관련이 있다 하더라도 이 접근 방식은 두 가지 주요 목적 하에 연구의 새로운 지평을 연다. 첫 번째 목적은 체계적이고 기능적인 영화 텍스트 그룹으로서 모든 더빙 및 자막영화 사이에 존재하는 관계를 명확하게 하기 위해서이다. 두 번째로 번역영화와 원작 사이에 성립될 수 있는 관계를 연구하기 위함이다. 또한 동일한 사회 내의 다른 폴리시스템에서 서로 다른 번역 관행 사이에 존재하는 유사성과 차이점에 관한 더 많은 연구가 이루어져야 한다(예: 영화 폴리시스템과 문학 폴리시스템).

폴리시스템 이론에서 '1차적(primary)' 및 '2차적(secondary)' 개념과 관련된 사항들은 수정이 필요하다. Even-Zohar(1978a)는 작품이 폴리시스템에서 차지하는 위치와 이러한 폴리시스템이 갖는 예술적 파워 모두를 언급하기 위해서 이 두 개념을 다소 모호하게 사용한다. 1차적 관행은 새로운 모델을 만들어내는 폴리시스템의 중심에 있고 "대체로 혁신력의 필수요소"(같은 글: 120)이다. 2차적 관행은 폴리시스템의 외곽에 있는 것으로, 다른 작품에 영향을 미치지 않는다. 이는 또한 보수적인 관습과 현존하는 모델을 강화시키는 힘에 충실함을 의미한다. 하지만 2차적 포지션(position)에 있는 영화는 보수적인·관습을 따를 필요가 없고, 1차적 포지션에 있는 영화도 언제나 혁신적인 것은 아니다. 스페인에서는 미국 번역영화의 수가 자국의 영화 수보다 더 많고, 더 많은 관객을 동원하여 수익을 많이 낸다는 점을 감안하면, 오히려 번역영화가 1차적 포지션을 차지하고 스페인 영화가 2차적 포지션을 차지한다고 말하는 것이 타당해 보인다. 하지만, 2차적 포지션인 스페인 영화가 더 보수적인 캐릭터를, 그리고 1차적 포지션인 미국 영화가 더 혁신적인 캐릭터를 가진다고 단정하기는 어렵다. 1차적과 2차적 포지션 사이의 분명한 차이가 없는 양극성은 훨씬 더 풍부하고 복잡한 현실을 지나치게 단순화하는 듯하다. 예를 들어 언더그라운드 영화(반체제 영화)와 같이 예산, 예술적 의도 및 장비 등 다른 많은 요소들이 작용하고 있는 경우를 생각해 보자. 영화는 형식적인 관점에서 보면 1차적이고 혁신적이지만 구성(줄거리)에 관한 한 2차적이다.

또한 우리 분야에서 사용하고자하는 폴리시스템 한계의 설정에 대한 면밀한 분석이 요구된다. 문학 폴리시스템은 충분히 응집하고 결속력 있는 작품들을 포함하지만, 영화나 영화예술의 폴리시스템은 영화에만 한정되는 도구로 텔레비전 연속방영물, 다큐멘터리, 만화, 연속극, 광고 및 공공방송 등 번역된 영상세계의 다른 작품들을 도외시한다. '멀티미디어', '영상', 또는 '스크린' 번역과 같은 일반적인 용어의 사용으로 번역학에서 보이는 양면성은 이러한 용어적 수수께끼를 푸는 어려움을 강조하기 위한 것이다.

4. 규범

Toury(1978, 1980 & 1995)가 상정하고 Hermans(1999)가 재정비한 다른 규범들은 이러한 이론체제에서 특히 중요하다. 규범은 번역과정의 핵심요소로써, 추상적이고 모형적인 사회의 규칙과 각 번역가들의 특성 사이의 관계를 설명해준다. 이러한 규범들은 방법론적 원칙을 안고 있는 이론적 중심축이 된다. 번역학자로서 우리는 사용자 집단에게 공유된 기준과 번역가가 실제 상황과 특정 역사적 문맥에서 사용한 지침 사이의 유사성과 차이점을 밝혀내야 한다. 따라서 규범 연구는 번역 활동 전반을 규제하는 예비 규범(preliminary norms)뿐만 아니라, 원천언어에서 도착언어로 이동할 때 언어적 자료 전달시 발생하는 실행 규범이 형체 규범(matricial norms)과 텍스트 규범(textual norms)으로 나눠시는 관계를 세시함으로써 번역 정책을 실명하는데 도움이 될 것이다. 거시적 구조단계에서 이러한 규범은 매체로부터의 여러 가지 제약을 고려하여, 더빙 및 자막 담화의 전달을 규제하는 독특한 특성이 무엇인지 결정할 수 있게 해준다. 한편 미시적 구조단계에서는 규범을 통해 언어적 중재자로서의 번역가의 행동 방식을 관찰할 수 있다.

규범은 연구에 대한 명확한 목적을 제공하고 번역학자들에게 어떤 요구가 필요하고 분석되어야 하는지 알려줄 수 있는 번역학에서 매우 유용한 개념이다. 규범은 역사적으로 항상 같지 않고 변화한다는 것을 감안하여, 번역가의 행동을 통제하는 규범을 알아보는 것이 목표이다. 이는 원작품과 목표 작품 사이의 등가의 정도를 판명하는 데 주력한 예전의 분석적인 연구와는 차이가 있다. 이 새로운 접근법은 번역본이 정확한지 아닌지 판단하지 않고 번역된 텍스트를 수용한다. 이것은 특정 등가가 이루어지는 이유와 그것이 번역이 행해진 역사적 문맥에서 의미하는 바를 설명하려고 한다. 번역 실습의 명확한 지도를 작성하기 위해서 작품, 기능, 그리고 과정에 중점을 둔 보다 기술적인 연구(Holmes 1994: 71-73) 수행의 필요성을 강조하고 있다. 실증적 데이터로 뒷받침되지 않는 추상적인 아이디어를 배제하거나, 연구자에게 적합한 특정 사례를 설명하기 위해 임시적으로 예를 만들어내기 보다는 번역에서 실제로 일어나고 있는 일을 살펴보고 절대적 이론에 빠지지 않도록 유의해야 한다. 이미 존재하는 실제 예시를 통해서만 번역학 연구에서 지식의 확장에 도움이 되는 결론을 도출할 수 있고, 이에 규범이 중요한 역할을 한다.

규범이 변화하고 진화함으로 인해 학자들은 언어 구조주의 같은 종전의 이론적 구조를 갖는 규범적 원칙들로부터 자유로워졌다. 원작품과 목표 작품 사이의 등가는 절대적인 것이 아니라 사회·역사적 요소에 따라 변화한다. 이러한 규범을 통해 예전에는 도외시 되거나 피상적인 분석의 대상에 불과했던 초언어적(supralinguistic) 요소(예: 번역본 발간, 저자의 정식 지위, 원작과 번역물이 생산된 시·공간)와 메타언어적(metalinguistic) 요소(예: 번역(translation)과 번역하기(translating) 이론 및 비평)까지도 살펴볼 수 있게 되었다. 아무리 이런 점이 유용하다 할지라도, 규범의 가변성은 부정적인 측면도 가지고 있다. 규범은 지속적으로 변하기 때문에 현재의 규범으로 딱 구분하여 분석하는 것이 어렵다. 과거 시기의 규범 연구가 보다 쉽고 그럴듯해 보일 수 있지만, 이는 학자가 어느 정도 거리를 두고 규범을 연구할 수 있기 때문이다. 현재의 규범 연구가 유의미해지려면 적어도 그 우선순위가 역사적 관점에서부터 벗어나거나, 혹은 적어도 그 역할을 줄여야 한다고 제안한다.

특정 사회·역사적 순간에 어떤 규범이 번역가의 행동을 규제하는가를 규명하는 데 주안점을 두는 경향이 있기 때문에, 학자가 단 하나가 아닌 여러 영화 또는 소설을 대조 분석하는 것이 학문적으로 더 유용해 보인다. 이 관점에서 수행된 일부의 연구들은 지나치게 욕심을 부리는 경향이 있다. 그들은 상대적으로 규모가 큰 연구 분야에서 수십 년 동안 번역된 모든 작품을 다루려 하고, 이로 인해 필연적인 문제가 발생한다. 한편으로 이것은 지나치게 많은 것을 요구하기 때문에 연구자가 충분한 시간과 에너지를 갖고 수행할 때만 가능한 연구이다. 충분한 시간이 주어지지 않은 학자들에게 이러한 연구가 그룹으로 행해질 수는 있지만, 이 또한 항상 가능한 것은 아니다. 이 경우에 개별 연구자의 독창성을 잃게 할 위험이 있다. 반면 상당한 기간에 걸쳐 번역가의 번역 행위를 규율해 온 규범을 결정짓는 일은 지나친 일반화의 위험이 있다. 번역가의 결론은 특정 시기를 대표하는 모든 작품에서 발견되도록 매우 일반적이어야 할지도 모른다. 그렇다 하더라도 여전히 일부 결과에 의문 제기 가능한 반대행동을 볼 수 있을 것이다.

이러한 어려움을 극복하는 방법은 확장성이 적고 균일하며 관리가 용이한 데이터로부터 규범을 모색하는 것이다. 영상번역은 그 자체로 많은 가능성을 보여주는 분야이다. 문학번역가는 자율성의 정도를 즐길 수 있는

데 반해 영상번역가는 그 정도가 불분명하고, 이는 영상번역 작품은 영화관에 상영되기 전 많은 단계와 사람의 손을 거치기 때문이다. 규범은 경우에 따라 연구실에서부터 제작사, 배급사, 더빙 배우, 감독, 기술자, 각색자, 언어고문, 방송사에 의해 적용되지만, 번역가 개개인에게 크게 적용되지는 않는다. 원칙적으로는 만약 연구자가 TV 채널 또는 배급사가 내놓은 작품 분석에 초점을 맞춘다면 특정 규범적 행동양식이 보다 쉽게 관찰될 수 있다.

앞서 언급된 문제점은 쉽게 해결되어 번역학에서 규범의 개념이 지속적으로 중요시 될 것이다. 규범을 발견하고 그것이 취해지고 수행된 맥락에서 그들을 가치 있게 여기는 것은 Bourdieu가 "상징적 자본(symbolic capital)"이라고 일컫는 문화(culture)가 경제적·정치적 또는 다른 어떤 식으로든 특정 기득권에 유리하게 조작되었는지를 밝히는 것을 의미한다.

5. 후원(Patronage)

후원이라는 개념은 모든 사회적 상호작용 내에 존재하는 언어외적 요소, 즉 사회·경제적, 이데올로기 원칙을 번역학 연구에 통합시키는데 기여한다. Lefevere(1985)가 정의한 후원은 "문학의 쓰기, 읽기 및 다시 쓰기를 돕거나 방해하는 힘(사람, 기관)"(같은 글: 227)으로 이해되며, 이는 "사람, 집단, 사회계층, 왕실, 출판업자, 그리고 미디어에 의해 영향을 받는다"(같은 글: 228). 문학작품 세계와 비교하면 영상작품은 상업적 요소의 영향을 훨씬 더 많이 받기 때문에, 조작과 연구의 가능성이 모두 열려있다.

후원은 이데올로기적, 경제적, 사회적 지위의 세 단계에서 이루어진다. 영상번역의 경우, 영화검열 또는 영화법규(스크린 쿼터제, 더빙과 자막면허, 재정보조금)를 통한 정부의 개입 연구와 유럽연합(EU)과 같은 고위 기관과 카탈로니아 지역 정부(Generalitat de Catalunya)와 같은 지역기관의 참여 가능성을 제공해주었다. 뿐만 아니라 다른 텔레비전 채널과 더빙 및 자막 연구실, 그리고 대학과 같은 교육기관에도 중요한 역할을 한다. 또한 특정 국가나 언어권에서 국제적인 유통 및 생산 회사가 수행하는 결정적인 역할, 청중의 요구 및 취향과 회사의 상업적 이익 사이의 긴장감, 번역본이 목표 관객층이 소비하고 싶은 것이지 회사가 판매하고자 하는 것이 아니라는 부분 수용의 오류 등도 흥미로운 연구 주제이다. 하지만 지금까지 이러한 요소들 대부분이 심도 있게 분석되지 못했다. 결론적으로 분명히 더 체계적인 접근을 통해 번역에 대한 이해의 폭을 신장시킬 수 있을 것이다.

6. 적합성(adequacy)과 용인성(acceptability)

모든 번역과정은 연속체의 양극(적합성과 용인성) 사이의 긴장을 내포한다. 번역물이 원본의 가치 및 지시대상을 준수하는 경우는 적합성을 쫓는 것인 반면에, 번역이 목표 폴리시스템의 언어 및 문화적 가치를 포용하는 입장은 용인성을 추구하는 것이다. 완벽하게 적합하거나 수용 가능한 번역은 없기에, 학자의 과업 중 하나는 규범에 도움을 받아 원본과 번역본 사이에 성립된 관계를 밝히는 것이다. 즉, 번역본이 적합성과 용인성 중 어느 경향성을 더 띄는지는 알 수 있다. 용인성은 번역학에서 Venuti(1995)의 주장과 같이 항상 높은 정도의 문화 변용(acculturation)과 자국화(domestication)를 내포할 것이다. 자국화 및 이국화는 문학번역 이론의 핵심적 개념이고, 언어적 차원이 강조됨에 따라 문학작품 세계에서 중요한 기능을 할 수 있다. 그러나 영상번역에 있어서는 '이미지'의 가치가 '단어'보다 우선시되는 경향이 있기 때문에, 자국화와 이국화만으로는 불충분하다. 영상번역에서도 Venuti의 개념이 적용 가능하려면, 개념의 재정비가 필요하다. 적합성과 용인성에 대한 개념 역시 마찬가지다. 그들의 반대파는 Zlateva(1990)가 주장한 양극성 개념을 제안한 것으로 보인다. Zlateva(1990)에 따르면, 두 극이 반드시 연속체의 극단에 있을 필요는 없다. 불가리아어로 번역된 피터팬은 적합성과 용인성을 동시에 따르는 적절한 예시이다. 번역에서 오류라는 개념을 수용할 수 있는 이 두 용어의 보다 기능적인 정의는 이 결점을 극복하는데 도움이 될 것이다.

7. 일반적인 평가

기술번역학은 그 가정에서 권위적이거나 규범적이지 않기 때문에, '규범적(prescriptive)'과 대조적으로 '기술적(descriptive)'이라는 형용사가 현저히 사용된다. 그러나 폴리시스템의 중심을 차지하기 위한 투쟁에서 자막번역이나 기타 영상번역의 궁극적인 목표가 자신의 담론을 통일하는 것이라면, 이를 정의하는 변수를 형식화하고 조화시키는 것이 필수적으로 보인다. 번역학에서 매체에 따른 자막번역의 시간적·공간적 제약은 불가피할 정도의 규범주의를 가져온다. 안정적이고 동질적인 담화를 확립하기 위해서는, 폴리시스템에 포함되는 모든 당사자들이 합의에 이르도록 해야 한다. 이것은 본질적으로 독단적이어야만 하는 일련의 규칙과 규범을 따르는 것이 불가피함을 암시한다. 예를 들어 스크린 번역 유럽 연구 협회인 ESIST (European Association for Studies in Screen Translation(www.esist.org))는 우선순위 중 하나로 자막 작업의 우수 사례 코드를 정교화 하였는데, 이는 규칙의 규범적 목록에 불과하다.

또한, 기술번역학이 번역 오류의 평가와 분석에 대해 보여준 반감 때문에도 비난을 받고 있다. 목표작품 그 자체와 목표문화 내에서 그 작품이 차지하는 위치가 중요하다는 것이다. 만약 번역된 작품이 특정 사회에서 상업화되었다면, 그것은 유효한 작품이다. 학자의 목표는 목표 폴리시스템 내에서 번역 작품의 표현과 위치를 연구하는 것이지 원작과의 동일한 정도를 기준으로 번역결과물의 좋고 나쁨을 연구하는 것이 아니다. 하지만 Malmkjær(2001: 35)가 지적하듯이, 특정 번역 해법에 대해 "독자가 재미다거나(sic) 혁신적이라거나 이례적 혹은 불운한 경우라 생각한다기보다 그냥 단순히 틀린 것이라 느끼는 경우", 이 목표 텍스트 지향적인 철학은 이론적 또는 관찰적인 근거에서 어떠한 번역 규범도 정당화하기 어렵게 만든다.

더욱이 어느 정도 우리가 이 차원을 모른 척하면, 불필요하긴 하지만 기술번역 연구와 교육을 분리시킬 수가 있다. 기술번역학 분야의 학자들이 최초로 번역 이론과 실무 사이에 분열을 일으키지 않으려고 했음을 감안하면, 이는 다소 역설적인 경우로 볼 수 있다. 하지만 이 학자들은 연구와 교육을 구분하는 것에 대해 만족스러워 보인다. 또한 오류가 더 심하거나 더 많거나 요즘 직면한 오류에 대해 다른 성격을 가진 시기가 있었는지, 오류가 우리가 번역하는 원어와 관련이 있는지, 원래 소수 언어로 촬영된 영화 번역시 발생하는 오류는 원어에서 직접 번역하기 때문인지 아니면 영어 번역을 통해 전달되기 때문인지, 자연적(natural) 오류와 동기적(motivated) 오류 중 어느 것으로 분류해야하는지, 오류가 수용되는 (다른 언어에 도입된) 영어식 어구(Anglicisms)인지 등에 대한 심층 연구의 가능성도 놓치고 있다. Malmkjær(2001)은 이론적인 프로젝트 내에서 오류의 개념을 통합하려는 시도로 매우 유용한 것으로 입증되는 일련의 귀중한 기준을 제시한다.

하지만 이것이 선제 이론적 체계의 일반적인 타당성에 대해 문제 삼지 않는 사소한 제한이라고 생각한다. 이는 단지 다른 이론에서와 마찬가지로 기술번역학 내에서도 개선의 여지가 있음을 알려주는 것이다. 긍정적인 측면에서 보면, 본질을 희생하지 않고도 대안과 새로운 관점까지 통합 가능케 하는 고도의 유연성을 가지고 있다. 이러한 이론적 체계가 제공하는 이점이 앞서 언급한 한계보다 현저히 우월하다.

만약 우리 연구 분야의 가치를 인정받기 원한다면, 다수의 분석이 보다 이론적이어야 하고, 일화적인(입증되지 않은) 접근법은 지양해야 한다. 필자는 개인적으로 기술번역학이 이러한 접근법을 시작할 수 있는 발판을 제공해준다고 믿는다. 번역학자의 입장에서 이 개념은 경험적 도구로써 학문의 새로운 영역을 열어주고 이론적 요소를 강화시키며, 연구자의 실질적 분석을 돕는다. 그 후 학자들은 연구단체에 속해서 지나치게 직관적이거나 개인적이거나 주관적으로 어림짐작할 위험을 최소화한다. 학자들끼리 공유한다는 전제 하에, 폴리시스템, 규범, 그리고 후원에 대해 살펴봄으로써 토론이 용이하고 아이디어와 정보 교환을 촉진시키는 이론적 체계 안에서 학문을 자리매김하게 할 수 있다. 고정적이거나 엄격할 필요가 없는 학계에서 연구하는 것은 잠재적이고 위협적인 지식의 디아스포라를 피하는데 도움이 된다. 1996년에 Fawcett은 "영화번역이 번역 이론의 영향을 받게 하는 것"(같은 글: 70)이 가능한지 궁금해 했다. 필자는 기술번역학이 학자에게 영상번역 연구의 매우 중요한 출발점 역할을 할 만큼 충분히 동질적이고 유연한 이론적 체계를 제시해준다고 확신한다. 이를 명확히 보여주는 영상번역 연구의 예시로는 Ballester Casado(1999, 2001), Díaz Cintas(1997), Gutiérrez Lanza(1999), Karamitroglou(2000), Remael(2000), Sokoli(2000) 등이 있다.

단순히 언어적 관점에서만 더빙과 자막을 연구하는 것은 한계가 있다. 언어적 차원을 초월함으로써 기술번역학이 제안한 가정은 번역학자가 복수의 관점 및 학제 간 관점에서 연구를 할 수 있는 발판을 마련해준다는 장점이 있다. 번역은 단순히 언어 간 소통이라기보다 문화 간 소통의 행위로 간주되며, 이는 "문화 연구가 번역을 '발견'하기까지는 단지 시간문제일 뿐"이라는 Simon(1996: 134)의 예상을 확증해 준다. Bassnett(1998)처럼 기술 번역학과 문화연구의 경계선에 위치한 작가로부터 이러한 발견이 가능한 것이다.

언어와 문화적 접근은 적대적 패러다임이 아닌, 오히려 상호보완적 관계로 보아야 한다. 연구 목표를 다양한 각도에서 보아야만 우리는 '번역'과 '번역하기'에 대한 보다 나은 지식을 얻을 수가 있다. 이는 Holmes가 1972년에 다음과 같이 예고한 것의 논리적 전개에 불과하다(1994: 73).

넓은 의미에서 번역 이론가의 궁극적인 목표는 틀림없이 '번역'과 '번역하기'의 분야에서 발생하는 모든 현상을 설명하고 예측하는 데 도움이 될 만한 다수의 요소를 아우르는 완전하고 포괄적인 이론을 발전시키는 것이다.

문제는 두 개의 차원 중 다른 하나를 제외한 하나에 우선순위가 부여되는 경우에만 발생한다. 이상적인 해결책은 Munday(2001: 181-196)가 학제 간 연구로 칭하는 번역학의 두 가지 접근 방식을 통합하는 것으로, 이는 대학과 학계에서 좀 더 두드러지고 중요한 역할을 해야 한다. 번역학자로써 우리는 언어와 문화 두 패러다임 간의 양립할 수 없는 분열의 위험을 피해야 할 의무가 있다. 이에 관하여 Harvey가 "번역은 텍스트(글)에만 관련된 것이 아니고, 문화나 힘(권력)에 대한 것만도 아니며, 둘 사이의 관계를 말하는 것이다(2000: 466)"라고 아주 명쾌하고 통찰력 있는 주장을 했다.

초기 접근에서는 번역 활동을 주로 언어적 특성에 의한 것이라고 보는 것이 타당했다. 하지만 Überleben(독어: 생존)이라는 개념을 통해 Benjamin

이 제안한 바와 같이(1992[1955]), 번역물의 수명은 번역으로 끝나지 않고, 번역으로 시작되는 것이 사실이다. 번역물과 수혜층 사이에 전개되는 다양한 관계에 대한 분석은 언어적 분석만큼이나 매우 흥미롭고 매혹적일 수 있다. Harvey(2000: 466)의 말에 따르면, 번역학자가 필요한 것은 다음과 같다.

권력이나 이데올로기, 후원 같은 광범위한 주제에 중점을 둔 나머지 텍스트의 대표적 사례를 고찰하지 않거나, 텍스트-언어학적 분석을 상세히 수행한 데 만족해 맥락 고찰은 피상적 수준에 그치는 방법론은 지양해야 한다.

페미니스트(Simon 1996, Flotow 1997), 포스트식민주의(Niranjana 1992, Carbonell i Cortés 1997), 성(Harvey 2000) 또는 권력과 문화관점(Álvarez & Vidal 1996)과 언어적 차원을 결합한 학문은 연구의 관점에서 볼 때 대단히 유익한 것으로 보이지만, 아직 영상번역 분야에서는 나타나지 않았다. 하지만 필자는 곧 이러한 학문들이 후속 논문의 토대가 되기를 바란다.

주석

1. 본 챕터의 주제를 구성하는 접근법과 관련된 용어에 대한 토론은 Hermans(1999: 7-16)을 참조하라.
2. 학회는 Leuven(1976), Tel Aviv(1978), 그리고 Antwerp(1980)에서 열렸다.
3. '세계의 영화: 정체성, 문화 및 정치'라는 주제 하에 2002년 6월 25~27일에 영국의 리즈대학교에서 학회가 열렸다.
4. 번역 시리즈가 있음에도 불구하고, 스페인 출판사 카테드라(Cátedra)는 Signo e Imagen이라는 영화 컬렉션에서 상업화된 더빙 및 자막번역에 중점을 둔 몇 권의 책을 보유하고 있다. 이는 아리엘(Ariel) 회사에서 Ariel Cine라는 컬렉션으로 출판한 새로운 영상번역 책시리즈와 유사하다(Díaz Cintas 2003 참조).

참고문헌

Álvarez, Román and M. del Carmen África Vidal (eds). 1996. *Translation, Power, Subversion*. Clevedon: Multilingual Matters.

Ballester Casado, Ana. 1999. *Traducción y nacionalismo: la recepción del cine americano en España a través del doblaje. (Desde los inicios del sonoro hasta los años cuarenta)*. Granada: Universidad de Granada. PhD Thesis.

Ballester Casado, Ana. 2001. *Traducción y nacionalismo. La recepción del cine americano en España a través del doblaje (1928-1948)*. Granada: Ed. Comares.

Bassnett, Susan. 1998. "The Translation Turn in Cultural Studies". In Bassnett, S. and André Lefevere (eds) *Constructing Cultures. Essays on Literary Translation*. Clevedon: Multilingual Matters: 123-140.

Benjamin, Walter. 1992 [1955]. "The Task of the Translator", in Schulte, Rainer and John Biguenet (eds) *Theories of Translation. An Anthology of Essays from Dryden to Derrida*. Chicago and London: The University of Chicago Press: 71-82.

Carbonell i Cortés, Ovidi. 1997. *Traducir al otro. Traducción, exotismo, poscolonialismo*. Cuenca: Ediciones de la Universidad de Castilla-La Mancha.

Chaume Varela, Frederic. 2000. *La traducción audiovisual: estudio descriptivo y modelo de análisis de los textos audiovisuales para su traducción*. Castelló de la Plana: Universitat Jaume I. PhD Thesis.

Chaume Varela, Frederic. 2003. *Doblatge i subtitulació per a la TV*. Vic: Universitat de Vic.

Díaz Cintas, Jorge. 1997. *El subtitulado en tanto que modalidad de traducción fílmica dentro del marco teórico de los* Estudios sobre Traducción. (*Misterioso asesinato en Manhattan*, Woody Allen, *1993*). València: Universitat de València. PhD Thesis [Published on microfiches, 1998, Num. 345-28].

Díaz Cintas, Jorge. 2001. *La traducción audiovisual: el subtitulado*. Salamanca: Ed. Almar.

Díaz Cintas, Jorge. 2003. *Teoría y práctica de la subtitulación: inglés / español*. Barcelona: Ariel Cine.

Even-Zohar, Itamar. 1978a. "The Position of Translated Literature within the Literary Polysystem". In Holmes, James et al. (eds) *Literature and Translation*. Leuven: ACCO: 117-127.

Even-Zohar, Itamar. 1978b. *Papers in Historical Poetics*, in Hrushovski, Benjamin and Itamar Even-Zohar (eds) *Papers on Poetics and Semiotics* 8. Tel Aviv: University Publishing Projects.

Fawcett, Peter. 1996. "Translating Film". In Harris, Geoffrey (ed.) *On Translating French Literature and Film*. Amsterdam: Rodopi: 65-88.

Flotow, Luise von. 1997. *Translation and Gender. Translating in the 'Era of Feminism'*. Manchester and Ottawa: St. Jerome Publishing & University of Ottawa Press.

Gutiérrez Lanza, Camino. 1999. *Traducción y censura de textos cinematográficos en la España de Franco: doblaje y subtitulado inglés-español (1951-1975)*. León: Universidad de León. PhD Thesis.

Harvey, Keith. 2000. "Translating Camp Talk: Gay Identities and Cultural Transfer". In Venuti, Lawrence (ed.) *The Translation Studies Reader*. London and New York: Routledge: 446-467.

Hermans, Theo. 1985. "Translation Studies and a New Paradigm". In Hermans, Theo (ed.) *The Manipulation of Literature*. New York: St Martin's Press: 7-15.

Hermans, Theo. 1999. *Translation in Systems*. Manchester: St. Jerome Publishing.

Holmes, James S. 1994 [1988]. *Translated! Papers on Literary Translation and Translation Studies*. Amsterdam: Rodopi.

Karamitroglou, Fotios. 2000. *Towards a Methodology for the Investigation of Norms in Audiovisual Translation. The Choice between Subtitling and Revoicing Children's TV Programmes in Greece*. Amsterdam and Atlanta: Rodopi.

Lefevere, André. 1985. "Why Waste Our Time on Rewrites? The Trouble with Interpretation and the Role of Rewriting in an Alternative Paradigm". In Hermans, Theo (ed.) *The Manipulation of Literature*. New York: St. Martin's Press: 215-243.

Malmkjær, Kirsten. 2001. "Censorship or Error: On Howitt's Howlers and Watchfulness". Paper given at the EST *Third International Congress: Claims, Changes and Challenges in Translation Studies*. Copenhagen Business School, 30 August-1 September. Book of abstracts: 35.

Munday, Jeremy. 2001. *Introducing Translation Studies*. London and New York: Routledge.

Niranjana, Tejaswini. 1992. *Siting Translation. History, Post-structuralism, and the Colonial Context*. Berkeley, Los Angeles and Oxford: University of California Press.

Remael, Aline. 2000. A Polysystem Approach to British New Wave Film Adaptation, Screenwriting and Dialogue. Leuven: Katholieke Universiteit Leuven. PhD Thesis.

Simon, Sherry. 1996. *Gender in Translation. Cultural Identity and the Politics of Transmission*. London and New York: Routledge.

Sokoli, Stavroula. 2000. *Research Issues in Audiovisual Translation: Aspects of Subtitling in Greece*. Barcelona: Universitat Autònoma de Barcelona. MA Dissertation.

Toury, Gideon. 1978. "The Nature and Role of Norms in Literary Translation". In Holmes, James S. et al. (eds) *Literature and Translation.* Leuven: ACCO: 83-100.

Toury, Gideon. 1980. *In Search of a Theory of Translation.* Tel Aviv: The Porter Institute for Poetics and Semiotics, Tel Aviv University.

Toury, Gideon. 1995. *Descriptive Translation Studies and Beyond.* Amsterdam and Philadelphia: John Benjamins Publishing.

Venuti, Lawrence. 1995. *The Translator's Invisibility: A History of Translation.* London and New York: Routledge.

Zlateva, Palma. 1990. "Translation: Text and Pre-text 'Adequacy' and 'Acceptability' in Crosscultural Communication", in Bassnett, Susan and André Lefevere (eds) *Translation, History and Culture.* London and New York: Pinter Publishers: 29-37.

더빙에서 말하는 동기화(synchronization)
번역적 접근

■

Frederic Chaume Varela

번역 최은영

1. 서론

　동기화(또는 립싱크)는 특히 더빙과 관련하여 영상번역의 성패를 좌지
우지하는 중요한 요소들 중 하나이다. 동기화가 더빙 전문가들과 청중들에
게서 지지를 잃어가는 것은 사실이지만, 구술 또는 이미지와 단어 사이에서
이뤄지는 상호작용과 더불어 중요한 영역을 차지하고 있다. 이는 영상번역
의 차별화된 특징이 된다. 다수의 참고문헌에서 다루어지고 있는 것을 보
면, 학계에서 이를 아주 중요하고 시급한 문제로 생각한다. 동기화는 번역
과정과 번역된 결과물에 직접적인 영향을 주기 때문에 번역학, 특히 영상번
역학에서 중요한 고려사항이다. 동기화는 번역가로 하여금 그들이 가진 무

궁무진한 능력을 백분 활용할 것을 요구한다. 교육적인 측면에서 바라 볼 때 동기화는 번역학도들에게 문학적인 관점은 지양하고 원문보다는 텍스트의 기능과 독자의 입장에 초점을 두는 방법을 제시할 수 있는 능력을 키우는데 도움을 주는 것은 분명하다.

2. 영상번역 이론에서 말하는 동기화: 번역적 접근을 중심으로

학계에서 영상번역학은 비교적 최근에 다뤄지고 있는 분야지만, 그 중에서도 동기화는 매번 화두에 오른다. 이에 따라 본 논문의 전개는 다음과 같다. 우선, 동기화와 관련된 여러 질문들에 대한 답을 찾아본 후 동기화의 경계를 정의하여 그에 따른 유형을 분류해보기로 한다. 하지만 지면 관계상 본고는 각기 다른 동기화의 어려움에 직면하는 번역가에게 필요한 각각의 번역 전략과 기술에 관한 분석을 향후 연구의 과제로 남겨 둔다.

2.1 전문가적 접근(Martín 1994; Ávila 1997; Gilabert, Ledesma & Trifol 2001)

수년간 영상번역학 연구는 대체로 특정한 분야에서 작업을 하는 번역가들에게만 허용되었다. 전문가들이 소위 말하는 '잘된(good)' 동기화는 청중들이 화면을 볼 때, 목표언어로 표현되는 대사가 번역투가 아닌 실제 영화배우들이 이야기하는 것처럼 들려야 한다고 말한다. 더빙 분야의 전문가들은 무엇보다도 동기화를 가장 중요시하고, 그에 대한 번역의 수준은 "입 모양과 잘 맞춰지는지"에 대한 평가로 이루어진다. 다시 말해, 번역된 대사가 화면 속 배우들의 입술 움직임과 일치하는지(lip synchrony, 입술 동기화 작업), 구체적으로 영화배우들이 입을 여는 동시에 말하는 것을 시작으로 입을 닫을 때까지, 배우들의 대사 시간들 또한 일치하는지에 대한 것

(isochrony, 동시성)이다.

이러한 이유로 전문가들은 목표 문화에서 추구하는 동기화의 특성을 고려하는 동시에 제작사가 원하는 바를 필수적으로 고려해야 하기에 기능적인 측면에서는 엄격하지만, 이론적인 측면에서는 보다 자유로워야 한다고 말한다. 보통 목표 문화에서는 더빙된 영화들이 마치 원작인 것처럼 제작되길 바라지만, 그렇다고 자국민의 인식을 왜곡시키는 것을 원하는 것은 아니다.

전문가들은 동기화에 대한 의무 및 책임이 일반적으로 대본 작가들에게 있고 최종적으로는 더빙 감독에게 있다고 주장한다.

Martín에 따르면 음성학적인 부분에서 대본 작가가 하는 일은 영화배우의 입술 움직임과 일치하지 않는 단어들을 수정하고, 더빙 배우의 동기화 작업을 신속하게 처리하는 것이다. 주로 비개방형 혹은 개방형 모음, 양순음 등과 같은 것들은 표시가 되어야 한다 [...] 대본 작가는 번역 대본의 입술 움직임이 가능한 한 실제 영화배우의 움직임과 비슷하다는 것에 대한 확신이 있어야 하며 그에 대한 책임이 있어야 한다(Martín 1994: 326, 필자의 번역). 여기서 말하는 잘된 동기화의 기준은 번역된 대사가 실제로 영화배우가 말하는 것처럼 들리는가에 있다고 볼 수 있다. 다시 말해 번역의 불가시성이 이루어질 때를 말한다.

전문가의 견해에 따르면, 위에서 언급한 책임은 대본 작가와 더불어 더빙 감독에게도 나타나며 그들의 역할을 Martín(1994)은 다음과 같이 묘사한다.

감독의 다양한 역할 중에서 가장 중요한 것은 더빙 배우들에게 해석적인 측면을 지도하는 것이다 [...] 가끔 까다로운 음조 혹은 단어가 가진 발음의 문제가 나타나는 경우가 있다 [...] 그런 경우, 대사의 본 의미를 그대로 살리는 동시에 감독의 책임 하에 유의어로 대체될 수 있다. 감독은 더빙하는 과정에서 번역가와 대본 작가의 본 의도를 수정할 수도 있다. 이와 같이 감독들은 문자 텍스트를 포스터, 신문 혹은 우편물을 이용하여 이를 화면에 나타냄으로써 대체할 수 있다. Martín(1994: 327, 필자의 번역)

그러므로 더빙 감독은 보다 자연스럽고 자국화 된 최종본을 만들기 위해 번역을 수정하는 경우도 있다.

필자는 개인적으로 이처럼 수정이 필요한 부분을 선별하기 위한 편집 과정은 번역의 첫 단계부터 공을 들이는 번역가와 함께 이루어져야 한다고 본다. 또한 궁극적으로 번역가들이 이러한 실력을 쌓기 위한 훈련을 받는 것은 필수라고 생각한다. 번역가는 일련의 더빙 과정에서 수정을 할 수 있는 독보적인 존재이며, 대본 작가 혹은 감독과 달리 두 언어에 가장 친숙한 존재이기에 원문과 번역본을 동시에 고려한다.

대본 작가는 신뢰할 수 있는 구두 텍스트를 만들어내지 못하고, 많은 학자들로부터 번역가의 역할이 더빙과 자막번역의 중심에 놓이기를 요구되는 시점에 그들의 입장만 옹호한다는 이유로 번역가를 비판한다. 이때 대본 작가는 자신들의 자리(입장)를 고수하려고 한다. 실례로, Gilabert, Ledesma, & Trifol(2001)은 자신들의 고충에 대해 다음과 같이 언급한다.

번역가는 흔히 더빙 전에 스크립트 대본을 다루는 유일한 사람으로 간주된다. 그러나 더빙은 특정 누군가가 작품에 대한 궁극적인 책임을 질 필요가 없는 연쇄적 과정이다. 공동으로 책임져야하지만, 더빙을 의뢰한 제작자와의 관계에 있어서는 더빙 감독이 책임을 맡게 된다. 대본 작가는 더빙 과정에서 중요한 단계이기 때문에 더빙 출현 이후 대본 작가의 모습이 존재했음을 유념 할 필요가 있다. (Gilabert, Ledesma & Trifol, 2001: 325, 필자의 번역)

의도된 것은 아니지만 자연스러운 대본의 탄생을 위해 실제로 나타나게 되는 번역가의 실수는 통합적 훈련을 통해서 교정될 수 있다. 현 사회에서는 사라지거나 혹은 다른 새로운 직업군으로 대체된 수많은 직업의 경우를 발견할 수 있기에, 어떠한 직업 혹은 존재가 수년 간 지속되었다고 해서 그것이 영원히 존재할 것이라고 확신할 수는 없다.

2.2 기능주의적 접근(Fodor 1976; Mayoral et al. 1988; Kahane 1990-1991; Zabalbeascoa 1993)

기능주의적 접근은 위에서 언급한 것과 같이, 동기화를 번역 기능의 완성에 있어 중요한 요소들 중 하나로 여기는 것을 의미한다. 즉, 만약 허구적인 영상텍스트의 기능을 시청자에게 즐거움을 주기 위함으로 초점을 둔다면, 최종적으로 완성된 작품에서 시청자의 시선을 사로잡아야 한다. 시청자로 하여금 영상 속에 집중하게 만들려면, 이러한 시스템들(립 싱크로나이제이션, 동시성 등)이 고려될 것이며 동기화에 대한 중요성은 커질 것이다.

본 논문에서는 작가들이 실제로 동기화에 관한 학문적인 성찰을 도맡아 왔다는 사실에 주목하기 위해 의도적으로 앞의 내용과 다르게 접근하였다. 본 논문은 어떠한 전문적인 훈련을 위한 간단한 지침사항보다는 영화의 언어, 역할 그리고 번역의 역할에 관한 이론적인 성찰을 다루려고 한다.

이러한 접근법은 더빙 분야에서 Fodor(1976)의 연구에 의해 처음 소개되었다. Fodor는 원작과 번역본 사이의 충돌과 의사소통의 소음으로 인해 나타나는 실감효과의 상실을 피하기 위해서 번역가가 영화배우의 입 모양을 맞춰야만 하는 음소와 영화배우의 발성 움직임과 연관된 연구 분야인 시각 음성학(visual phonetics)을 발전시킨 최초의 학자이다. 그는 다양한 유형의 동기화를 묘사 및 명명하고 선구적인 매뉴얼을 만들어냈다(González

Requena 1988 & 1989). Fodor는 심지어 장면 또는 각도에 따른 원작의 소리도 최종 완성본과 일치되어야 한다고 주장하며, 더빙 배우가 비슷한 발음을 만들어내기 위한 기술도 제안했다. 그러나 더빙 과정을 실행하기 위해서는 오랜 시간이 소요되고 이에 따라 재정적으로 실행하기 어렵기에, Fodor가 말하는 기준은 실제 전문적인 현장에서 이뤄지는 것과는 조금 거리가 있다. 더불어 이에 대한 실제 효과는 더빙 배우 측에서 올바른 통역을 통해 이루어질 수 있는 부분이기 때문에 영화·예술적 측면에서 크게 중요치 않다. 충분한 시간과 아주 능숙한 언어 숙달 능력이 요구되는 번역가에게 있어서도 이 정도의 조화를 이룬다는 것은 쉬운 일이 아니다. 이 분야에 정통한 스페인의 경우를 보면, 사실상 립싱크는 근접 촬영이나 입모양이 매우 자세히 관찰되는 장면에서만 필수적으로 고려된다.

동기화를 하나의 제약(Mayoral et al. 1988 & forthcoming Zabalbeascoa 1993)으로 여기는 학자들 사이에서 동기화는 특정한 목표들(번역 투로 들리는 번역을 피하는 것, 영화에 발화된 대화들이 시청자의 주의를 분산시키지 않도록 하는 것, 영상번역 시장에서 요구하는 전문적인 관습을 최종 완성본이 따르도록 하는 것)을 이루는데 있어서 장애물이라고 암묵적으로 여긴다. Kahane(1990)은 이에 대해 다음과 같은 논리를 펼쳤다.

높은 수준의 더빙은 등장인물, 영화배우 그리고 더빙 배우 간의 차이점을 느끼지 못하게 하는 것이다. 시청자의 눈에 보이는 경계가 모호하도록 만드는 것에 목표를 둬야 한다. 이러한 경계들이 보이지 않는다면, 그것은 더빙이 잘 된 작품이라는 신호라고 볼 수 있다. 궁극적인 목표는 완벽한 '믿음을 주는' 신뢰성을 만드는 것이다. Kahane(1990-91: 116, 필자의 번역)

Agost(1999), Chaves(2000), 그리고 Chaume(1996, 1997 & 1998) 같은 선행 연구들은 이러한 맥락을 따르고 있다.

2.3 폴리시스템적 접근(Goris 1993; Karamitroglou 2000)

폴리시스템은 근본적으로 위에서 언급한 기능주의적 접근과는 더빙을 다른 시각으로 바라보고 있다. 폴리시스템적 접근에서 다뤄지는 기술적인 연구의 초점은 번역의 기능이 아닌 목표 문화의 관습에 있다. 외국 작품을 자국화시키고 번역가와 번역본의 불가시성을 이루기 위해 동기화는 역사, 사회, 정치또는 경제적 요소를 바탕으로 특정한 목표 문화에서의 일종의 번역 규범으로분석되고, 이는 Karamitroglou(2000)와 Goris(1993)의 연구에서 확연히 드러난다. Goris에 따르면 더빙에서의 이입(원천 텍스트의 사회·문화적 각색)은기본적인 번역 규범 중 하나이며, 시각적 동기화작업(입술의 동기화작업,동작의 동기화작업, 동시성)은 이입의 측면에서 가장 중요한 요소이다.

시각적 동기화작업이 이입에서 가장 중요한 요소임에는 의심의 여지가 없다. 이는 영화배우들이 번역된 단어를 발음하고 있다는 인상을 주기 위한 시각적 동기화이다. 이는 '프랑스' 영화로 완성되기 위한 필수요소이다. (Goris 1993: 177)

Goris는 번역된 5편의 영화 속에서 시각적 동기화작업의 다양한 측면을 분석하고 '영화 상'의 대사에 좀 더 초점을 맞추고자 한다. 예를 들면, 등장인물의 입에 초점을 두고 순음(labial consonants)이 드러나는 장면을 통해서동기화에 대한 결론을 내리는 것이 더 정확하다고 주장했다. Goris는 또한번역의 시작과 끝이 영화배우와 동시에 일어나며 원 대사의 음절을 맞추기위한 방식으로 쓰였다는 것에 주목한다.

기술적 접근(descriptive approach)은 동기화의 수준이나 동기화로 인해초래된 특정 번역 문제의 해결을 위한 번역기술을 평가하려고 시작된 것이아니다. 그보다는 Goris의 작품 내 프랑스 현실이나 Karamitroglou 작품에서의 그리스어 자막번역의 현실과 같은 현실성(reality)에 대해 묘사하고자 하였다. 이와 같은 접근 방식은 목표 폴리시스템 내에서 동기화의 위상, 동기화의 완성도, 동기화의 사용 목적과 용도, 번역과정에서 정확히 동기화가 활용되는 시점 등을 설명해준다. 이를 통해 우리는 동기화가 특정한 사회·정치적 그리고 경제적 현실에 대응하는 더빙 기법이라는 것을 알 수 있다.

2.4 영화적 접근(Chaves 2000; Bartrina 2001; Chaume 2003 & 2004; Bravo 2003)

비록 아직까지 영화적 접근 방식이 완전히 구축된 분류로 간주되고 있지는 않지만, 필자는 공통적으로 영화 언어와 번역 사이의 연결 고리를 만들고자하는 다양한 작가들이 영화적 접근 방식을 따르고 있는 것으로 분류했다.

요즘은 영화학과 관련된 폭넓은 참고문헌이 있지만, 그럼에도 불구하고 원천언어 혹은 제2의 언어에서의 후시녹음에 대한 연구는 극히 드물다. 영화 이론에서 말하는 소리의 후시녹음이란, 특히 영화가 촬영된 후의 외부 장면과 해당되는 그 장면의 대사를 스튜디오에서 녹음하는 과정을 말한다. 한 장면을 촬영할 때, 처음에는 배우들이 대사를 직접 발화해보거나 아니면 간단하게 입모양으로만 말하고, 그 후에 녹음실에서 제공하는 최상의 음향 상태로 그 장면을 다시 시각화 하면서 배우 자신들의 발성 움직임에 맞춰 대사를 동기화한다. 그러므로 여기서 다뤄지는 것은 장면 외적 요인(교통 및 공사 소음, 고함소리 혹은 또 다른 실생활 소리)인 배경 소음으로부터 어떠한 방해도 받지 않고 배우들의 음성이 최적의 조건 속에서 확실히 시청자의 귀에 들릴 수 있도록 하는 언어 내 더빙 과정이다. 또한, 다양한 이유로 실제 영화배우가 아닌 전문적인 더빙 배우를 통해서 후시녹음 과정이 이루어지는 경우도 가끔 있다.

후시녹음은 영화 제작사와 감독 모두로부터 거센 비난을 받는 분야이기도 하다. 1968년에 이탈리아 출신 감독들인 Antonioni, Bertolucci, Passolini와 Taviani 형제는 더빙과 관련해서, 더 정확히 말하자면 이탈리아 경우처럼 더빙 녹음실에서 라이브사운드가 녹음되기보다는 전반적으로 전체적인 사운드트랙이 깔리는 언어 내의 후시녹음에 대해 강하게 맞서는 성명서를 발행했다. 요즘 널리 행해지고 있는 이와 같은 방식은 교활할 뿐만 아니라, 시청자를 소위 '바보'로 만든다는 비판을 받았다. 그러나 소수에 불과한 예술영화 분야에서만 반대의 모습을 보일 뿐, 현대 영화를 제작하는 요즘은 이러한 기준을 받아들이고 있다.

기술적 용어로 언어 간 더빙은 더빙 녹음실에서 영화배우의 대사가 녹음 되는 후시녹음의 간단한 변형을 의미하며, 차이점이 있다면 같은 대사가 다른 언어로 발음된다는 것뿐이다. 후시녹음은 목표 문화에 따라 유동성은 있지만, 한 언어 내의 변형이든지 혹은 다른 두 언어 간의 변형이든지 간에 아래에 제시된 규정을 따라야 하고, 일반적으로 수용되는 규정에는 세 가지가 있다.

• 일반적인 클로즈업 장면 또는 세밀한 클로즈업(예를 들면, 전체 얼굴 혹은 입술이 자세하게 촬영되는 것) 장면에 나타나는 입술의 움직임은 무조건적으로 반영되어야 한다. 다시 말하면, 원문 대본(후시녹음의 경우) 또는 번역된 대사(더빙의 경우)는 반드시 스크린 배우의 입술 움직임과 동시에 일어나야 하고, 양순음, 순치음 그리고 광모음(open vowel)의 경우에는 더욱이 그리해야한다. 영화배우의 발성 움직임과 번역을 맞추는 작업을 이른바 '립싱크' 혹은 '입술의 동기화작업'이라고 칭한다.

- 영화배우들의 몸동작 또한 반드시 반영되어야 한다. 이는 원문 대본(후시녹음의 경우) 혹은 번역된 대사(더빙의 경우)와 스크린에 등장하는 인물의 머리, 팔 등 몸의 움직임(찬성하는 모습, 반대하는 모습, 놀라는 모습 등)을 반드시 일치시켜야 함을 의미하고, 이러한 종류의 각색을 이른바 '운동의 동기화작업(kinetic synchrony)'이라고 한다.
- 영화배우의 발화 시간 역시 반영되어야 한다. 다시 말해, 원문 대본(후시녹음의 경우) 혹은 번역된 대사(더빙의 경우)는 영화배우의 원문 대사 전달 시 발화 시작점과 발화 종료 시점 사이를 정확히 일치시켜야 한다. 이러한 형태를 '동시성'이라고 한다.

문제는 두 가지 영화 언어 코드인 운동 및 근접 표지를 모두 포함하는 이동성 코드(입술의 위치, 몸 움직임, 배우들 간의 공간적 거리)와 계획성 코드(장면 유형, 특히 일반적인 클로즈업과 세밀한 클로즈업)를 반영하는데서 나온다. 영화적 접근법은 다음과 같은 관점으로 동기화를 다룬다: 동기화는 영상텍스트의 의미 코드 중 하나 이상으로 구성되는 신호들 중 한가지로 분석된다. 영상텍스트란 음파를 통한 청각과 광신호를 통한 시각의 두 가지 경로를 통해 규정된 정보를 전달하는 언어·상징적 구조이다. 영화의 언어는 단지 언어학적 요소만이 아니라, 메시지 전달에 최종적으로 기여하는 많은 코드들에 의해 규정된다. 청각적 코드는 언어적, 준언어적, 음악적인 특별한 효과와 음향 배치의 코드들로 이루어진 반면에, 시각적 코드는 도상학적, 사진적, 도표적, 계획적, 통사론적 혹은 몽타주 및 이동성 코드로 구성되어 있다. 현재 우리가 분석중인 신호들인 영화배우의 입술 움직임 및 몸동작은 후자에 속한다고 볼 수 있다.

이러한 관점에서 볼 때, 영상 장면의 배열(몽타주, 편집) 또는 줄거리 상 다양한 시점에 추가된 특수 효과와 같은 동기화는 메시지의 구성, 필수 사항, 정확한(전통적) 구성 및 전달을 위해 처리되고 정교화 된 다중 메시지의 표시에 있어 필수적이다. 따라서 동기화는 메시지, 영화, 그리고 내레이션(narration)을 구성하는 광대역 네트워크 신호 속에 일련의 요소 중 하나로 분석되어야만 한다. 여기서 주목해야 할 점은 영화 언어와 번역 작업 사이의 관계 형성이다.

3. 번역적 접근

본 절부터는 동기화를 번역적 측면에서 구체적으로 다루고자 한다. 동기화라는 명칭과 이에 대한 정의, 연구 범위(다양한 유형의 동기화), 분석과 관련된 요소 및 동기화와 관련된 문제점들을 해결하기 위해 번역가들이 공통적으로 사용하는 번역 기술들에 대해 논의하겠다.

3.1 명칭

동기화란 더빙 녹음실에서 목표 언어로 번역된 텍스트를 영화배우의 몸동작 및 발성 움직임과 맞춰가며 녹음하는 과정이다. 동기화는 전문적 및 학문적 용어 둘 다로 사용이 가능하지만(Fodor 1976; Mayoral et al. 1988; Whitman 1992), 동일한 기능이 적용되기에 이를 수정 혹은 각색이라는 용어들로 나타낼 수도 있다. 리보이싱(revoicing)은 더빙의 동의어로 언어 내 후시녹음의 과정에도 속하지만, 동기화의 유의어로도 사용되는 것을 볼 수 있다. 더빙이나 언어 간 후시녹음만 가리킬 때는 리보이싱이 모든 유형의 더빙(적절한 더빙, 부분적 더빙, 내레이션, 자유로운 해설 등)을 포괄하는 일반적인 용어로 사용된다.

3.2 정의

Luyken(1991: 73)은 동기화(립싱크 더빙)란 "원문을 충실히 번역하고 원문의 시점, 대사 그리고 입술 움직임을 재현하려는 음성 트랙(voice-track)으로 대체하는 것"이라고 광범위한 정의를 내린다. Agost(1999: 59)는 동기화(시각적 동기화작업을 의미)를 "눈에 보이는 발음 움직임과 들리는 소리 사이에서 이루어지는 조화(필자의 번역)"로 정의한다. Chaves(2000)는 동기화에 대해서 다음과 같이 정의한다:

> 입술의 움직임과 번역이 동시에 일어나는 것이다. 이렇게 되기 위해서, [대본 작가]는 영화배우의 입술 움직임 및 발음과 일치하지 않는 단어를 교체한다. 대화의 시작 및 끝과 휴지(pause), 모음의 개방성, 양순음의 존재여부를 모두 고려해야 한다. 또한 대본 작가는 때로는 번역가로부터 받은 수정본을 더빙 배우의 속도에 맞추어야 할 책임이 있다. 요컨대 대본 작가는 동기화에 관한 책임이 있다는 것이다. (Chaves 2000: 114, 필자의 번역).

Díaz Cintas(2001: 41)는 "번역된 언어의 소리와 배우의 입 모양 사이에 나타나는 동기화작업이 유지되도록 하는 것"(필자의 번역)을 동기화라고 설명한다.

이처럼 비록 소수이긴 하지만 동기화에 대한 가장 최근 정의들을 보면, 음성 표현의 비교에 근거하여 원천 언어와 목표 언어의 대사 사이에서의 등가가 어떻게 추구되는지에 대해 알 수 있다. 따라서 필자는 동기화에 대한 완벽한 정의를 내리려면 원문과 번역본 사이의 동기화, 번역본과 영화배우 움직임의 동기화 및 번역본과 영화배우 발화 움직임의 동기화와 같은 사항을 모두 고려해야 한다고 생각한다. 그래야만 다음의 정의가 적절하다는 결론을 내릴 수 있을 것이다: 동기화는 번역본과 원본의 대사에 존재하는 발화 및 발화가 잠시 멈춰 있는 순간(휴지)을 맞출 뿐만 아니라, 목표 언어의 번역본과 영화배우들의 발화 및 몸 움직임의 일치로 이루어진 더빙번역의 특징 중 하나이다.

3.3 연구 범위

본 논문에서는 앞서 언급된 정의를 통해서 종전의 다른 분류체계가 아닌 다음과 같은 세 가지 동기화의 유형으로 분류한다.

- 음성적(phonetic) 혹은 입술 동기화작업
- 운동의 동기화작업 혹은 몸동작의 동기화작업
- 대화와 휴지 사이의 동기화작업 혹은 동시성

입술 혹은 음성적 동기화작업(Agost & Chaume 1996: 208)은 Fodor(1976: 10 & 21-71)가 말하는 음성 동기화작업, Luyken et al.(1991)이 말하는 립싱크와 Whitman(1992: 20)이 의미하는 입술의 동기화작업과 동일하고, 특히 번역본을 클로즈업 및 좀 더 근접 클로즈업 촬영 시, 스크린에 등장하는 인물의 발성 움직임에 맞춰 수정하는 것으로 볼 수 있다. 현실적 효과를 얻으면서 (González Requena 1989) 낯설지 않은 작품을 만들기 위해(Goris 1993), 특히 번역본은 개방형 모음 및 양순음과 화면상에서 발음되는 순치음에 신경 써야 한다. Fodor(1976)의 종합적 연구는 음성의 동기화작업[1]에 관해 상세히 다루긴 했지만, 클로즈업 촬영, 좀 더 근접 클로즈업 촬영이나 입술에 초점을 맞춘 장면을 제외하고는, 훌륭한 더빙으로 평가를 받은 유럽 국가인 스페인, 독일, 프랑스 및 이탈리아의 해결책들이 일반적으로 좀 더 유연하다.

배우의 몸동작과 함께 번역의 동기화가 이루어지는 것을 운동의 동기화작업이라고 한다(Agost & Chaume 1996: 208). 원래 Fodor에 의해 알려진 동기화작업의 성격을 이후 Whitman(1992: 33)이 '운동의 동기화작업'이라는 용어로 발전시킨 것이다. 번역본은 반드시 스크린에 등장하는 인물의 동작에 일치해야 한다. 즉, 긍정의 "네"라는 단어와 부정 및 반대를 나타내는 머리 흔듦은 동반될 수 없다거나, 몸짓과 일치시키기 위해서 배우가 자신의 손을 머리에 올리면서 감탄사를 발음하는 것을 말한다.

영화배우의 발화와 번역의 지속 시간의 동기화를 이른바 동시성이라고 한다(Whitman 1992: 28; Agost & Chaume 1996: 208). 예를 들면 번역된 대사가 원문 대사로 발음되기 위해 영화배우가 입을 여는 순간이나 닫는 시간들을 정확히 맞춰야 한다. 대부분의 시청자들이 이 결점을 제일 쉽게 알아차릴 수 있다는 점에서, 좋지 않은 평가는 대부분 동시성의 결함으로부터 나타난다. 시청자에게 번역된 대사가 계속 들림에도 불구하고 원문 대사의 끝으로 영화배우의 입이 닫힌 경우 또는 그와 반대로 시청자들의 귀에 들리는 것은 없음에도 배우의 입 모양은 계속 움직이는 경우에 비평가와 관객으로부터 자주 정당한 비판(규범으로부터 벗어나기 때문에)을 받는다.

동기화의 나머지 두 유형인 인물 동기화작업(character synchrony)과 내용 동기화작업(content synchrony)은 엄밀히 말하면 동기화에 해당되는 것이 아니라고 판단되므로, 본 논문에서는 다루지 않으려고 한다. 인물 동기화작업(Whitman 1992)은 더빙 배우의 목소리와 영화배우의 목소리에 대한 기대치의 일치에 대한 것이다. 일반적으로 스크린에서 나오는 아이의 목소리는 늙은 남성의 목소리로 더빙될 수 없고, 또한 여자배우의 목소리는 여성의 목소리로, 악역은 음침하고 악한 느낌으로 들려야 하는 것을 예로 들 수 있다. 하지만 이런 부분들은 동기화의 유형이라기보다는 더빙 배우의 각색과 직접적으로 관련이 있다고 생각하기에, 정치적으로 무엇이 맞는지 또는 캐

스팅의 기준에 대한 논쟁의 여지가 있는 본 내용에 대해서는 다루지 않겠다. 이처럼 번역가 또는 대본 작가와 관련된 동기화의 내용과는 다소 동 떨어진 면이 있다. 번역작업이나 텍스트 다시 쓰기에 직접적인 영향을 주는 것이 아니기에, 개인적으로 동기화의 유형으로 구분하기에는 적합하지 않다고 판단한다. 원문에서 각각의 인물에 맞게 쓰인 언어의 유형 자체로도 작업을 하는 번역가들이 등장인물의 성격을 분석하는데 있어 충분한 지침이 된다. 각색 효과는 전적으로 더빙 배우들과 더빙 감독에게 달려있다.

내용 동기화작업(Mayoral et al. 1988)이나 번역과 스크린에서 나타나는 것(이미지와 음악) 사이의 의미관계는 동기화의 유형으로 간주하지 않는다. 본 논문에서 말하는 동기화작업 또는 동기화라는 용어는 동기화작업 보다는 일치성에 관한 기능적 체계의 용어에 초점을 두기에 어폐가 있다고 생각한다. 번역본은 원본에 쓰인 텍스트뿐만 아니라, 화면에서 발생하는 사건 또한 따라야 한다. 즉, 화면(상황의 문맥)에서 나타나는 의사소통 상황과도 반드시 일치가 이루어져야 한다. 이를 위해 번역가는 그들만의 여러 해결 방법(생략, 반복, 대체, 접속사, 연어 등)을 가지고 있으며, 이는 화면상의 행위와 일치하지만 동기화 영역에는 속하지 않는 번역을 하는데 유용하다.

3.4 동기화작업 분석과 관련된 요소들

동기화 과정에 영향을 주는 요소는 다양하다. 본 논문에서 제안하는 요소들은 원문의 특징, 전문적 맥락의 특징, 동기화 자체의 특징, 시청자의 특징 및 목표 문화의 특징과 같은 의사소통의 기준에 근거한다.

a. 원문과 관련된 요소들: 장르와 텍스트 유형

동기화는 영상 장르에 따라 정확성에 차이가 있다. 가령 시청자가 원래의 소리를 들을 수 있도록 낮은 음량으로 된 보이스 오버 기법을 주로 쓰는 다큐멘터리 장르에서는 동기화가 우선시 되지 않는다. 내레이터(서술자) 또는 영화배우의 발화 이후 2~3초가량 지나고 진행되는 번역이기에 엄격하게 동시성의 규정을 따르지 않는다. 기능적인 관점에서 보면, 다큐멘터리는 시청자에게 논의 되고 있는 텍스트가 목표 텍스트라는 점을 확신시키거나 배우나 서술자가 목표 언어로 발화하는 것이 원문을 최대한 존중하면서 특정 정보를 이해하는 것보다 중요하지는 않다고 설득하는 것이 목표인 정보 텍스트(informative text) 유형이다. 그러므로 단지 동시성만 동기화작업으로 고려될 뿐이며 단발성 있게 발화되는 목표 텍스트가 원문과 같이 끝나게 함으로써, 다음 섹션과의 중복을 피하고자 하였다.

유럽에서 더빙된 세 가지 다른 장르인 만화, TV 시리즈 그리고 영화는 대부분 표현적인 기능으로 이루어진 텍스트이다. 번역의 기능이 텍스트의 이국적이거나 낯선 느낌 없이 감정을 전달하며 시청자가 스크린을 통해 발생되는 사건을 경험하는 것이라면, 이 때 동기화의 역할은 더 중요해진다. 하지만 세 장르 사이에도 동기화의 사용에는 차이가 나타난다.

우선 만화 분야에서 요구되는 동시성은 사실상 미미하지만, 만화 캐릭터가 현장 즉 스크린에 있을 때 동기화가 적용된다. 화면의 캐릭터들은 명확하게 발음하지 않으며 실제로 발음되는 단어 없이 입술을 거의 임의로 움직이기에, 근접하게 클로즈업 된 장면이나 겉보기에 캐릭터들이 광모음을 발음하는 것처럼 보이는 세분화된 장면인 경우를 제외하고는 정확한 음성 각색은 불필요하다. 본 장르의 분석에서 고려해야 할 또 다른 관련요소는 이를 받아들이는 시청자이다. 어린이 관객들은 동기화에 대해 요구하지 않으며, 동시성이나 립싱그도 임격히 적용되지 않는다. 그에 반해, 만화캐릭터는 아이들의 관심을 사로잡는 방법으로 과장된 몸짓을 나타내는 경향이 있기 때문에, 운동의 동기화작업은 아이들의 만화 프로그램에 있어 굉장히 중요하다. 이러한 몸짓들은 일관성 있는 번역이 수반되어야 한다.

TV 연속극에서는 모든 동기화 유형이 철저히 적용되어야 한다. 비록 영화에서 요구되는 정도의 완성도는 아닐지라도, TV 연속극에서 세 가지의 동기화 유형이 모두 나타난다. 이렇게 모든 유형의 동기화가 적용되기 때문에, TV 연속극은 이 분야의 번역에 관심 있는 이들에게는 굉장히 훌륭한 견습 기회를 제공하지만, 최종적인 결과가 영화에서 이뤄지는 더빙에 비해 다소 완성도 차이가 있다는 것은 감안해야 한다.

마지막으로 영화는 모든 단계에서 굉장히 수준 높은 동기화를 요구한다. B급 영화나 홈 비디오로 소비가 될 영화마저도 예외 없이 대다수의 영화에서 상당히 높은 수준의 동기화가 체계적으로 요구된다. 영화의 제작자, 배급자 그리고 영화관은 동기화에 의해서 더빙된 영화의 성공 혹은 실패가 좌지우지 된다는 사실을 충분히 인지하고 있다. 위에서 언급한 모든 동기화 유형은 순음과 개방 및 비개방 모음부터 일시 중지 및 음절, 영화화면 속 인물들의 얼굴 움직임의 동기화까지 포함하여 이 분야에서 자세하게 다뤄진다.

b. 언어 및 문화와 관련된 요소들

동기화작업이 번역 문제를 야기시키는 것은 사실이지만, 이것이 번역가가 직면하게 되는 유일한 문제는 아니다. 다른 번역 문제가 동시에 발생하면 번역 기술은 동기화가 필요한 부분에서 달라질 수 있다. 예를 들면, 화면에 발화한 단어와 그것을 의미하는 아이콘이 함께 나오는 경우와 같이 배우의 입술 움직임과 일치하는 단어를 이미지에 사용하지 못할 수도 있다. 오히려 화면에 아이콘이 없다면 번역가들은 그 상황과 관련이 적든 많든 유사한 단어를 찾기가 좀 더 자유로울 것이며, 스크린 배우의 입 움직임에 맞추는 것 또한 자유로울 것이다. 반면에 클로즈업 되는 화면에서 발음되는 단어가 화면의 아이콘과 관련이 있을 시, 이에 대한 해결책도 제한적이다. 이러한 경우는 번역가로 하여금 그들이 가진 번역 자원에 의지하고, 창조력을 유감없이 발휘할 수밖에 없도록 한다. 그럼에도 불구하고 번역가가 이에 대해 어떠한 일관성 있는 대응책을 찾아내지 못한다면, 동기화는 더 적합하고 논리성 있는 번역을 위해 희생 될 수도 있다.

만약 잠재적으로 동기화의 문제를 유발하는 번역할 어휘들이 목표 언어에도 존재한다면, 동기화작업은 좀 더 정확해질 것이다. 영어 단어 "mummy"를 발음하는 모습이 근접하게 클로즈업된 경우, 스페인어 번역은 일상적 대화체의 스페인어 단어 "mami"로 입술 동기화작업이 나타날 수 있기에 문제가 없다. 언어 간의 근접도는 동기화의 문제 해결에 도움이 된다.

마지막으로 동기화의 방식을 규제하는 규범과 규정은 다른 목표 문화에 따라 다르게 이루어진다. 예를 하나 들면, 스페인에서의 동시성이 이탈리아에서 보다 좀 더 섬세한 관찰 및 주의가 필요한 것 같다. 이렇게 스페인에서는 번역가들에게 중요 제약 요소 중 하나인 동시성 혹은 원문 및 목표 언어의 대사간의 동등한 시간이 이탈리아에서는 반대로 좀 더 유연한 제약으로 여겨진다. 다양한 동기화 유형의 적용에 따른 완성도는 각각 목표 문화의 규범, 시청자의 기대치, 다른 동기화 유형의 사용과 요구되는 영상 장르 등에 따라 달라진다.

이를 명확히 보여주는 예시가 일본과 스페인의 경우이다. 일본의 애니(anime)와 만화(manga)는 각각 다른 소비자 유형을 목표대상으로 한다. 일반적으로 어린이 소비층을 목표로 한 만화 형대를 가신 스페인에서는 성인을 위해 제작된 만화는 흔하지 않다. 원천 문화에서 10대 혹은 성인을 겨냥한 만화가 목표 문화에서 아이들 청중들(예를 들어 Shin-chan)에게 보일 경우, 동기화는 좀 더 유연해질 수 있다. 왜냐하면 동기화가 원천 문화의 장르와 시청자가 아닌 목표 문화의 장르와 시청자를 통한 규정에 의해 좌우되기 때문이다.

c. 전문적 맥락과 관련된 요소들(번역 지침)

전문적 맥락 역시 동기화의 정확도를 결정한다. 우선적으로, 선택된 번역 유형은 동기화가 얼마나 정확해야 하는지에 대한 결론을 내린다. 더빙은 가장 철저한 동기화가 필요한 영상번역의 유형이다. 부분적 더빙이나 내레이션과 같은 다른 하위 유형의 더빙은 동기화에 동일한 우선권을 두지 않는다. 이미 앞에서 살펴본 것과 같이, 보이스 오버는 동시성이든 립싱크의 형태든 간에 정확한 동기화를 필요로 하지 않는다. 다른 유형에 관한 한, 동시 영화 통역은 운동의 동기화작업마저도 완전히 무시한다. 분명히 영화의 구두 번역에 관한 노력은 통역사가 입술 및 운동의 동기화작업과 동시성을 고려할 필요 없이 그 자체로도 충분히 의미 있다. 입술 동기화작업은 자막번역에서 고려되지 않지만, 운동 동기화작업은 대체적으로 반영되고 배우의 동작도 번역본과 일치된다. 반면에 비록 동시성이 더빙에서만큼 자막번역에서 같은 정도를 보이는 것은 아니지만, 실제로 발화하는 배우의 대사와 함께 자막이 동기화 된다. 동기화가 매번 완벽한 타이밍을 보여주지는 않을 수 있지만, 이는 자막이 배우가 발화를 시작하거나 끝내는 정확한 순간에 화면에 나타나거나 사라지는 것이 중요하지 않기 때문이고, 실상 일반적으로 자막은 발화와 일치한다.

동기화와 관련된 또 다른 요소는 번역을 요청하는 고객이다. 동기화에 있어서 영화사가 TV 제작사들보다 더 세심한 주의를 요구한다. 이는 홍보 영상의 번역을 요구하는 회사들 보다 더 까다롭게 요구하는 셈이다. 영화 및 텔레비전 산업들이 빈틈없고 세심한 동기화를 필요로 하는 반면에, 다른 의뢰인들은 일반적으로 좋은 번역만 보인다면 그것에 만족한다.

표면적으로는 일상적인 문제일 수 있는 근로조건 또한 동기화의 수준에 상당한 영향을 끼친다. 높은 수임료를 받는 번역가는 모든 과정에서 철저하고 주의 깊게 작업을 수행할 것이다. 이에 반해 수임료가 적은 번역가는 사기가 저하될 것이고, 결국 이는 동기화의 번역물에 요구되는 세세한 기준을 점점 무시하는 결과를 초래할 것이다. 더 나아가 번역가에게 작업에 할당된 시간의 양도 이 주제와 관련된 중요한 요소이다. 소요 시간이 많이 주어질수록 더 나은 결과물이 나온다. 하지만 마감 기한이 너무 짧아서 서두르게 되는 경우, 번역가가 간과할 수 있는 첫 번째 영역 중 하나가 동기화이다.

또한 목표 텍스트의 기능은 동기화가 번역에서 어떻게 이루어져야 하는가에 대한 하나의 역할을 한다. 목표 텍스트의 기능이 원천 텍스트의 기능과 일치시키는 것이라면, 원천 텍스트 분석에서 한 코멘트들이 유효할 것이다(위의 본문에서 원문의 특징과 관련된 요소 부분 참고). 즉, 동기화가 이루어지는 것보다는 이야기 속에 시청자들을 개입시키는 것이 목적인 표현적인 텍스트들은 정보 전달이 주가 되는 정보적 텍스트들 보다 더 높은 수준의 동기화를 필요로 한다. 만약 목표 텍스트의 기능이 원천 텍스트의 기능과 동일하지 않다면, 번역가는 일반적으로 특정한 기능을 위한 목표 문화의 관습에 따라 텍스트를 동기화 할 것이다. 예를 들면, 다른 언어 및 다른 문화권의 광고에 관한 프로그램에서 목적이 이러한 언어 및 문화권의 행동을 관찰하는 것인 경우, 광고는 실제로는 동기화가 필요하지 않은 보이스 오버 또는 좀 더 느슨한 형식(내레이션 혹은 자막 사용)의 더빙을 통해 제작될 것이다. 그러나 만약 동일한 광고가 제품 판매를 위해서 목표 문화에 맞게 소개된다면, 동기화에서 필요한 수준은 높아질 것이다(예: Werther 의 오리지널 캔디의 사례).

d. 시청자의 특징과 관련된 요소들

이미 본 논문의 나머지 부분, 특히 장르의 부분에서 다루었듯이 어린이 관객은 동기화 품질에 대해 성인들만큼 엄격하지 않다. 이러한 이유와 더불어 만화 캐릭터는 실제 인물이 아니며 실제 음소를 정확히 발음하지 않기 때문에 동기화작업이 정확해야 할 필요가 없다는 사실로 인해, 만화 장르에서는 낮은 품질의 동기화가 받아들여 질 수 있다. 어린이 관객들은 지연되는 것을 인지하지 못할 뿐만 아니라, 높은 수준의 동기화를 요구하지 않기 때문에, 립싱크와 동시성 두 가지 모두 낮은 수준이 가능하다. 마찬가지로, 젊은 연령층을 겨냥한 TV 시리즈물 또한 동시성에 있어 어느 정도의 자유성을 수용한다. 비록 어린이들보다 인지력은 뛰어나지만, TV 시리즈물에 대한 판단을 할 때, 동기화의 품질을 우선순위로 두지 않기 때문이다. 그러나 성인 시청자들은 완벽한 수준의 동기화를 요구하기 때문에, 일반적으로 성인을 목표로 제작된 TV 시리즈물과 영화들은 이 점에 있어서 좀 더 완벽해진다. 성인 시청자들을 전체적으로 봤을 때, 연령대별이나 성별에 의해 요구되는 기준의 차이는 필자는 발견하지 못했다.

e. 동기화의 특징과 관련된 요소들

번역에서 모든 동기화 유형이 동일한 완성도를 필요로 하지는 않는다. Fodor(1976)의 주장과 달리, 립싱크에서 원천어의 양순음을 목표어의 양순음으로 대체할 필요가 없고, 대신에 어떠한 순치음이 될 수도 있다. 광모음은 〈a〉가 〈e〉로, 때로는 〈o〉로 자막 처리되거나, 또는 그 반대의 경우도 마찬가지로 성립이 가능함이 많은 장면에서 입증되었다. 마찬가지로 운동의 동기화작업도 명확한 해결책이 필요한 긍정 혹은 부정의 몸짓을 제외하고는 교차(interjections)가 고려되는 경우에 융통성 있게 나타날 수 있다. 동시성의 경우에는 시청자들 입장에서 특별히 알아차릴 만한 요소들이 아니기에, 배우가 입을 열기 전 하나의 음절과 배우가 입을 닫고 난 후 두 개의 음절들까지는 상당히 수용 가능하다.

또한 원천 텍스트(후시녹음의 경우)의 동기화를 통한 기능은 번역과 관련된 요소이다. 텍스트에서 중요시 다뤄지는 부분이 아니기에, 만약 원천 텍스트에서 소리 후시녹음이 면밀히 반영되지 않는다면 고객의 요구사항, 목표 문화의 관습 등의 추가적인 이유가 없는 한 목표 텍스트에서 그것을 따라야 할 이유도 없다. 그러므로 광고나 홍보 자료(광고성을 띄는)에서 원천텍스트의 후시녹음이 우선시 되지 않는 경우, 목표어에서의 동기화는 일반적으로 주된 관심사가 아니다.

4. 결론

동기화는 더빙의 주요 특징 중 하나이다. 본 논문에서 말하고자 하는 바는 동기화가 영상번역 과정에 관여한 어떤 다른 인물도 갖고 있지 않은 원문과 목표어에 대한 지식과 번역 전략 및 기술에 대한 지식이 필요한 텍스트 작업을 전달하는 것이기 때문에, 번역가가 책임져야하는 부분이라는 점이다. 또한 본 논문은 번역학 분야에서 동기화의 다양한 접근법을 검토하였다. 뿐만 아니라 동기화를 개인적으로 동기화작업의 세 가지 유형, 즉 입술 동기화작업, 운동 동기화작업 그리고 동시성으로 제시했다. 문학 작품과 관련된 다른 유형의 동기화작업은 번역 작업을 다룬다기보다는 각색(이른바, 인물 동기화작업) 또는 문맥적 일치성(내용 동기화작업)에 속하기에 배제했다. 또한 세 가지 유형에 대한 정의를 제시했는데, 이 정의는 대개 실제 작업 조건에서 실행되는 동기화 유형으로 동시성을 강조하고, 종전에 널리 다루던 립싱크의 중요성은 경시했다. 왜냐하면 최근 들어 일부 일반적인 클로즈업과 좀 더 근접한 클로즈업의 경우에만 고려되기 때문이다. 마지막으로 동기화의 분석 시 고려되는 일련의 번역적 요소들을 제시하려고 노력했다. 동기화와 번역에서 나타나는 정도를 사료해 볼 때, 이러한 요소들은 반드시 분석되어야 하고, 이는 다른 영상 장르와 배경에는 다른 규범이 존재함을 이해하기 위함이다.

주석

1. Fodor(1976: 54-57)은 양순음 자음을 양순음 자음으로, 순치음은 순치음으로, 심지어 순음화된 모음은 순음화된 모음으로의 대체를 제안한다. 또한, 더빙 배우는 원작과 최대한 비슷한 완성도를 나타내기 위해 영화배우의 몸짓도 따라해야 한다고 한다. Fodor의 연구(1976: 32-36)에서는 다양한 언어의 입 움직임, 들숨 및 날숨, 머리의 움직임 등을 비교하는 것을 볼 수 있다.

참고문헌

Agost, R. 1999. *Traducción y doblaje: palabras, voces e imágenes.* Barcelona: Ariel.

Agost, R. and F. Chaume. 1996. "L'ensenyament de la traducció audiovisual". In Hurtado, A. (ed.) *La enseñanza de la traducción.* Castelló de la Plana: Universitat Jaume I: 207-211.

Ávila, A. 1997. *El doblaje.* Madrid: Cátedra.

Bartrina, F. 2001. "La investigación en traducción audiovisual: interdisciplinariedad y especificidad", in Sanderson, J. (ed.) *¡Doble o nada! Actas de las I y II Jornadas de* *doblaje y subtitulación*. Alicante: Universidad de Alicante: 27-38.

Bravo, J. M. 2003. "La investigación en traducción audiovisual en España: los textos cinematográficos", in García Peinado, M. A., Ortega Arjonilla, E. (ed.) *Panorama actual de la investigación en traducción e interpretación, vol 2.* Granada: Atrio: 235-252.

Chaume, F. 1996. "El mode del discurs als llenguatges audiovisuals. Problemes en llengües en procés de normalització. El cas del valencià". In Edo Julià, M. (ed.) *Actes del I Congrés Internacional sobre Traducció.* Barcelona: Universitat Autònoma de Barcelona: 381-391.

Chaume, F. 1997. "Translating nonverbal communication in dubbing". In Poyatos, F. (ed.) *Nonverbal Communication and Translation.* Amsterdam/Philadelphia: John Benjamins: 315-326.

Chaume, F. 1998. "Textual constraints and the translator's creativity in dubbing". In Beylard-Ozeroff, A., J. Králová and Moser-Mercer, B. (eds) *Translators' Strategies and Creativity.* Amsterdam/ Philadelphia: John Benjamins.

Chaume, F. 2003. *Doblatge i subtitulacio per a la TV.* Vic: Eumo.

Chaume, F. 2004. *Cine y traducción.* Madrid: Cátedra.

Chaves, M. J. 2000. *La traducción cinematográfica. El doblaje.* Huelva: Universidad de Huelva.

Díaz Cintas, J. 2001. *La traducción audiovisual. El subtitulado.* Salamanca: Almar.

Díaz Cintas, J. 2003. *Teoría y práctica del subtitulado. Inglés-Español.* Barcelona: Ariel.

Fodor, I. 1976. *Film Dubbing: Phonetic, Semiotic, Esthetic and Psychological Aspects.* Hamburg: Helmut Buske.

Gilabert, A., I. Ledesma and A. Trifol. 2001. "La sincronización y adaptación de guiones cinematográficos". In Duro, M. (coord.) *La traducción para el doblaje y la subtitulación.* Madrid: Cátedra: 325-330.

González Requena, J. 1988. *El discurso televisivo.* Madrid: Cátedra.

González Requena, J. 1989. *El espectáculo informativo.* Madrid: Akal.

Goris, O. 1993. "The Question of French Dubbing: Towards a Frame for Systematic Investigation". *Target* 5 (2): 169-190.

Kahane, E. 1990-91. "Los doblajes cinematográficos: Trucaje lingüístico y verosimilitud". In Parallèles, 12. *Cahiers de l'École de Traduction et d'Interprétation.* Geneva: 115-120.

Karamitroglou, F. 2000. *Towards a Methodology for the Investigation of Norms in Audiovisual Translation.* Amsterdam: Rodopi.

Luyken, Georg-Michael, Thomas Herbst, Jo Langham-Brown, Helene Reid and Hermans Spinhof. 1991. *Overcoming Language Barriers in Television*. Manchester: The European Institute for the Media.

Martín, L. 1994. "Estudio de las diferentes fases del proceso de doblaje". In Eguíluz, F. et al. (eds.) *Trasvases Culturales: Literatura, Cine, Traducción*. Gasteiz: Universidad del País Vasco-Euskal Herriko Unibertsitatea: 323-330.

Mayoral, R., D. Kelly and N. Gallardo. 1988. "Concept of Constrained Translation. Non-Linguistic Perspectives of Translation". Meta 33 (3): 356-367.

Whitman, C. 1992. *Through the Dubbing Glass*. Frankfurt: Peter Lang.

Zabalbeascoa, P. 1993. *Developing Translation Studies to Better Account for Audiovisual Texts and Other New Forms of Text Production*. Unpublished PhD Thesis. Universitat de Lleida, Spain.

자막 유형을 위한 분류 요소(parameters)

Eduard Bartoll
번역 강지수

1. 서론

영상번역에 관한 연구는 영상번역의 특징상 최신 기술과 직접적으로 접목되어야 한다. 문자다중방송(teletext), 인터넷, 비디오 게임, DVD 등 새로운 영상매체와 컴퓨터 기반 신기술은 자막의 범위를 확장시켰다. 그 예로 시청자가 선택적으로 (자막을 끄거나 킬 수 있는: 역주) 폐쇄(closed) 자막이나 개방(open) 자막 혹은 극장 공연이나 오페라에서 조광 패널을 통해 투사하는 전자 자막 등이 새롭게 등장했다.

이처럼 기술의 급진적인 발전은 지금까지의 요소로는 분류할 수 없는 새로운 자막 유형을 야기했다. 본고에서는 자막 분류에 관한 선행 연구 중에 Luyken, Ivarsson, Gottlieb, Díaz-Cintas의 논거를 바탕으로 하여, 오늘날 자막 산업에서 등장하는 모든 자막을 포괄하는 새로운 분류 요소를 정립하고자 한다. 이러한 분류의 목적은 관련 학자와 번역가를 위해 현존하는 모든 자막 유형을 보다 명확히 기술하기 위함이다. 이를 통해 학자들은 좀 더 정확하게 각기 다른 자막의 종류를 분석할 수 있고, 번역자는 번역물에 대해 더 잘 이해할 수 있게 된다.

자막 유형 분류를 다루는 대다수의 연구는 두 가지 측면, 즉 언어적(linguistical) 측면과 기술적(technical) 측면에 초점을 맞춘다. Gottlieb(1997: 71-72)는 각 측면에 따라 자막을 다음과 같이 분류했다.

언어적 측면

1. 언어 내(intralingual) 자막: 동일 언어 내에서의 자막을 말한다. 지역 방송 자막, 청각장애인을 위한 자막, 언어 학습을 위한 자막 등이 해당 그룹에 속한다.
2. 언어 간(interlingual) 자막: 두 언어 간의 자막을 말한다.

기술적 측면

1. 개방 자막: 영화나 TV 방송의 원본과 함께 나오는 자막을 말한다. Gottlieb에 따르면, 모든 영화 자막이 해당 범주에 속한다. "아직까지 전자 자막은 TV와 비디오에 한정된다"(같은 글: 72).
2. 폐쇄 자막: 임의적으로 추가될 수 있는 자막이다. 문자다중방송이나 위성방송을 통해 다양한 자막이 다양한 빈도수로 추가될 수 있다.

나아가 Gottlieb는 수직(vertical) 자막과 능직(diagonal) 자막에 관해 논한 바 있다. 수직 자막은 구두 담화를 문자화한 것으로, 언어 내 자막의 한 유형으로 볼 수 있다. 능직 자막 또는 사선(oblique) 자막은 두 개의 차원을 교차하는 것과 연관된다. 즉, 원천어의 구두 담화를 텍스트 형식으로 전환하는 언어 간 자막이 여기에 해당된다.

Ivarsson(1992: 35)은 영화관 자막이나 TV 자막의 범주를 떠나 자막 유형을 다음과 같이 분류했다. 먼저 다중 언어 자막은 2개 국어가 병용되는 국가에서처럼, 한 가지 언어 이상의 번역이 필요한 자막이다. 문자다중방송 자막은 TV에서 청각장애인을 위한 자막을 말한다. 축소 자막은 문자다중방송과 유사하나 뉴스나 생방송에서 축약된 자막을 의미한다. 생중계 자막은 전자와 유사하나 좀 더 신속한 작업을 위해 특수 기기가 별도로 필요한 자막을 뜻한다. 그 외에 오페라, 연극, 회담 등을 위한 자막, 즉 "특수 스크린에 배치되는 자막"(같은 글: 35)을 별도로 구분했다.

Ivarsson은 언어적 측면보다는 기술적 측면에 좀 더 초점을 맞춤을 볼 수 있다. Luyken(1991: 40) 역시 전체 자막, 축소 자막, 이중 언어 자막의 소분류로 구성된 기존 자막과 동시 자막을 다르게 구별한 바 있다.

Linde(1999: 2)는 자막을 크게 두 가지 유형, 즉 언어 간 자막과 청각장애인을 위한 언어 내 자막으로 구분했다. 단, 이는 언어 내 자막이 영화관에서 부재함을 전제로 한다.

Díaz-Cintas(2001: 24)도 마찬가지로 자막 유형을 기존 자막과 동시 자막, 이중 언어 자막, 언어 내 자막(청각장애인이나 언어 학습자를 위한 자막, 또는 노래방 자막)과 언어 간 자막, 개방 및 폐쇄 자막 등으로 분류하였다. 그러나 이러한 분류 방법은 전부 자막의 모든 가능한 유형을 포괄하지 못한다는 점에서 한계가 있다. 따라서 본고는 여기에 추가석으로 도입되어야 할 요소를 제시하여 지금까지 알려진 모든 자막 유형을 포괄하고자 한다.

본고는 Gottlieb의 방법을 토대로 분류 요소를 크게 기술적 그룹과 언어적 그룹으로 구분하고, 두 요소에 모두 해당되는 요소는 별도로 분석했다.

2. 기술적 요소

기술적 그룹에는 다음과 같은 요소들이 포함된다. 첫 번째로 고려해야할 요소는 자막의 수평적 배치이며, 이는 자막이 매번 같은 위치에서 나타나는가와 연관된다. 이 요소는 TV 방송(과 비디오)에서 청각장애인을 위한 자막이 화면 중앙이 아닌 발화자의 아래쪽에 위치한다는 점을 강조한다. 본고에서는 이 요소에 따른 자막 유형을 중앙 자막과 비중앙 자막으로 분류하고자 한다.

자막 보존에 관한 요소는 자막과 영상간의 분리성과 연관된다. 이는 즉, 해당 자막이 영상으로부터 분리 불가한지, 아니면 영상으로부터 독립되어 지속적인 수정이 가능한지를 의미한다. 이 경우, 자막이 처음 삽입되는 과정과는 무관하게, 최종 영상에서 자막이 어떻게 보이는가를 고려해야 한다. 예를 들어, 초기 TV 자막은 영상과 분리되어 작업되지만 해당 영상을 녹화할 경우 최종 영상에서 자막은 영상과 분리될 수 없다. 반대로 디스크와 같이 컴퓨터 형식으로 저장된 전자 자막은 영상으로부터 전적으로 독립된 형식을 갖춘다. 이러한 자막 보존 형식은 자막 분류와도 깊은 연관성을 지닌다. 독립된 자막을 통해 원본 영상을 그대로 보존함과 동시에 지속적인 자막 교정이 가능해질 뿐만 아니라 이론 상 모든 영상이나 연극, 오페라, 회담 등에서도 동일한 자막을 적용할 수도 있다.

화면을 기점으로 한 자막의 수직적 위치에 따라 자막 유형을 하단 자막 (subtitle), 중간 자막(intertitle), 상단 자막(surtitle) 등으로 구분할 수 있다. 중

간 자막이라는 용어는 아직까지 대부분의 사전에서 찾아볼 수 없으며, 이에 대한 의미는 일반적인 하단 자막에 포함되기도 한다.

또 다른 요소로는 비록 자주 등장하진 않으나 이동성(mobility)을 고려할 수 있다. 여기에는 움직이는 자막이나 고정된 자막이 포함된다. 이동 자막은 서양권에서는 우측에서 좌측으로, 특정 동양권에서는 좌측에서 우측으로 나타난다. 그러나 이러한 방법은 활용 빈도가 떨어지며 자막 자체보다는 제목 표기법의 한 부류로 볼 수 있다. 그럼에도 불구하고 이동 자막과 고정 자막을 별도의 것으로 분류할 필요는 있다.

선택 가능성과 연관된 요소도 있다. 이 요소는 선택적과 비선택적 자막, 즉 폐쇄자막과 개방자막을 구별한다. 시청자는 임의로 화면상에서 자막을 띄우도록 설정하거나 혹은 자막이 항상 뜨도록 고정된 화면을 보게 된다. 전자의 경우 폐쇄자막에 속하며, 후자의 경우 개방자막에 해당한다. 최근에 들어서는 문자다중방송, 케이블, 위성방송, 리모컨의 특수 기능을 통한 DVD, 인터넷(스트리밍 영상), 광디스크 등에서 이러한 폐쇄자막을 쉽게 찾아볼 수 있다. 이 요소는 Gottlieb이 기술적 요소로 일컫는 바와도 같다.

시청자는 대체로 화면상이나 화면 주변에서 나타나는 자막을 읽지 않을 선택권이 있다. 그러나 d'Ydewalle, Praet, Verfaille & Rensbergen(1991: 660)에 따르면, 자막이 있는데 해당 자막을 읽지 않고 지나치기는 매우 어렵다. "자막을 읽는 행위는 습관 형성 때문이 아니다. 발화와 텍스트가 동시에 주어졌을 때 시청자는 자막을 읽는 경향이 있다."

자막가에게 있어 자막이 생성되어 투사되기까지 걸리는 시간은 매우 결정적인 요소이다. 사전 녹화 자막과는 달리 동시 자막은 영상이 투사됨과 동시에 제작되어 함께 방영된다.

자막 작업이 가해지는 영상의 특성도 하나의 요소로서 고려해야 한다.

영화관, TV, 비디오, DVD, 광디스크, CD, 컴퓨터 게임, 인터넷(스트리밍 영상), 라이브 공연 등이 각각 다르게 구별된다. 라이브 공연에는 극장 연극, 오페라, 회담 등이 포함된다. 이를 영상으로 간주하는 이유는 자막(이 경우, 극자막) 작업이 다뤄지기 때문이며, 서로 유사한 기술적 특성을 지니므로 동일한 범주에 포함시켰다.

마지막으로 고려해야 할 기술적 요소는 자막이 전송되는 채널이다. 이 경우는 영상과 무관하다. 문자다중방송에서와 같이 영상 자체에 자막이 입혀지거나, 동시 자막과 같이 화면 위에 투사되는 경우가 이에 해당한다. 후자의 경우를 전자 자막으로 분류하며, 독립적인 특성 때문에 영화관에서나 라이브 공연에서 모두 활용되기도 한다.

색상에 대한 요소도 기술적 요소에서 고려할 필요가 있으나, 해당 요소는 발화자, 영화의 흑백 여부와 자막이 입혀질 작품에 따라서 달라지는 경향이 있다.

3. 언어적 요소

첫 번째 언어적 요소는 바로 언어 자체이다. 이는 원천어와 목표어가 동일한지 여부와 관련된다. 번역이 필요한 경우를 언어 간 자막으로, 전사(transcription, 즉 문자화)가 필요한 경우를 언어 내 자막으로 구별한다. 언어 내 자막은 목표 대상에 따라 다시 세부적으로 구분된다. 청각장애인을 위한 전사가 있는 반면, 언어 학습자 또는 (노래방에서와 같이) 아마추어 가수들을 겨냥한 전사도 있다. 전자의 경우 자막이 일부 생략되는 축소 자막에 가까우며, 후자는 모든 가사를 그대로 문자화한 전체 자막에 가깝다.

언어적 요소는 자막을 전달하는 목적으로 보완된다. 목표어로의 소통을 위한 목적을 가진 자막을 Christiane Nord의 용어를 빌려 도구적(instrumental) 자막이라 칭한다. 도구적 자막은 모국어가 아닌 이유로 구두 담화를 이해하지 못하는 대상이나 청각 장애로 인해 청취가 어려운 대상을 위한 번역 및 축소 자막을 모두 아우른다. 나아가 이 요소 안에는 마찬가지로 Nord의 용어를 차용한 기록적(documentary) 자막이 포함된다. 예를 들면 언어 학습을 위한 교육적 목적이나 노래방에서 노래를 따라 부르게끔 돕는 전체 자막이 여기에 해당된다.

4. 기술과 언어 요소

시청자는 기술과 원천어와 목표어 사이의 관계 모두에 영향을 미치는 요소다. 자막 제작에 있어 고려해야 할 시청자의 특성은 먼저 청각 장애의 여부와 연관된다. 청각 장애를 지니지 않은 부류는 원천어를 잘 모르는 대상이나 학습을 목표로 하는 학생을 가리킨다. 아이들 역시 자막 제작에 영향을 미치는 범주에 속한다. 독해와 어휘력 수준에 부합한 자막을 필요로 하기 때문이다.

이외에도 자막을 제작하는 과정이나 자막 제작의 결과물에 의한 요소를 고려해볼 수 있다. 전자의 경우 자막 전달자, 즉 자막가에 의한 번역 과정인지, 혹은 제작을 우선시한 기술적 과정의 일환인지에 따라 다르게 구별된다. 이렇게 제작된 자막 결과물은 대상자로 하여금 또 다른 영향을 미친다. 자막 제작 과정과 결과물에 대한 요소는 가능한 모든 요소를 아우른다는 점에서 그 의의가 있다. 과정에 영향을 미치는 요소가 있는 반면, 결과물에 영향을 가하는 요소도 있을 것이다. 나아가 자막 전달자와 대상자 모두에 영향을 미치는 요소도 있을 것이다.

따라서 자막가는 언어, 목적, 대상자, 시간, 그리고 어떤 면에서는 자막이 입혀질 원본 모두를 고려해야 한다. 각 요소의 조합에 따라 번역(또는 전사) 결과가 달라질 것이다. 이는 나머지 요소가 자막 과정에 있어 필수적인 영향을 미치지 않음을 전제로 한다.

특정 요소로 분류하기는 어려우나, 자막가의 작업 환경도 고려할 필요가 있다. 주어진 대본이 아예 없거나 불완전한 경우, 이와는 반대로 대본은 있는데 영상이 없는 경우, 자막완성에 부여된 시간이 매우 제한적인 경우, 자막 제작을 위한 특수 프로그램이 미비한 경우, 각 대사의 타임 코드를 직접 입력하는 스파팅 과정이 필요한 경우 등을 예로 들 수 있다.

기술적 과정과 연관된 요소 중 자막가와 무관한 요소로는 방영 수단, 자막의 수직적 및 수평적 배치, 보존, 이동성, 임의성, 영상 원본, 색상 등이 관여하며, 각각 특수한 기술적 장치를 필요로 한다.

마지막으로, 대상이나 결과물과 연관된 요소에는 언어, 시청자, 목적, 방영 수단, 자막의 수직적 및 수평적 위치, 이동성, 보존, 임의성, 그리고 영상 원본 등이 속한다.

5. 자막 유형

이상의 요소들을 조합하여 모든 실제 및 가능한 자막 유형을 얻는 방법을 설명하기 위해서 다음의 예를 생각해볼 수 있다. 가장 자주 쓰이는 영화관 자막은 영상에 함께 입혀진 자막이다. 이러한 영상 자체 자막은 하단 자막 또는 중앙 자막, 개방 자막, 고정 자막, 사전 녹화 자막, 흰색 자막, 번역 자막(즉, 언어 간 자막), 소통을 위한 자막(즉, 도구적 자막), 비청각장애인과 성인들을 대상으로 한 자막 등으로 분류할 수 있다. 이 외에도 다양한 요소의 조합이 영화관 자막과 접목될 수 있다.

비디오 자막에도 마찬가지로 영상과 함께 입혀진 영상 자체 자막이 있다. 이 경우 하단 자막과 비중앙 자막이 통상적이며, 자막을 켜고 끄는 설정이 불가하므로 개방 자막에 해당된다. 상영 이전에 작업된 사전 녹화 자막이며, 주요 인물에 따라 다른 색상이 입혀질 수 있다. 언어 내 자막, 또는 전체 자막이며, 기록이 아닌 도구가 목적임에 따라 청각장애인을 대상으로 한 자막이다.

마지막으로, 전자 자막이 제공하는 유연성에 대해 언급할 필요가 있다. 전자 자막은 어떤 자막 위치나 작업 환경에서든 상당수(이론상으론, 모든)의 영상에 적용될 수 있다. 움직이거나 고정될 수도, 가능한 모든 언어 조합을 제공할 수도, 위에서 제시된 두 가지 목적을 모두 아우르며 청각장애인과 비청각장애인, 아이와 어른 모두를 겨냥할 수도 있다. 그러나 전자 자막은 항상 영상으로부터 분리되어 화면에 동시적으로 투사될 필요가 있다. 해당 자막은 연극이나 오페라, 세계 영화제 등 라이브 공연에서 쉽게 찾아볼 수 있다.

6. 결론

이상 기술적 과정과 번역 과정을 모두 고려한 새로운 자막 유형을 제시했다. 기술은 앞으로도 지속적으로 발전하며 또 다른 자막 유형을 제공할 것이다. 이에 따라 해당 분류 요소가 가능한 모든 자막 유형을 포괄하도록 바라는 바이다. 본서의 Diana Sánchez 장에서도 알 수 있듯이, 이러한 분류는 학자와 전문가들이 자막 분석과 자박 제작에 있어 자막 현실을 온전히 파악하는 데 이바지할 것이다.

참고문헌

Díaz Cintas, Jorge. 2001. *La traducción audiovisual: el subtitulado*. Salamanca. Almar.

Díaz Cintas, Jorge. 2003. *Teoría y práctica del subtitulado. Inglés-Español*. Barcelona: Ariel.

Gottlieb, H. 1997. *Subtitles, Translation & Idioms*. Thesis. Copenhagen: University of Copenhagen.

Ivarsson, J. 1992. *Subtitling for the media: A Handbook of an Art*. Stockholm: Transedit.

de Linde, Z. and N. Kay. 1999. *The semiotics of Subtitling*. Manchester: St. Jerome.

Luyken, Georg-Michael, Thomas Herbst, Jo Langham-Brown, Helene Reid and Hermans Spinhof. 1991. *Overcoming Language Barriers in Television*. Manchester: The European Institute for the Media.

Nord, C. 1995. *Textanalyse und Übersetzen*. Heidelberg: Julius Groos.

d'Ydewalle *et al*. 1991. "Watching Subtitled Television. Automatic Reading Behavior". In *Communication Research* 18: 5, 650-666.

이데올로기와 영상번역

이중 언어 맥락에서의 번역
더빙 번역에서의 여러 규범들[*]

Rosa Agost

번역 심안리

1. 서론

스페인은 최근 몇 년간 다양성을 줄이거나 지우려는 노력을 해왔지만 여전히 단 하나의 문화를 가진 단일어 사용 국가와는 거리가 멀다(Álvarez 1993 참조). 오히려 스페인은 다르지만 때로는 상호보완적인 언어와 문화를 모자이크처럼 얽은 상태로 보여주고 있다. 민주주의가 도래하자 스페인 내

* 이 논문은 *Coloquio internacional* 속에서 제시되었던 예비버전에 근거하고 있다. 이는 the Scuola Superiore de Lingue Moderne per Interpreti e Traduttori de Forlì에서 1999년 10월 21일에서 23일 사이에 열린 Interpretartraducir textos de la(s) cultura(s) hispánica(s)와 Trans에서 2001년에 출판되었던 이전 작업에 근거한 것이다. 이 연구는 the Conselleria de Cultura, Educació i Ciència de la Generalitat Valenciana (GV 98-09-113)와 the Fundació Caixa Castelló-Bancaixa-Universitat Jaume I (P1B 97-13)에서 부분적으로 재정지원을 받았다.

에 정치적 자치지역이 생겼으며, 이 계기로 바스크 지방이나 갈리시아, 카탈로니아 지방의 소수 언어가 각각의 역사적 영역 내에서 스페인어와 함께 공용어로 인식되었다. 그러나 이러한 언어들의 정규화와 표준화 과정에는 문제가 있었으며 그들 중 일부는 여전히 문제되고 있다.

대중매체도 이러한 새로운 사회적 상황을 반영한다. 특히 이 연구가 집중된 텔레비전의 경우, 자치 및 주 공립 그리고 민간 채널들이 모두 다른 언어들로 방송되기 시작했다. 카탈로니아어 같은 경우에는 근본적으로 이념적인 이유로 방언에서 변화가 일어났다. 스페인 자국에서 제작된 프로그램들에 나오는 단일 언어사용이나 이중 언어사용의 정도가 이들 언어가 얼마나 정상화되었는지에 대한 개념을 충분히 제공해주더라도, 앞으로 외국 작품과 관련해서는 무엇이 논의되어야할 지에 대한 의문이 생긴다. 외국어는 더빙되어야 하는가? 아니면 자막번역되어야 하는가? 또 어떤 언어로 번역되어야 하는가? 원작과 번역본 사이에는 어떤 관계가 정립되어야하는가? 일반적으로 영상텍스트의 시대에 가장 많이 사용되는 방법은 문화에 구애받지 않는 방식이며(Postigo 2003), 목표는 텍스트 향상이라고 일부 영상번역 연구들은 주장한다. 그럼에도 불구하고 현실 상황은 복잡하여 주로 각 자치지역의 특정 언어 계획 정책에 따르고 있는 실정이다. 이 연구에서 우리는 스페인의 일반적인 더빙 관행에 대한 개요를 제시하고자 한다. 우리는 이러한 번역을 좌지우지하는 외부 상황, 즉 방해요소나 때로는 어떻게 번역 모델이 언어 모델이 되는가와 같은 문제들을 다룰 것이다. 마지막으로 우리는 목표어와 관련해서 원천어의 언어 및 문화적 측면과 관련이 있다는 관점에서 특정번역을 앞두고 번역가들이 선택한 다양한 입장을 살펴볼 것이다.

2. 텔레비전 파노라마의 복잡성

텔레비전은 80년대 말과 90년대 초 스페인에서 혁신적 변화를 겪었다. 오로지 두 개의 주 채널만이 존재하던 시대가 끝나고, 시청자들은 텔레비전을 통해 제공받는 것이 많아졌다는 것을 알게 되었다. 새로운 자치지역 채널, 범 주정부 민간 채널들과 지역 및 디지털 방송사들이 번영하고 있는 상황 하에, 시청자들은 폭넓은 선택권을 가지게 되어 시청자 공동체나 각 개인의 선택에 따라 다양한 언어조합이 가능해졌다.

공영채널은 주정부 범위나 자치지역 범위이거나 지역 채널이다. 비록 이중 언어를 쓰는 공동체에서는 시청자들이 다양한 공용어로 볼 수 있었지만 최우선으로 방송된 것은 스페인어였다. 이러한 공동체에서 자치 방송사와 지역 방송사들은 바스크어와 갈리시아어 또는 카탈로니아어의 다양한 양상을 이용하는 무난한 단일 언어 사용과, 그 반대쪽 극단에 있는 스페인어 단일 언어 사용 둘 사이를 이동하면서 중간에 위치한 이중 언어 사용의 모든 색조를 다 보여주었다. 한 공동체가 놓인 위치와 지금껏 성취된 언어적 정규화의 정도는 직접적으로 비례한다. 이러한 언어적 복잡성은 스페인어로 또는 공용어로 일부 프로그램을 방송하는 주 민간 채널(특히 어린이용 프로그램과 뉴스 프로그램) 안에서도 발견되는데, 이런 복잡성은 시청자 측의 요구와 시청자들 입장에서 어느 정도 수용 가능한지에 따라 달라진다.

3. 이론적 기초

지금까지 스페인 텔레비전에서 폭넓은 선택지가 제공되는 양상에 대해 살펴보았다. 작은 화면으로 우리에게 제공되는 다수의 프로그램들은 더빙이나 자막 또는 보이스오버와 같은 번역 형태를 통해 전달된다.

스페인에서는 이탈리아, 독일, 프랑스와 마찬가지로 더빙이 여전히 지배적이다. 왜냐하면 주로 더빙으로 얻는 경제적 이익이 높고 시청자들 대다수가 더빙에 익숙하기 때문이다(Ávila 1998, Agost 1999)[1]. 스페인 텔레비전 채널에 해외 영상물이 넘쳐난다는 사실을 알고 자치 텔레비전 채널과 주 텔레비전 채널을 살펴본 후에 우리는 다음과 같은 가설을 세우게 되었다: 스페인에서 가장 흔한 번역 방식인 더빙은 때때로 그 번역이 편입되는 문화·언어적 체계에 의해 좌우된다. 이런 일부 체계들 속에는 상당히 전문적 규범이나 규칙이 있어서 어느 작품이 최종적으로 시청자에 의해 소비될지를 결정한다.

전문 분야에서는 번역가가 규칙, 기준 및 규약을 선택하는지의 여부에 상관없이 번역가를 안내하기 위한 목적으로 설립된 기관들이 만든 규칙, 기준 및 규약에 대해 언급할 수 있다. 그럼에도 불구하고 폴리시스템 이론의 관점에서 우리는 규범을 "각각의 번역을 지배하는 게임의 규칙"이라고 부른다(Izard 1999: 216). 그러나 전문 번역 관행에서 발생하는 현상과는 달리, 이러한 규범들은 실제 번역가가 특정 장소와 시간에서 하는 행동을 관찰한 규칙을 표현한 것에 지나지 않는다. 스페인의 경우에 다른 문화의 존재는 각 언어 공동체를 위한 규범, 즉 번역의 규범이 각기 다르다는 뜻이기도 하다. 그 규범들은 각 번역을 결정하는 문학적, 문화적, 언어적 또는 이념적 규범을 기술한다(Toury 1980, Hermans 1996b, Baker 1998, Ballester 2001 등 참조). Hermans(1999: 80)는 다음 용어들로 '규범'을 정의한다.

'규범'이라는 용어는 이를테면 반복해서 나타나는 패턴과 같은, 행위에 있어서의 규칙성과 이러한 규칙성을 설명하는 근저에 깔린 기제를 둘 다 지칭한다. 그 기제는 심리적이고 사회적인 실체를 가지고 있다. 그 기제는 개인과 집단 사이에서 즉, 개인의 의도, 선택 및 행동과 집단이 신봉하는 믿음, 가치 그리고 선호도 사이에서 중재역할을 한다. 규범은 사람들 사이의 상호작용과 관계된 것이며 특히 Venson의 경우가 보여주듯이 한 집단 내에서 타인들과 계속적이고 다소 조화롭게 공존하기 위해 필요한 협동과 더 밀접한 관계가 있다. 규범은 불확실성을 줄임으로서 개인 상호간의 관계를 안정적으로 만든다. 규범은 과거의 경험에 비추어 행위를 일반화시킨 다음, 미래의 비슷한 상황에 투사해봄으로서 행위를 예측가능하게 만든다. 규범에는 사회를 단속하는 기능이 있다.

이러한 규범의 특성을 통해, 즉 규범의 규제적 기능, 번역가들이 따르게 되는 언어적 모델의 안정성에의 기여, 그리고 가장 흔한 번역 전략과 시청자의 기대의 관점에서, 우리는 여러 스페인어 텔레비전 방송사에서 관찰되는 바로 그 행위들을 더 잘 기술하고 이해할 수 있게 된다.

본고는 폴리시스템 이론의 원리를 바탕으로 진행되었다(본서 Díaz Cintas 장 참조). 폴리시스템이론은 개념적 틀(framework)로써 번역을 문화연구로 통합시켜주고, 텍스트와 번역이 담겨 있는 문화적 체계가 그 텍스트와 번역을 좌지우지한다는 입장을 견지한다. 사실 규범의 개념은 인류학에서 제시한 문화의 개념과 밀접하게 관련되어 있고, 이러한 접근은 번역학 연구에서 매우 유효하다.

> [...] 문화는 자기 공동체 구성원들에게 수용 가능한 방식으로 운영되기 위해서 알거나 믿어야 하는 것들로 구성되어 있다. [...] 그것은 사람들이 마음속에 품고 있는 것들, 즉 인식, 연관성, 혹은 그것들을 해석하는데 있어서의 모델과 같은 형태를 띠고 있다. (Goodenough 1964: 36)

Even-Zohar(1997)는 문화 요소와 문화에의 의존, 번역의 역할과 문화단위와 모델의 개념에 대해 고찰했는데, 이는 유사한 문화 개념의 출발점이 된다.

문화 레퍼토리는 무엇으로 구성되어 있는가? 우리가 만약 문화를 개념적 틀, 즉 사회생활을 조직해주는 무언가로 본다면, 문화 속에 있는 레퍼토리나 문화라는 레퍼토리는 그 틀을 위해 필요한 항목들의 저장소가 된다. Swidler에 따르면, 문화는 "사람들이 행동 전략을 구축하는 습관, 기술, 양식의 레퍼토리 또는 도구 상자이다"(Swidler 1986: 273). 이것은 필자가 위에서 '능동적 레퍼토리'라고 명명한 것에 해당된다. 반면에 Swidler가 칭한 '수동적 레퍼토리'는 바꿔 말하면, 문화란 "사람들이 세상을 이해하는 전략과 같은 개념적 전략을 구축하는 기술들의 도구 상자"라고 정의하는 것이다.

만약 문화 분석이 사상의 복잡한 네트워크를 드러내고 다양한 체계들 사이의 관계를 강조한다면, 번역이 대변하는 상호 문화적 상황은 더 어려워질 것이다. 그렇다면 번역의 기술적 분석은 언어적 측면뿐만 아니라 제작, 소비, 번역시장과 관련된 활동까지 고려해야 하며, 또한 규범들 사이에 있는 협상의 관계들까지 생각해야 한다.

동일한 맥락에서 우리는 텍스트 외적 자원과 텍스트적 자원에 대한 연구를 해왔다(Toury 1980). 텍스트 외적 자원에 관련해서는 주요 자치 채널과 주 채널의 외화번역에 있어서 더빙 기준의 유무에 대해 살펴보았으며, 또한 이러한 관점에서 간단한 최신 기술에 대해서도 연구해왔다. 그리고 텍스트 자원과 관련해서는 더빙된 텍스트의 코퍼스를 분석해왔다.

4. 텍스트 외적 자원: 전문가 기준[2]

자치 채널의 예를 먼저 들어보자. 카탈로니아 공영 텔레비전 채널인 TVC의 경우는 기준이 확립되어 있고 이 기준들이 다양한 내부 자료와 출판물로 분명히 표현되어 있었다. 하지만 바스크 지방 공영 텔레비전 채널인

ETB와 갈리시아 공영 텔레비전 채널인 TVG, 그리고 발렌시아 공영 텔레비전 채널인 TVV의 경우에는 이러한 기준이 더 모호하거나 불분명했으며 (ETB (Larrinaga 2000) & TVG), 중요한 위치를 차지하지 못하고 주변적 위치로 밀려나 있었다(TVV, Mollà 1989, Agost 1997). 나머지 자치 텔레비전 채널들의 경우에는 이러한 기준들 자체가 실질적으로 존재하지 않았다. 공영주 텔레비전 채널인 TVE에서는 양식 매뉴얼(Mendieta 1993)이 있었으나 번역 기준은 명백히 언급되지 않았고, 단지 피해야할 외래어와 차용어의 목록을 구성하는 정도일 뿐이었다.

세 가지 자치 텔레비전 채널은 다양한 방식으로 번역가에게 지침을 제공했다.

a. TVG와 ETB는 번역을 적용시키기 전후에 언어적 참조만을 했다. 예를 들어 Euskara Salia(Basque 지방 부서)에 따르면, 비록 기준을 통합하려는 시도와 다양한 더빙 연구와 ETB(Larrinaga 2000, 2003; Camiña & Sánchez 2000) 사이의 상호작용을 증가시키려는 시도도 있었지만 그들의 작업은 근본적으로 언어 측면에 초점이 맞추어져있다.

b. 카탈로니아 텔레비전(Televisió de Catalunya 1995, 1997)은 번역단계에 있어서 적용될 수 있는 일련의 기준을 다음과 같이 설정해왔다(Izard 1999: 217; Bassols *et al.* 1997).

   1. 구어체 언어 다양하게 사용하기
   2. 엄격하게 규범적 카탈로니아어 사용하기
   3. 수용 가능한 번역하기
   4. 스페인어로부터 거리두기

그러나 특정 기준들이 모순적이라는 점을 알 수 있다. 구어체 언어의 즉흥성(문법적·음운적 오류들, 파격 구문, 스페인어로부터의 방해 등의 특징)과 그 정반대 편 입장에서 쓰인 규범의 요구 사이에서 적절한 균형을 맞추는 것은 아무리 노력해도 상당히 어려운 일이다. 또한 TVC가 시청자에게 익숙한 것을 제공해주기 위해서 언어에 더 중요성을 부과하는 상황을 우리는 전반적으로 개선시키고자 한다(Agost forthcoming). 게다가 TVC와 ETB에는 최종 번역물을 체계적으로 수정하는 일을 책임지고 있는 언어 자문들도 있다. 이들은 때때로 더빙스튜디오에서 알아서 이런 자문작업을 한다. 기본적인 더빙 번역 처리 과정은 다음 단계들로 구성된다: 의뢰, 번역, 조정, 감독, 믹싱. 이러한 과정은 여러 기관들에 의해 설립된 한 문화 속에서 작용하고 있는 기준들이 존재할 때 수정된다. 번역의 문화적 사실 속에 개입하는 다양한 요소들 사이의 관계가 다르다는 점을 고려했을 때, 그 상황은 각 언어 공동체마다 다양하다: 레퍼토리들은 다르고 각 기관의 영향력과 함축성은 다양한 형태를 가질 수 있으며, 소비자와 시장에 따라 생산자의 태도도 다르다. 소비자들 또한 번역에 대해 각기 다른 태도를 가지고 있다 (Even-Zohar 1978, 1997; Toury 1980 참조).

일부 텔레비전 채널들은 카탈로니아어나 바스크어, 갈리시아어와 같은 지방 언어들의 회생을 목표로 언어 정책을 펼치는 공동체에 속하는데, 이때 더빙 과정은 더욱 복잡해진다. 이는 번역 작업이 따라야 할 고정된 전통이 있고 또 언어자문 때문에 더빙번역이 더 비싸지기 때문이다. 특히 ETB에서 나온 일련의 번역들의 경우(Larrinaga 2000, 2003 참조), 번역물은 텔레비전 방송사와 스튜디오 사이에서 다듬어진다. 번역을 맡은 스튜디오에서 보고서를 정교화 하는 과정에서 번역기준의 협상이 명확해지며 이 경우 의뢰인인 텔레비전 방송사가 직접 승인한다. 그러고 나면 번역가는 나중에 완성될 번역물과 관련하여 원작에서 관찰되는 모든 문제를 설명하는 보고서를 번역의 초기단계에 작성한다. ETB의 언어 담당 부서는 이 보고서에 적힌 문제와 관련해 번역가가 따라야하는 기준을 제시해 준다. 일단 번역이 되면 언어 담당 부서는 그것을 수정한다. 이후 번역은 조정(시각적 동시화작업)을 거치는데 이는 나중에 통제되고, 그 다음에 스튜디오에서 더빙 감독의 감독 하에 배우들이 녹음하게 될 것이다. 완성본이 나오면 한 번 더 최종적으로 수정된다. 지금까지 살펴보았듯이 이러한 과정은 상당히 복잡하다.

다른 주 텔레비전 채널들에게 언어의 품질을 관리하는 부서가 없는 이유 중 하나는 경제적인 측면 때문이다. 자문가가 수정을 가한다는 것은 반복해서 장면을 고친다는 것을 의미하고, 이것은 스튜디오와 그 더빙을 의뢰한 텔레비전 회사 모두에게 경제적으로 이득이 될 게 없다고 생각한다.

TVV의 경우에 언어 서비스가 제공하는 지원은 발렌시아 자치 공동체의 까다롭고 복잡한 사회·언어적 위치 때문에 훨씬 더 애매하다. 실상 현재 오직 뉴스 부서만이 언어 자문을 받고 있다(Agost & García 1997).

그와 대조적으로 스페인어로 방송하는 실질적인 모든 텔레비전 채널들은 이런 종류의 서비스를 하지 않으므로 모든 것이 번역가의 책임이 된다. 번역가들은 대체로 최상의 번역물을 보증할 수 있을 정도로 이상적인 환경에서 일하지 못한다. 일반적으로 번역에 할당된 시간은 매우 짧다. 스페인어로 방송되는 더빙 프로그램의 언어적 품질이 때로는 언론, 그리고 더 최근에는 인터넷상에서 논쟁거리가 되고 있는 현 상황은 역설적인 일이다. TVE(공영 주 텔레비전)와 Canal+(민간 주립 텔레비전 채널)에 자문이 있는 시기도 있었지만 그 자문자리가 이제는 사라졌다는 것을 밝히는 바이다. 언어 정규화 과정을 겪고 있는 언어를 가진 공동체에서의 언어 품질 점검은 등한시 되는 것으로 보인다. TVC는 언어 품질 점검을 위한 노력의 일환으로 전문화된 번역가를 배출하고자 번역가를 위한 시험을 마련했다. 시험을 통과한 번역가들만이 유일하게 스튜디오에 합류하여 TVC와 일할 수 있었다. 특정 텔레비전 채널(TVG, ETB, TVC, & TVV)에서 최근 몇 년 동안 한 작업들이 어느 정도 번역 언어를 구어체 언어의 언어 모델로 만들어왔다는 것은 매우 중요한 사실이다(카탈로니아어에 대한 예시: Izard 1999, 2000; Agost 2002/ 바스크어에 대한 예시: Larrinaga 2000, 2003/ 갈리시아어에 대한 예시: Camiña & Sánchez 2000).

5. 텍스트 외적 자원: 번역 전략으로서의 각색(adaptation) 또는 용인성 (acceptability)

지금까지는 스페인의 영상번역가들의 다양한 근무 환경에 대해 살펴보았고, 이제부터는 번역의 초기 규범을 결정하기 위해서 이 다양한 환경이 어떻게 연관되어 있는지 알아보고자 한다. 최초의 규범이 번역가의 기본 선택을 결정짓는다는 것을 명심해야 한다. 즉 번역가가 원천언어와 문화에 우선권을 부여하는지, 아니면 도착언어와 문화에 우선권을 부여하는지와 같은 문제를 결정짓는다는 것을 기억해야 하는 것이다.

원작의 문화적 지시대상이 도착 문화의 지시대상과 매우 다른 텔레비전이나 영화를 번역할 때는 어떻게 해야 하는가? 이런 주제는 더빙 번역 연구에서 수없이 연구되어 왔지만 여전히 결론을 내기가 어렵다.

본 글에서 우리가 스페인의 상황, 특히 이중 언어를 쓰는 공동체 안에서의 더빙 번역에서 관찰되는 규칙성과 행위의 형태에 관해 초점을 맞추고 있기는 하지만, 우선 더빙 전통에 관련해 오랜 역사를 가진 이탈리아나 프랑스에서 더빙 상의 번역 전략으로서 적합성이나 용인성을 다룬 연구를 선정해서 살펴보고자 한다. 그런 다음에 이중 언어 환경에서의 더빙에 관해 스페인에서 수행된 소수의 연구 중 일부를 검토해 볼 것이다. 이러한 연구들은 공통적으로 최종 번역물의 결과에 초점을 두었고, 주로 목표언어 지향적인 번역을 발전시켜왔다(Zaro 2001: 55).

Kovarski(1996: 251-262)는 이탈리아의 더빙 환경과 관련하여 우리가 영화를 번역하는 일을 논할 때 언어 구성요소에 대한 지시대상이 충분하지 않다는 생각을 출발점으로 삼았다. 그는 나아가서 번역된 텍스트의 이해나 수용에 관련된 모든 지시대상들이 다루어져야 한다고 설명하며, 이러한 관계를 설명하기 위해서 Popovic의 귀화(naturalisation)와 이국주의(exoticism)의 개념을 든다. Kovarski(1996: 256)가 보기에는 원작의 단어들을 다른 단어들로 대체하는 것 자체가 지시대상의 변화와 이러한 현실 인식을 시사한다. 그는 〈Taxi Blues〉(1989)의 이탈리아어 더빙에서는 다음과 같은 것이 있다고 단언한다.

> [...] una azione desemantizzante del doppiaggio in lingua italiana. Il doppiaggio *di Taxi Blues*, oltre all'usata, tormentosa e immotivata italianizzazione degli antroponimi e dei loro martoriati accenti, presenta una palese forma di normalizzazione dei dialoghi in cui si tende ad epurare ogni elemento russo (e non linguistico!) con un processo de desemantizzazione delle situazioni.[3]

그는 러시아와 히브리 문화에 대한 구체적 지시대상을 피하기 위해 지속적으로 상위어와 모호한 문장을 사용해야한다는 것을 참조했다. Kovarski가 보기에 이것은 두 개의 다른 문화가 대립하기 때문에 영화의 본질을 바꾸는 이념적 조작임이 분명했고, 그는 이탈리아어 디빙이 검열의 수단일 때 이와 같이 주상했다.

Capanaga *et al.*(1996: 213-230)은 Pedro Almodovar의 영화 〈신경쇠약 직전의 여자들(Mujeres al borde de un ataque de nervios)〉(1988)의 이탈리아어 더빙 번역을 분석한다. 이는 언어적 각색에 중점을 두고 "essempi di normalizzazione caratterizzano la traduzione e un senso di correttezza grammaticale s'impadronisce del traduttore…"[4]라고 말한다. 그러나 이와 동시에 이탈리아어 더빙 버전은 끊임없이 구어체 언어를 사용하는 것이 특징이라고 지적했다. 이탈리아어 더빙 버전에는 원작보다 어역(register)이 더 낮아서 시청자에게 웃음을 자아내는 상황이 있으며, 이는 정확히 말하자면 어역의 차이에서 비롯된 것이라고 한다(Capanaga *et al.* 1996: 228). 일련의 번역 작업에서 원작에 충실하지 않았을 것이라는 추정이 지배적이다. 각색에 대한 이러한 다소 부정적인 평가는 나중에 언급될 더빙과 문화적 맥락에 관한 La Polla의 연구(1994: 51-60)에도 나타나 있다.

그러나 Bovinelli와 Gallini의 연구(1994)에서는 태도의 변화가 나타난다. 이러한 태도의 변화는 다섯 편의 영화를 분석하면서 얻은 기술적 연구의 결과이다. 그 작가들은 편의성이 됐든 여타 다른 특성이 됐든 간에 각색과 관련해서 어떤 입장도 취하지 않았다. 이러한 분석 후에도 그들은 대부분의 경우에, 더빙 번역이 텍스트를 목표 문화로 가져오려고 시도한다는 결론에만 그쳤다. 여섯 개의 주요 범주(지명연구, 측정 단위, 음식물과 게임이나 단위로 된 표현 같은 대중문화의 일부 측면)에 대한 번역 연구로부터 얻은 결과를 참고해서 그들은 다음과 같이 말했다: "la versione doppiata del film tende a tradurre gli elementi contestuali che abbiamo raccolto in queste 6 categorie con altri elementi delle estesse categorie, ma considerati più familiari al pubblico della cultura di arrivo"(1994: 90).[5]

Gaiba(1994)는 약간은 더 나아가, 유머 번역 시에는 목표문화의 지시대상이 우위를 점하는 기능적 등가(functional equivalence)를 반드시 성취해야 한다는 결론을 내놓았다.

프랑스에서의 더빙을 참고하여, 규범과 더빙에 관해 다룬 Goris(1991, 1993)를 살펴볼 필요가 있다. 이 연구들에서 그는 외국어·외국문화의 이입 (시청자에게 친밀한 번역), 명료화, 그리고 번역과 문화 사이의 관계에 대한 해결책으로서의 언어표준화에 대해 논의한다. 그래서 원작을 정의하는 언어 및 문화적 특징들의 보존이나 다른 방식 간에 충돌이 나타나는 것처럼 보인다. 폴리시스템 이론의 추종자들이 쓰는 용어에 대입해보면, 적합성과 용인성 사이의 논쟁으로도 볼 수 있다(Baker 1999, Toury 1999).

Toury(1980)는 충분한 번역(adequate translation)을 원천 언어와 문화의 규범을 지향하는 것이라고 정의한다. 이 정의는 Venuti의 이국화 번역 (foreignizing translation)(1995)이나 House의 외현적 번역(overt translation)(1981) 사이에 존재하는 이분법에 필요한 부분만 약간의 수정을 가한 것과 같다. 반면 Toury는 용인 가능한 번역(acceptable translation)이란 목표 언어와 문화의 규범을 지향하는 것이라고 정의하고, 이는 Venuti의 자국화 번역 (domesticating translation)이나 House의 내재적 번역(covert translation)과 같다고 볼 수 있다.

스페인에는 더빙 번역에 대한 적합성 대 용인성을 다룬 참고문헌이 드물다. 대체로 체계적이지 않은 연구뿐이다. 우리는 스페인의 거의 모든 공식어를 살펴보는 것을 목표로 이에 부합하는 대표적인 연구들만 본 논문에서 다룰 것이다. 우선, 카탈로니아어 더빙 상황에 대해 연구한 Izard(1999, 2000)를 살펴보자. 카탈로니아어로 번역한 프랑스어 번역 연작(*Hélène et les garçons*) 분석을 토대로, 이 작가는 세 가지 주요 결론을 내렸다: 1) 프랑스의 문화적 맥락을 각색하려는 의도가 명백히 관찰되었다, 2) 언어적 각색이 어휘와 통사형태론적 수준에서 다르다, 3) TVC가 제안하는 언어는 현실적이라기보다는 교훈적인 모델이다(Izard 1999: 349-350). 흥미롭게도 그 결과들이 Izard가 분석의 출발점으로 삼았던 Agost(1995)의 〈Premiers Baisers〉란 시리즈물 분석과 일치했다. 이는 1990년대 초반에 청소년 시리즈물을 카탈로니아어로 더빙하는 것에 대한 규칙성 연구의 시발점이 되었다.

Ferrer(2003)는 일본 애니메이션의 스페인어 번역을 살펴보고 비록 현재로써는 원작 텍스트의 기능, 의뢰인의 기대치, 목표언어에 대한 시청자들의 기대가 더 많이 주목받고 있기는 하지만, 실제로는 더 다양한 번역 전략이 있다고 주장했다.

Larrinaga(2000, 2003)에 따르면, 바스크어로 더빙을 할 때는 대개 원작의 지시대상과 상황에 충실히 따른다. 이는 이미지의 제약 때문만이 아니라 영상텍스트가 타문화에 대한 지식 습득의 도구가 된다고 믿기 때문이다. 하지만 그 역시도 시청자의 이해가 어려울 때는 각색할 필요가 있다는 것에 동의했다. 또한 그는 영상 더빙 장르(다큐멘터리, 만화, 영화 등)에 따라 각색의 정도를 다양하게 구분하기도 했다.

마지막으로 갈리시아어 더빙에서는 Camiña와 Sánchez(2000: 42)가 비록 더빙되는 장르에 따라 다소 차이는 있지만 거의 항상 문화적 지시대상을 각색할 필요가 있다고 주장했다. 예를 들면, 시트콤을 각색하는 것과 뉴욕의 분위기까지 감안해야 하는 Woody Allen의 영화를 각색하는 것은 다를 수밖에 없다는 것이다.

6. 텍스트적 자원: 코퍼스 분석

이전 섹션은 몇몇 작품들의 적합성과 용인성 사이에서의 선택을 다루었다. 예를 들어 Kovarski(1996)는 더빙의 사용을 '의식적인 조작'이라고 간주하였고, Capanaga *et al.*(1996: 228)은 더빙을 '원작에의 배반'이라고 주장했으며, Gaiba(1994)와 Camiña와 Sánchez(2000)는 '각색'이라는 개념을 도입해서 그들의 입장을 취했다. 그렇지만 여전히 Bovinelli와 Gallini(1994), Goris(1991, 1993), Izard(1999, 2000), Larrinaga(2000, 2003) 그리고 Ferrer(2003) 등 여러 연구들은 기술적 연구에 그치고 있다.

기술번역학의 관점에서 언어 및 문화적 각색의 다양한 정도를 분석했다. 본 논문에서 극히 일부분만 언급되는 광범위한 기술 분석(Agost forthcoming)을 통해 우리는 실제 번역가가 각색할 때는 흑백의 이분법적 선택이 아니라 사실상 회색지대(greyscale)에서 고민한다는 것을 알 수 있었다. 특히 스페인에서 이러한 회색지대는 다양한 의미를 담고 있다. 텔레비전 채널이 세운 규범에 따르기 위해 TVC와 Antena 3이 행했던 가장 어두운 회색조의 각색에서부터, 시청자가 직관적으로 이해할 수 없을 것 같은 지시 대상만 각색하는 가장 밝은 회색조로 가는 각색까지 다양하게 나타난다.

엄격한 규범을 따라 각색해야 했던 어두운 색조인 첫 번째 그룹에는 프랑스 시리즈물 〈Premiers Baisers〉(1992)의 카탈로니아어 더빙 번역이 속한다(Agost 1995 참조). 이 시리즈물은 주인공들이 젊은 중산층 집단으로 십대 대중을 겨냥한 작품이었다. 당시 TVC의 프로그래밍 부서장이 계획한 일반적 각색 전략 덕분에, 카탈로니아어 번역은 같은 원작이지만 다른 텔레비전 채널에서 만들어진 여타 번역들과는 현저히 달랐다. 〈Premiers Baisers〉의 경우에 이 전략은 언어적 요소의 각색과 문화적 요소의 각색 둘 다에 영향을 끼쳤다. 다음 예시는 언어적 요소의 각색과 관련해서 스페인어에서보다 번역된 카탈로니아어에서 구어체가 더 두드러짐을 보여준다.

예시 1

Premiers baisers

François: *Annette, Jerôme drogué··· Mais, enfin, c'est c'est impossible...* tu rigoles!

Annette: Moi aussi, ça m'étonne, *mais··· Justine a l'air de le penser vraiment··· Tu sais, elle le connaît bien··· Puis c'est vrai qu'en ce moment* il a une sale tête···*Il est bien coiffé, mais il a une sale tête···*

François: Attends, mon meilleur copain serait drogué et je m'en apercevrais même pas?

Annette: Mais écoute, *si tous les copains savaient que leurs copains se droguent··· et bein, les* dealers *seraient au chômage.*

Primeros besos

François: Annette···¡Jerôme drogado! ¡Eso es imposible! ¿*Bromeas?*

Annette: *A mí también me extrañó,* pero Justine lo piensa en serio. Ya sabes que le conoce bien··· Y es verdad que tiene *una cara horrible.* Bien peinado pero con una cara horrible.

François: Espera, ¿qué mi mejor amigo se droga y yo no me he dado cuenta?

Annette: *Oye,* si todos supieran que sus amigos se drogan, los *traficantes* estarían en el paro···

De què vas?

Francesc: Anna, el Josep drogat? No veus que és impossible? *Al·lucines!*

Anna: *Jo també he flipat,* però, la Justina n'està segura del tot, i ja saps que el coneix bé··· i és veritat, últimament *fa mala cara···* va ben pentinat, però fa mala cara···

Francesc: Vols dir que el meu millor amic es droga i que jo no me n'he adonat?

Anna: Però *tio···* si aquestes coses fossin tan fàcils de veure, els *camells* estarien a l'atur···

카탈로니아어 타이틀 *De què vas?*는 직역 전략을 택한 스페인어 타이틀 *Primeros Besos*, 갈리시아어 타이틀 *Primeiros bicos*, 그리고 바스크어 타이틀

*Lehenengo muzuak*와 달리 관객들의 눈길을 사로잡으려 하였다. 문화적 요소와 관련해서는, 스페인어 버전과는 달리 카탈로니아어 버전에서 각색이 두드러지게 나타났다. 예를 들어 cafet를 granja로, lycée는 insti로, SOS Drogue는 Servei de Desintoxicació로, 그리고 원작의 음악도 카탈로니아 록 음악으로 각색하였다. 이러한 변화 양상은 대화뿐만 아니라 원작과 동일하게 사용되는 사운드 트랙에도 상당히 영향을 미쳤다.

영국 코미디 〈Fawlty Towers〉(1978)를 카탈로니아어 버전 〈Hotel Fawlty〉로 번역할 때 또 다른 정도의 각색이 나타난다. 이 시리즈물은 Fawlty 부부가 운영하는 한 영국 호텔에서 가정부와 요리사, 그리고 영어를 거의 모르고, 그의 서투름과 무지함으로 인해 호텔 주인에게 끊임없는 두통거리를 안겨주는 바르셀로나 출신의 웨이터의 일상을 묘사하고 있다. 이 시리즈의 번역에는 모든 에피소드의 표준이 될 수 있을만한 전반적인 전략이 요구되었다. 원래 영어 버전의 바르셀로나 출신 웨이터는 몇 가지 이유로 카탈로니아어 버전에서는 동일한 신분(identity)을 유지할 수가 없었다. 우선 이민자 웨이터인 Manuel은 좀 바보 같아서 자주 호텔 주인에게 조롱거리가 되었는데, 이는 바르셀로나 시청자들과 카탈로니아어 사용하는 사람들에게는 일반적으로 거부감을 줄 것이다. 두 번째로 바르셀로나 사람은 카탈로니아어를 모국어로 사용하고 있으며, 이는 상당히 유머러스함을 주는 원작(영어 대 스페인어)에 사용된 언어의 다양성과 차이점에서 봤을 때, 앞뒤가 맞지 않는 것일 수 있다. 해결책은 다음 예시 2에 나와 있다.

예시 2
Fawlty Towers

Manuel:　　*(노래하는) (Singing)* (¡Que viva España!)
Polly:　　　(España)

Fawlty: *괜찮아!* 그는 바르셀로나에서 왔어.

Hotel Fawlty

Manuel: (Canta) ¡Oh! *¡Jalisco no te rajes!*

Polly: ¡No te rajes!

Fawlty: No li facin cas. És de *Jalisco.*

Manuel은 카탈로니아어를 이해하고 말하는데 어려움이 있는 멕시코 웨이터로 둔갑했다. 심지어 다른 텔레비전 채널에서는 그의 고국도 바뀌어 있었다. 예를 들어 바스크 텔레비전 채널은 그가 마드리드에서 온 걸로 되어있다. 내용면에서 봤을 때 시청자에게 일관성 있는 작품이 제공되어야 하기 때문에, 이러한 각색 전략은 전체 시리즈 내내 유지되어야 한다. 다시 카탈로니아어 버전으로 돌아가 보면, 번역가가 가장 많이 사용한 기술은 상위어, 의역 (paraphrase), 대체, 그리고 문화적 등가였다. 다음의 예시처럼 Manuel의 출신에 관한 지칭은 모두 각색되어야 한다. 예시 3에서 스페인 출신과 스페인 무적함대에 대한 지칭은 상위어나 의역 사용으로 인해 사라진다. 예시 4에서는 독재자 Franco에 대한 지칭이 억제(suppression)라는 기법으로 삭제된다.

예시 3

Fawlty Towers

Fawlty: *Pronto, pronto, pronto!* 저 멍청한 스페인 출신 유인원이, *미안-사람이-가서 그걸 또 망쳐놨네. 저런 멍청이 같으니라고! 저들이 어떻게 무적함대를 만들었는지는 아무도 모를거야! 그래서 내가 이걸 전부 정리해야해. 만약에 네가 네 방으로 다시 돌아가고 싶다면...*

Fawlty: Pronto, pronto, pronto! Disculpin! El mico aquest, la persona, aquest *foraster* és un desastre! Cervell de mosca! No *sé per què vénen a treballar aquí*! Bé, això ja ho netejarem i ara si us plau, cadascú a casa seva! Gràcies.

예시 4

Fawlty Towers

Fawlty: 저게 뭐야?

Manuel: 내 햄스터야.

Fawlty: 그건 쥐야.

Manuel: 아냐, 햄스터라고.

Fawlty: *글쎄, 당연히 그건 쥐인데. 스페인에 쥐 있지? 아니면 혹시* Franco*가 쥐 다 쏘아죽였나?*

Hotel Fawlty

Fawlty: Què és allò?

Manuel: Es mi hamster. Colom.

Fawlty: Hamster?

Manuel: Sí, sí! No, no! Colom.

Fawlty: És una rata! És una rata!

Manuel: No, no, hamster!

Fawlty: Què m'has de dir? Si és una rata! *Una rata mexicana!* Es pot saber d'on l'has treta?

La Polla의 분석(1994: 51-60)은 우리가 〈Fawlty Towers〉의 각색을 이해하는 데 큰 도움이 된다. La Polla의 관점에서 원작의 문화적 맥락을 희생하고 목표 문화의 시청자에 더 가까운 다른 것으로 대체하는 결정은 목적, 번역의 기능 그리고 어떤 번역 전략에 따른 것이다. 〈Fawlty Towers〉 번역의 경우 가장 중요한 규범 중 하나는 카탈로니아 시청자들이 수용할 만한 번역을 하는 것이었다. 주 단위의 사립 채널인 Antena 3에서는 수용자 요소와 유머에 기초한 상품 제공의 목적이 십대시청용 시리즈에서 문화적·언어적 각색 정도와 관련하여 어떻게 번역가의 전략을 좌우하게 되는지를 살펴보았다. 예를 들어 〈The Fresh Prince of Bel-Air〉(1990-96), 〈Family Matters〉(1992)

와 〈The Teenage Witch〉(1998년 이후) 등 시리즈에서 모든 북미 관련 지시대상들(배우들, 가수들, 텔레비전 사회자들)이 스페인 문화권 지시대상들로 대체된다. 예를 들어 2000년 5월 25일에 방영된 〈The Teenage Witch〉에피소드에서 나타난 지시대상물 중, 전형적인 달콤한 디저트인 magdalenas와 mojicones, 안달루시아 셰리 와인인 manzanilla, 인기 있는 길거리 가수인 José Luis Perales의 노래들, 그리고 마지막으로 유명한 점성가이자 대중매체에도 잘 알려진 인물인 Rappel에 대한 언급이 모두 이에 해당된다.

회색지대에 있는 각색으로는 유머러스한 방식으로 어린이들에게 과학을 가르치는 십대시청용 교육 프로그램인 〈The Beakman's world〉(1995)이 있다. 이 프로그램에 글을 쓰는 어린이들은 카탈로니아어 버전에서는 미국이 아닌 카탈로니아 출신이다. 대체를 통한 각색은 〈텔레토비(The Teletubbies)〉(1996년 이후)에서도 자주 사용되었다. 텔레토비는 어린이들을 위해 만들어진 프로그램으로, 카탈로니아 문화의 문제를 탐구하는 다른 이들에게는 전체 리포트가 대체되었다. 예를 들어, castellers(구성원의 상당한 힘과 능력이 요구되는 인간 타워)나 tió(어린이들이 선물을 얻기 위해서 통나무를 때리는 카탈로니아 풍습)라고 알려진 크리스마스 전통에 대한 리포트가 방송되었다.

또한 〈프린스톤(The Flintstones)〉(1960-1966)이나 〈스머프(The Snorks)〉(1970년대)의 번역처럼 언어적 및 문화적 각색의 세계적 전략을 암시하는 또 다른 유형의 시리즈물들도 있었다. 이 경우, 참조된 모든 스페인 텔레비전 회사들(ETB, TVC, TVG, TVV 및 TVE)이 동일한 번역 기준을 적용했으며, 모든 버전에서 유사한 결과가 나왔다. 그 결과는 영어의 합성어(돌, 부싯돌, 화석, 거대한(접두사), 스머프 등)가 각각의 언어(바스크어, 카탈로니아어, 갈리시아어, 카스티야어)에서 유사한 어휘로 대체된다는 것이다. 하지만 우리는 일부 버전에서는 스페인어 버전이 지침을 따르고 있고, 최종 솔루션에 지대한 영향을 미치는 중간 버전으로 기능했음을 보여주려고 했다. 예를 들자면 〈스머프〉는 TVC에서 〈Els Barrufets〉로 번역이 되었지만, TVV에서는 제목이 〈Els Pitufets〉였고, 이는 스페인어 Los Pitufos에 훨씬 더 가까운 번역이다. 〈프린스톤〉에 나오는 주요 등장인물들의 이름인 고유명사의 번역도 또 다른 중요한 사례이다(예: Fred Flintstone과 Barney Rubble). 스페인어 버전에서는 해당 인물들의 이름이 Pedro Picapiedra와 Pable Mármol이었다. 수년 동안 모든 스페인 시청자들은 그들을 Pedro와 Pablo라고 알고 있었다. 그 시리즈가 일부 공식 공용어로 번역되었을 때, 시청자들의 반응, 그들의 시각, 그리고 기대가 문제가 되었다. 전통의 무게가 어찌나 컸던지 TVV 버전에서 그들은 Pere Picapedra와 Pau Marbre라고 불렸고, ETB에서는 Pedro Harriketa와 Pablo Atxurdin이라고 불렸다.

7. 결론

번역할 때 원작과 관련해 제기된 문제는 모든 스페인 텔레비전 방송사에서 같지 않았고, 그 문제를 해결하는 방식도 언어와 사회·정치적 상황이 다양하기에 달라졌다. 번역의 갈등을 해결하는 다른 방법들은 종종 우리가 완벽한 번역이라고 부를 수 있는 관점에서 해석된다. 따라서 문화적 지시 대상의 번역에 대한 다수의 연구가 이러한 요소들의 목표어의 문화적 시스템에 대한 각색을 비판하는데, 이는 이러한 번역이 원작을 배반하고 불완전한 것으로 여겨지기 때문이다. 이것은 이 생각에서 번역 불가능에 이르는 아주 작은 단계이다. 우리는 번역 불가능성에 대한 논의는 더 이상 유효하지 않다고 생각한다. 뿐만 아니라, Shochat와 Stam의 "최상의 상황에서 완벽한 번역은 사실상 불가능하다", (1985: 42)라는 주장은 근본적으로 언어적 규범에 근거한 번역 분석에 대한 결과로 나왔다고 생각한다. 우리 훨씬 전에 사람들이 번역과 각색의 한계에 대해서 논하고 각색에 대해 부정적으로 바라보던 시절이 있었다. 우리는 각색이 상대성 이론이 되는 번역 이론에 기여할 수 있고 각색에 관해서 매우 다른 상황들(국지적 및 전 지구적 각색)을 발견할 수 있다고 단언한 Bastin(1997: 18)에 동의한다. 우리는 이 양식의 고유한 특성을 출발점으로 하는 더빙에 대한 번역 분석이 더빙의 복잡한 과정에 개입하는 요소와 요인을 고려하고 번역을 문화적 시스템 내에서 추가적인 시스템으로 이해하면서, 번역에 있어 '완벽'의 개념을 변경하도록 도울 수 있다고 믿는다.

어떤 경우든, 더빙의 언어와 문화적 각색에 초점을 맞춘다면 이 양식의 번역에 대한 기술적(descriptive) 연구를 통해 우리는 이 각색에 대한 과감한 해결책을 이야기할 수 있다. Nedergaard-Larsen(1993: 219)에 따르면, 각색 전략은 "한쪽 끝의 완전 비 번역(non-translation)에서 반대쪽 끝의 완전한 각색까지의 연속"이라고 말할 수 있다. Bastin(1997)이 지지했던 이러한 상대주의는 다음과 같이 Venuti(1998: 243)에서도 발견된다:

> 번역 프로젝트가 자국화된 건지 아니면 이국화된 건지 여부는 분명히 그 번역이 생산되고 소비되는 문화 형성의 상세한 재구성에 따라 결정된다. 즉, 자국화한 것인지 이국화한 것인지는 오직 목표어 문화에서 변화하는 가치 계층 구조를 참조해야만 정의될 수 있다.

문화에 대한 지식과 분석이 가장 적절한 번역 전략을 찾는데 핵심인 것으로 보인다.

어쨌든 각색과 관련해서는, 초기 규범의 폴리시스템적 개념에서 수행된 분석을 통해서 완벽한 번역 방법에 대한 잘못된 논쟁을 넘어설 수 있었다. 게다가 완벽하고 이상적인 번역이 목표인 규범적 연구로부터 벗어나, 번역을 일련의 조건에 의해 영향을 받는 활동(activity)으로 간주하는 기술적 연구의 형태로 옮겨가게 해주었다. 이는 관례, 규칙, 명시적 번역 임무의 유무처럼 가장 객관적인 것에서부터 각 번역가의 특이성과 같은 가장 주관적인 것에 이르기까지 다양하다. 객관성과 주관성 양극 사이에 번역가가 규칙적으로 사용하는 절차를 설명하는 번역 규범이 있다. 본 논문에서 분석한 결과를 토대로 우리가 내린 결론 중 하나는 스페인의 더빙 번역에서 초기 규범은 비록 다양한 가능성을 보여주기는 하지만, 목표 언어와 문화에 우선순위를 두는 경향이 있다는 것이다. 이러한 경향성은 특히 이중 언어를 사용하는 공동체와 매우 특정한 관객(예를 들면 어린이들과 십대들)을 대상으로 하는 영상 텍스트에서 두드러지게 나타난다. 이는 이런 공동체 내에서 번역 절차가 특정 관습과 더 정의된 번역 과제의 결과이고, 더 나아가서 목표가 언어적 모델로 작용하는 것이기 때문이다. 대체로 텍스트 수용에 영향을 미치는 것에 대한 관심이 클수록, 더빙에서 각색의 정도가 더 커졌다.

주석

1. 폴리시스템 관점으로 스페인에서의 더빙 및 자막 사용의 입문 분석을 살펴보려면 Zaro (2000, 2001)를 참조하라.
2. Asier Larrinaga(ETB)(바스크 공영방송), Martí Garcia-Ripoll(TVC)(카탈로니아 공영방송), Toni Mollà(TVV)(발렌시아 공영방송), Ana Pujalte(Antena 3, 사립 주 텔레비전에서 일했음)에게 본 논문을 준비하는 과정에서 정보를 제공해준 것에 대해 감사를 전하고 싶다.
3. 번역: "(…) 이탈리아어로 더빙하는 과정에서 의미론적 의미의 상실. 이탈리아어로 더빙된 〈Taxi Blues〉는 기독교 이름들과 러시아어의 쾅쾅 치는 듯한 액센트의 엄격하고 농기화되지 못한 이탈리아이이화와는 거리가 멀며, 대화에서 명확한 표준화를 보여주고 있다. 이러한 표준화는 러시아어(비언어적 포함) 특성을 드러내지 않는 경향이 있어서, 상황의 탈의미화가 일어난다."

4. 번역: "(...) 표준화의 예시들이 번역의 특성을 나타내며, 번역가의 문법적 교정 감각이 향상된다."

5. 번역: "(...) 더빙된 버전의 영화는 우리가 이 여섯 번째 유형으로 모은 맥락적 요소를 같은 범주의 다른 요소들로 번역하는 경향이 있지만, 그럼에도 불구하고 이것은 목표 문화의 관객에게 더 친숙한 것으로 간주된다."

참고문헌

Agost, Rosa. 1995. "The Colloquial Register and Dubbing". In Peter Jansen (ed.) *Translation and the Manipulation of Discourse*. Selected Papers of the CERA Research Seminars in Translation Studies 1992-93. Leuven: CERA, The Leuven Research Center for Translation, Communication and Cultures: 183-200.

Agost, Rosa. 1997. *La traducció audiovisual: el doblatge*. Col · lecció Micromagna 11. Castelló: Servei de Publicacions de la Universitat Jaume I.

Agost, Rosa. 1999. *Traducción y doblaje: palabras, voces e imágenes*. Barcelona: Ariel.

Agost, Rosa. 2002. "Visibilitat i invisibilitat en el doblatge: el misteri de *qui* diu *què*". In Joaquim Mallafré (ed.) *II Jornades per a la cooperació en l'estandardització lingüística*. Secció Filològica de l'Institut d'Estudis Catalans. Sèrie Jornades científiques, Barcelona: IEC: 103-109.

Agost, Rosa. forthcoming. *Las normas del doblaje en España*. Barcelona: Ariel.

Agost, Rosa and Isabel García. 1997. "El registre col · loquial i el doblatge". In Montserrat Bacardí (ed.) *Actes del II Congrés Internacional sobre Traducció*, Bellaterra: Servei de Publicacions de la Universitat Autònoma de Barcelona: 213-233.

Álvarez, Ignasi. 1993. *Diversidad cultural y conflicto cultural*. Madrid: Talasa.

Ávila, Alejandro. 1997. *El doblaje*. Madrid: Cátedra.

Baccolini, Raffaella, Rosa Maria Bollettieri and Laura Gavioli (eds). 1994. *Il doppiaggio. Transposizioni linguistiche e culturali*. Bolonia: CLUEB.

Baker, Mona. 1998. "Norms". In Mona Baker (ed.) *Encyclopedia of Translation Studies*. London: Routledge: 163-165.

Ballester, Ana. 2001. *Traducción y nacionalismo: La recepción del cine americano en España a través del doblaje (1928-1948)*. Granada: Comares.

Bassols, Margarida, Albert Rico and Anna Maria Torrent (eds). 1997. *La llengua de TV3*. Barcelona: Empúries.

Bastin, Georges. 1997. "La adaptación en traducción no literaria". In Montserrat Bacardí, (ed.) *Actes del II Congrés Internacional sobre Traducció*. Bellaterra: Servei de Publicacions de la Universitat Autònoma de Barcelona: 9-19.

Bovinelli, Bettina and Serena Gallini. 1994. "La traduzione dei riferimenti culturali nel doppiaggio cinematografico". In Raffaella Baccolini, Rosa Maria Bollettieri and Laura Gavioli (eds), *Il doppiaggio. Transposizioni linguistiche e culturali*, Bolonia, CLUEB: 89-98.

Camiña, Rosa María and Olga Sánchez. 2000. "La traducción de productos audiovisuales en la comunidad gallega". In Lourdes Lorenzo and Ana Pereira (eds) *Traducción subordinada (I) El doblaje*. Vigo: Universidade de Vigo: 39-45.

Capanaga, Pilar, Carmen Navarro and María José Rodrigo. 1996. "Donne sull'orlo di una crisi di nervi: nel doppiaggio italiano lo spirito almodovariano è stato tradito?". In Christine Heiss e Rosa Maria Bolletieri (eds) *Traduzione multimediale per il cinema, la televisione e la scena*. Bolonia: CLUEB: 213-230.

Even-Zohar, Itamar. 1978/1990. "The Position of Translated Literature within the Literary Polysystem". In Lawrence Venuti (ed.). 2000. *The Translation Studies Reader*. London: Routledge: 192-197.

Even-Zohar, Itamar. 1997. "Factors and Dependencies in Culture. A Revised Draft for Polysystem Culture research". *Canadian Review of Comparative Literature*, Vol. XXIV, Number 1 (March 1997): 15-34.

Ferrer, María. 2003. "La traducción de dibujos animados japoneses en TV y DVD". Paper delivered for a doctoral Course *La equivalencia traductora y la traducción audiovisual*. Castelló: Universitat Jaume I.

Gaiba, Francesca. 1994. "La traduzione di alcuni aspetti umoristici nel doppiaggio cinematografico". In Raffaella Baccolini, Rosa Maria Bollettieri, Laura Gavioli (eds) *Il doppiaggio. Transposizioni linguistiche e culturali*. Bolonia: CLUEB: 105-111.

Goodenough, W. H. 1964. "Cultural Anthropology and Linguistics". In D. H. Hymes (ed.) *Language in Culture and Society: A Reader in Linguistics and Anthropology*. New York: Harper and Row: 36-39.

Goris, Olivier. 1993. "The question of French dubbing: towards a frame for systematic investigation". *Target 5* (2): 169-190.

Goris, Olivier. 1999. *À la recherche de normes pour le doublage. État de la question et propositions pour une analyse descriptive*. Leuven: Katholieke Universiteit von Leuven [Unpublished MA Thesis].

Heiss, Christine and Rosa Maria Bolletieri (eds) (1996): *Traduzione multimediale per il cinema, la televisione e la scena.* Bolonia: CLUEB.

Hermans, Theo. 1996a. "Translation as Institution". In Mary Snell-Hornby, Zuzana Jettmarová and Klaus Kaindl (eds), *Translation as Intercultural Communication.* Amsterdam-Philadelphia: John Benjamins: 3-20.

Hermans, Theo. 1996b. "Norms and the Determination of Translations. A Theoretical Framework". In Román Álvarez and Carmen África Vidal (eds) *Translation, Power, Subversion.* Clevedon: Multilingual Matters: 25-51.

Hermans, Theo. 1999. *Translation in systems. Descriptive and systemic approaches explained.* Manchester: St. Jerome.

House, Juliane. 1981. *A Model for Translation Quality Assessment.* Tübingen: Gunter Narr.

Izard, Natàlia. 1999. *Traducció audiovisual i creació de models de llengua en el sistema cultural català.* Barcelona: Universitat Autònoma de Barcelona [Unpublished PhD].

Izard, Natàlia. 2000. "Dubbing for Catalan television: the acceptable translation". In Beeby, Allison, Dorothy Ensinger and Marisa Presas (eds) *Investigating Translation.* Amsterdam; Philadelphia: John Benjamins: 153-160.

Kovarski, Salmon. 1996. "Problemi di intraducibilità culturale nel film russo-sovietico: l'ambiguità *di Taxi Blues*". In Christine Heiss and Rosa Maria Bolletieri (eds) *Traduzione multimediale per il cinema, la televisione e la scena.* Bolonia: CLUEB: 251-262.

La Polla, Franco. 1994. "Quel che si fa dopo mangiato: doppiaggio e contesto culturale". In Raffaella Baccolini, Rosa Maria Bollettieri and Laura Gavioli (eds) *Il doppiaggio. Transposizioni linguistiche e culturali.* Bolonia: CLUEB: 51-60.

Larrinaga, Asier. 2000. "La traducción en ETB-1". In George Jones (ed.) *Proceedings of Mercator Conference on Audiovisual Translation and Minority Languages.* Aberystwyth: Mercator Media: 139-147.

Larrinaga, Asier. 2003. "Trasvases culturales y doblajes en Euskal Telebista". Personal communication. October.

Mendieta, Salvador. 1993. *Manual de estilo de TVE.* Madrid: Labor.

Mollà, Toni *et al.* 1989. *Els models lingüístics de la RTVV.* Valencia: unpublished study.

Nedergaard-Larsen, Brigitte. 1993. "Cultural Factors in Subtitling". *Perspectives. Studies in Translatology* 1-2: 207-41.

O'Connell, Eithne M. T. 2003. *Minority Language Dubbing for Children. Screen Translation from German to Irish.* Frankfurt: Peter Lang.

Pereira, Ana. 2000. "Doblaje y traducción en España y en Galicia". In Lourdes Lorenzo and

Ana Pereira (eds) *Traducción subordinada (I) El doblaje*. Vigo: Universidad de Vigo: 7-16.

Postigo, María. 2003. Lecture at Online *Conference Localization and translator training*, 20-29 November. http://www.ice.urv.es/trans/future/technology2003/. Coordinated by Anthony Pym. http://groups.yahoo.com/group/itit/message/903

Santamaria, Laura. 1997. "Les sèries de producció aliena". In Margarida Bassols, Albert Rico and Anna Maria Torrent (eds) *La llengua de TV3*. Barcelona: Empúries: 85-94.

Shochat, Ella and Robert Stam. 1985. "The Cinema After Babel: Language, Difference, Power". *Screen* 3-4: 35-38.

Televisió de Catalunya. 1995. *El català a TV3. Llibre d'estil*. Barcelona: Edicions 62.

Televisió de Catalunya. 1997. *Criteris lingüístics sobre traducció i doblatge*. Barcelona: Edicions 62.

Toury, Gideon. 1980. *In search of a theory of translation*. Tel-Aviv: Porter Institute.

Venuti, Lawrence. 1995. *The Translator's Invisibility*. London-New York: Routledge.

Venuti, Lawrence. 1998. "Strategies of translation". In Mona Baker (ed.) *Encyclopedia of Translation Studies*: 240-244.

Zaro, Juan Jesús. 2000. "Perspectiva social del doblaje y la subtitulación". In Lourdes Lorenzo and Ana Pereira (eds) *Traducción subordinada (I) El doblaje*. Vigo: Universidade de Vigo: 127-138.

Zaro, Juan Jesús. 2001. "Conceptos traductológicos para el análisis del doblaje y la subtitulación". In Miguel Duro (coord.) *La traducción para el doblaje y la subtitulación*. Madrid: Cátedra: 47-63.

자막번역의 언어·정치적 함축 의미

Henrik Gottlieb
번역 이가은

1. 자막번역의 숨어 있는 다른 의미

2천 5백만 명보다 적은 인구가 거주하는 이전의 모든 서유럽 국가에서
는 외국어로 된 영화와 TV 프로그램에 더빙보다 자막을 삽입했다. 그러나
카탈로니아는 예외적으로 더빙 작업이 활성화된 곳이었다. 2001년 11월에
해리포터 작품이 처음 개봉했을 때 워너 브로스(Warner Bros.)가 카탈로니
아어로 자막 삽입한 것에 대해 강력히 항의를 하였고, 지방 정부는 카탈로
니아어로 더빙해 줄 것을 요청하였다(Zabalbeascoa et al. 2001, Møller 2001).

자막을 삽입한 국가에서는 화면을 보면서 자막을 읽는 것은 글을 읽고
쓸 줄 아는 사람들(92% 정도의 어른과 큰 아이들)에게 자연스러운 일이 되

었다(Elbro 1989). 립싱크 더빙(Herbst 1997; Denton 2000)이나 러시아, 폴란드, 그리고 발트 해 연안 국가에서 흔히 볼 수 있는 비동기화된 보이스 오버 기술(Dries 1994-95; Grigaravičiūtê & Gottlieb 1999)은 시청자들이 선호하지 않는다. 단지 젊은 세대 시청자를 타깃으로 한 영상물에만 리보이싱(revoicing) 작업을 한다.

그러나 스페인, 이탈리아, 독일어와 프랑스어를 구사하는 전 지역과 같이 더빙작업을 하는 유럽 국가에서 더빙은 유치하지 않다. 이 (주요) 국가들에서는 TV 프로그램이나 영화에서 외국어가 거의 들리지 않기 때문에, 자막번역에 대해 이질적으로 느낀다. 예를 들어 프랑스에서 subtitling(자막삽입)이나 sous-titrage(자막 넣기)라는 용어들은 자막번역이 일반적으로 나타나는 국가들에서 사용할 때와 상충되는 일련의 함축의미를 담고 있다.

> Puisque le sous-titrage en France a servi depuis plus de 60 ans de seul critère objectif dans la classfication de film "d'art" [...], le sous-titrage a fini par devenir lebel de qualité et signifier "cinéma d'art" même dans le cas de films que la plupart des cinéphiles ne jugeraient pas a priori particulièrement "artistiques". (Danan 1995: 277).

여기에서 언급된 예술 영화와 자막의 반의식적 연결은 영화번역에서 자막번역이 일반적인 국가와 대부분의 영화와 TV프로그램을 수입하는 국가에서는 나타나지 않는다.

스칸디나비아와 독일권 같이 자막번역을 주로 사용하는 국가에서 자막은 공공생활에서 하나의 지배적인 텍스트 형식으로 자리 잡았다. 1993년에 이미 덴마크인들은 번역된 인쇄물을 읽는데 일주일에 두 시간 이하의 시간을 소비하는데 비해, TV나 비디오로 번역된 자막을 보는 것은 일주일에 3시간 반(217분) 이상의 시간을 소비했다(Gottlieb 1994: 149 참조). 1993년에 외국(=미국)에서 수입된 상업적인 TV 채널의 자막을 보는데 31분을 소비했던 것에 비해 2002년에는 37분으로 다소 (언어 간) TV 자막을 접하는 시간이 늘어났다(Gottlieb 2003). 뿐만 아니라, 상당수의 젊은 층이 뉴스나 책을 읽기보다는 TV, DVD 영화, 인터넷 뉴스와 오락 프로그램을 주로 보고 있다.

소수의 이국적인 사례들을 보면 영국이나 미국의 영화 관객들은 국내 제작의 자막을 제공 받는다. Woody Allen의 〈애니 홀〉(1977)의 장면에서 화면에 나오는 두 명의 등장인물이 교양 있는 주제로 대화할 때, (성적으로 관련된) 그들의 암묵적인 생각은 자막으로 표현된다. 이에 자막번역가는 영어 대화와 캡션(caption)에 동시에 자막을 달아야 하는 중대한 문제에 직면한다. Kevin Costner의 영화 〈늑대와 춤을〉(1990)에서의 (영어) 자막은 완전히 다른 역할을 한다. 자막은 수 족(아메리카 원주민의 한 종족)이 그들의 원어 라코타를 음악과 특수 효과의 단지 색감적인 요소로 비하하지 않도록 했다. 즉, 미국인 관객들은 라코타어를 영어 자막을 통해 관람하였다. 흥미롭게도 덴마크에서는 동일하게 이 영화의 모든 대사를 자막번역한 반면에, 프랑스에서는 드물게 하나의 영화에 두 가지 유형의 번역 버전(프랑스어로 말해진 것과 라코타어를 프랑스어로 자막번역 한 것)이 있다. 마지막으로 대서양 영국해의 에딘버러를 배경으로 하는 논란이 되고 있는 Danny Boyle의 〈기차를 취미로 하는 사람들이 하는 행동의 일종(Trainspotting)〉(1996)은 부분적으로 해학적인 효과를 위해 자막 삽입된 시퀀스를 가지고 있었고, 이는 부분적으로는 시끄러운 환경에서 거의 안 들리는 스코틀랜드어 대사 때문이었다. 이를 통해 앵글로 색슨족의 세계에서 자막은 또 다른 숨은 의미가 있음을 보여주고 있다.

2. 영어의 역할: 모국어에서 제2모국어(brother tongue)로

영국제국 초창기 시대부터, 그리고 특히 할리우드를 기반으로 하는 미국 영상매체가 우세한 20세기 초반부터 영어가 절대적인 권력을 가진 언어였다. 그러나 영어 사용의 증가는 원어민의 입장에서는 상대적인 침체의 배경에 기인한 것으로 보아야 한다. 오늘날 영어 원어민 화자가 전 세계 인구 중에 차지하는 비율은 종전보다 오히려 감소했다.

[표 1. 영어가 모국어인 화자 - 24년 동안 상대적으로 21.6% 감소]

1975년	1999년
39억 중 3억 1천명	61억 중 3억 8천명
전 세계 인구의 7.95% 차지	전 세계 인구의 6.23% 차지

Random House Webster's Concise College Dictionary (New York 1999)와 *Gyldendals Tibinds Leksikon*(Copenhagen 1977)을 기반으로 하는 이 수치는 영국, 아일랜드, 뉴질랜드, 호주와 미국에 거주하는 모든 주민과 남아프리카에 거주하는 소수 영어 사용자(10%), 그리고 캐나다에 거주하지만 불어를 사용하지 않는 주민 전체를 더한 수치이다.

순수하게 수치 면에서는 진정한 승자로써 영어가 제 2언어로 여전히 중요한 위치에 놓여 있다. 소련의 붕괴와 중국의 사실상 자본주의적이고 비자발적인 정책에 따라, 학교에서 제 1 외국어로 영어를 가르치지 않는 국가들의 숫자는 역사적으로 적어졌다. 오늘날 세계 인구의 대다수가 적어도 2개 언어를 구사하며, 현대 사회에서 대부분의 사람들이 영어로 된 노래가사, 브랜드명, 광고, 상품들 그리고 TV 프로그램이나 영화에 삽입된 자막 등을 통해 영어를 접하며 생활하고 있다.

뿐만 아니라 영어로 된 웹사이트에 접속하고, 영어로 된 전문 문서나 책을 읽고, 비영어권 국가 사람들과 종종 영어로 대화하는 국제적인 엘리트가 늘어나고 있다. 그래서 영어가 현대 교육 받은 대중들에게 제2의 언어로, 즉 모국어는 아니지만 제2모국어로 자리 매김 했다.

이것은 미국의 규칙뿐만 아니라 영어 역시 획일화된 새로운 세계 질서를 제시한 결과임을 보여주고, 이러한 상황을 정리하면 다음과 같다.

1. 전 세계 대부분의 국가들에서 영어가 가장 우세한 외국어이다.
2. 거의 대부분의 국가에서 영어로 제작된 영상 매체물이 자국 영상 매체물과 적어도 동등한 영향력이나 명성을 가진다.
3. 대부분의 국제적인 단체나 기업들은 영어를 가장 선호하고, 과거에 불어가 우세했던 유럽연합(EU)도 오늘날에는 마찬가지로 영어를 선호한다.[1]
4. 몇몇 국가에서는 모국어들이 (대중음악의 가사에서 학문적 작문에 이르기까지) 주요 영역을 잃어가고 있다.[2]
5. 몇몇 비영어권 국가에서 영어는 공용어중 하나이거나 (미디어, 법원 등) 다양한 영역에서 공통어(lingua franca)로 활용된다.[3]

지금까지 번역을 포함하여 국제적인 의사소통의 세계 언어·정치적인 배경의 핵심 사항을 살펴보았고, 이제부터는 본 논문의 초점인 '자막번역'에 대해서 알아보도록 하겠다.

3.1 자막번역의 본질

본 글의 주요 목적은 TV와 영화 스크린에서 언어와 문화가 접목되어 나타나는 실제적이고 가능한 효과를 살펴보는 것이다. 그러므로 배리어프리 목표로 한 언어 내(intralingual) 자막번역을 제외하고 언어 간(interlingual) 자막번역에 대해서만 다루게 될 것이다. 결과적으로 우리는 자막번역을 "영화 미디어에서 구어로 된 메시지가 다른 언어로 번역된 것으로, 우리는 원래의 구어 메시지가 동기화 되어 화면에 나타나는 한 줄 이상으로 쓰인 텍스트"라고 정의한다.

자막번역에 관련된 어려움을 충분히 이해하려면, 기호와 관련된 용어들에 대한 논의가 선행되어야 한다. 기호학적 텍스쳐(texture)에 관해서는, 영화 및 다중기호학(polysemiotic)이라고 하는 다른 다중 채널 텍스트 유형이 단일 채널 텍스트 유형인 단일기호학(monosemiotic) 텍스트와 매우 다른 번역의 기초가 된다. 다중기호학 텍스트를 번역할 때는 비언어적 채널의 내용이 고려되어야 한다. 소설에서는 오로지 글을 통해서 단일 기호론적으로 표현되어지는 것이 영화에서는 4개의 채널, 즉 대화, 음악적 효과, 화면, 그리고 더 작은 부분인 글(디스플레이와 캡션)로 표현된다. 10만 단어로 된 소설이 영화로 각색되면서 2만개만 대화를 통해 표현되고, 나머지 8만개 단어는 비언어적 기호학적 채널로 남거나 삭제된다.

기호학적 충실성 측면에서 보면, '보통' 번역은 원문과 같은 의사소통적인 채널을 사용함을 의미한다. 이러한 동일기호학적(isosemiotic) 번역에 따르면 통역 및 더빙에서처럼 대사는 대사로 번역되고, 문학번역에서처럼 글은 글로 번역되어야 하는 것이다. 그러나 본질적으로 교차적인 성격을 갖는 자막번역은 대사와 글 사이를 옮겨가면서 이러한 균형을 변이시킨다. 이에 따라 더빙에 대한 번역가의 번역 전략과 시청자의 수신 전략이 바뀌었다.

3.2 더빙 대 자막번역

1929년경(Gottlieb 1997b: 54-57) 유럽에서 미국 유성 영화의 도입으로 인해 드디어 감정적인 더빙 대 자막번역의 논란에서 벗어나 평화로운 단계에 도달했다(O'Connell 1998; Díaz-Cintas 1999 & 2003; Koolstra *et al.* 2002; Chaume 2003). 다음에 제시된 두 가지 핵심적이고 다소 역설적인 사실을 살펴 볼 필요가 있다.

a. 자막번역이 두 가지 방법 중에 좀 더 정확하다고 간주되지만, 무성영화의 번역 모드(예: 쓰인 기호)를 재도입함으로써 유성 영화의 기호학적 구조를 근본적으로 단절시키고 있다.

b. 자연스럽고 동일기호학적 번역 유형인 더빙은 스크린에서 보이는 얼굴과 제스처에서 비롯된 것처럼 들리는 목소리가 결코 자연스러운 인상을 주지 못할 복합적 표현으로 나타난다. 화면에 나오는 얼굴, 몸짓, 그리고 그 소리가 일치하지 않으면 자연적인 느낌을 만들 수 없을 것이다 (Koolstra *et al.* 2002: 336). 총체적인 리메이크(Wehn 2001에 의하면)만이 원본 영화를 대신할 수 있을 것이다.

대체로 두 가지 유형의 영화번역은 다음과 같은 측면에서 다르다:

1. 아래의 사항과 관련하여 기호학적인 용어측면에서,
a. 문어체 대 구어체 모드
b. 보충 모드(자막번역) 대 대용 모드(더빙)
2. 단어 측면에서,
c. 더빙과는 달리 자막번역은 원본 대화의 내용을 20-40%까지 압축하려는 경향이 있으며(Lomheim 1999: 191), 이는 일부 1.(a) 문어체 대 구어체 모드의 결과이고, 일부는 기술적·인지적 제약 때문이다(Gottlieb 1992 & Gottlieb 2001b; 164-172). 이를 통해서 독자들에게 자막을 읽을 충분한 시

간을 제공하려고 한다.

d. 자막번역은 대체로 문어체의 규범에 따라 결정된다.

4. 자막번역의 함축적 의미

현대 미디어 관점의 필수적인 부분으로서 언어 간 자막은 여러 가지 사회적 및 언어·정치적 함의를 가질 수밖에 없다. 자막번역은 그 무엇보다 다음과 같은 분야에서 중요한 역할을 한다.

1. 독해 실력 향상
2. 외국어 능력 향상
3. (이상적으로) 쉽고 저렴한 국제 프로그램 교환을 촉진
4. (실제적으로) 영어를 우세한 언어로 자리매김

이번 섹션에서는 위에 제시된 4가지 포인트 중에서 우선 세 가지 주제 (1~3)에 대해서 간단하게 논의하고, 마지막 한 가지 주제에 대해서만 심도 있게 다룰 것이다.

4.1 독해 실력 향상

영상미디어를 선호하는 문화권에서 수입영상물의 자막은 이민자를 포함한 성인(Nir 1984)과 어린이들(Koolstra et al. 1997) 모두에게 중요하고 효과적인 독해연습 자료가 된다. 언어 간의 자막은 원문 언어를 이해하는 시청자들조차도 읽는 경향이 있다(d'Ydewalle & Gielen 1992). 마찬가지로 언어 내 자막은 보통 완벽하게 듣는 시청자가 읽도록 촉구된다. 물론 이것은

때로는 다수의 현대 영화들과 TV 작품들에서 선호되는 '자연스러운 연기' 때문일 것이고, 이는 대부분의 사람들이 대화의 일부를 반쯤 들을 수 없도록 만든다(Spangenberg 2002). 하지만 TV 대사에서 이런 '이중 수신'이 가장 중요한 이유는 대부분의 읽고 쓸 수 있는 사람들이 단순히 화면에 나타난 텍스트를 읽지 않을 수가 없기 때문이다. 덴마크에서 자막은 이제 어린이들이 읽는 방법을 배우고 싶어하는 주된 이유이며,[4] 덴마크어 비선택적 자막을 읽은 적이 없는 정상적인 청력을 가진 사람들은 오늘날 난독증이 있는 것으로 간주된다(Elbro *et al.* 1991).

4.2 외국어 능력 향상

벨기에 연구 결과에 따르면, 특히 어린이들의 경우에 외국어로 된 영상물 시청 시 자국어로 된 자막을 읽으면 외국어 어휘 능력이 향상된다고 한다(Van de Poel & d'Ydewalle 2001). 이탈리아에서는 자막 영화 장면을 통해 소수 언어를 배우는 유망한 쌍방향의 동시적인 방식이 현재 개발되고 있다(Baldry 2001).

그러나 무엇보다도 영어로 제작된 영화와 TV 영상물이 그 전보다 많아졌고, 전 세계 자막번역을 하는 공동체들에서 영어 이해력이 향상되었다. 한 예로, 덴마크 사람들은 평균적으로 거의 하루에 한 시간 정도 영어로 된 TV와 비디오를 본다(Gottlieb 1994, 153-157 & Gottlieb 1997b, 151-153 참조).

모든 유럽 국가에서 영어는 현재 학교에서 가르치는 제1국어(영국과 아일랜드) 또는 제1외국어이다. 그러나 대부분의 젊은 세대들은 학교에서 선생님으로부터 영어를 듣는 것보다 영어로 된 영상물을 보는데 더 많은 시간을 보낸다. 비록 여전히 믿을 만한 자료가 필요하지만, 유럽에서 자막번역을 하는 국가(슬로베니아부터 플랑드르까지) 사람들이 세르비아와 독일

같은 비교 가능한 더빙을 하는 국가 사람들보다 영어에 더 유창한 경향이 있다고 보는 것이 적절하다.[5]

그러나 자막번역을 보게 되면 시청자의 영어실력이 줄어들게 하는 부작용은 적어도 게르만 언어 공동체에서 자막번역가가 때로는 그들의 전문가 시청자를 소외시킬 수도 있는 국내 구문보다 영어 발음 구조를 선호하는데서 발견 된다. 성인 인구의 80%가 영어를 구사할 수 있다고 주장하는 덴마크에서는(Davidsen-Nielsen 1998), 전체가 덴마크어로 된 일부 담화 패턴은 자막번역에서 피하려는 경향이 있다(Raahauge 2003). 이에 대한 상세한 내용은 본 논문 후반부 섹션에서 다루도록 하겠다. 공정을 기하기 위해 '올바른 자막번역 연습 규정'(Ivarsson & Carroll 1998: 157-159)에서 추천된 바와 같이 영어로 된 영상물 자막번역을 할 때 말의 리듬을 따르는 것이 일반적으로 좋은 아이디어이다. 그러나 자막은 원대사를 완전히 이해하지 못하는 시청자를 위한 것이지, 자막번역가가 단지 원문의 사소한 재연을 나타낼지라도 관용적 번역을 사용하기로 선택한 '오류'를 지적하는데 큰 자부심을 가진 시청자를 위한 것이 아님을 유념해야 한다. 영어로 '쉬운 방법'을 사용하는 자막번역가는 "자막은 때로는 다른 맥락에서 허용되지 않을 방식으로 원문에서 벗어나야 할 것이다"라고 말했다(Smith 1998: 148).

영어를 사용하지 않는 언어 공동체에서 영어 지식의 향상에 대한 예기치 않은 또 다른 결과가 이제는 인쇄 매체에서 나타난다. 예를 들어, 스칸디나비아에서 더 많은 사람들이 영국과 미국 작가들의 원 작품을 읽게 되면서, 소수 언어 공동체의 도서 시장에서 중요한 부분인 영어 번역에 지금까지 성공한 출판사들은 단지 사업을 유지하기 위해서 이제 더 많은 돈과 에너지를 국내 작가들에게 투자하고 있다(Dahl 2001).

4.3 국제 프로그램 교환은 촉진되는가?

수십 년 동안 유럽 연합(EU)과 유럽 방송 연합(European Broadcasting Union)을 포함한 다른 유럽 기관들은 유럽에서 영화 및 TV 시장의 미국 점유율을 제한하려는 진지한 시도를 해왔다. 유럽 간 프로그램의 교류를 향상시키기 위해서 EBU의 'BABEL' 프로그램은 다수의 다국어 유럽 공동 제작에 보조금을 지급하고, 유럽의 여러 TV 시리즈 및 영화를 더빙하거나 자막 번역할 수 있는 재정적 수단을 제공했다. 이러한 맥락에서 자막번역은 더빙보다 10배 이상 더 저렴하다는 장점이 있다(Luyken *et al.* 1991: 105).

1990년대에 일부 영어를 사용하지 않는 국가(예: 스페인과 덴마크)에서 자국 영화와 TV 프로그램은 번창하는 양상을 보였지만, 국경을 넘나드는 프로그램의 교류에 관해서는 큰 진전이 이루어지지 않았다. 그 이유는 주로 '할리우드'라는 단어의 영원한 마법에서 찾을 수 있다. 상업 및 공익 방송사뿐만 아니라 유럽의 소비자들에게도 미국 영화와 TV 시리즈는 여전히 수요가 많으며, 유럽인들은 흔히 LA 경찰국의 업무, 맨해튼 거리 및 미국 교외의 확산에 대해 자신의 국가에 관한 것보다 더 잘 알고 있다. 그로 인해서 자막번역의 궁극적 언어·정치적 문제인 '영미권 언어 및 문화의 지배'가 발생하게 되는 것이다.

4.4 영어가 우세한 언어로 자리매김 할 것인가?

위에서 언급한 바와 같이, 할리우드가 가장 큰 시장을 차지하고 있고, 미국의 미디어 사업은 전 세계에 수출하는 수치와 영향력에 있어서 부동의 1위를 고수하고 있다. 1930년대에 유럽의 주요 언론사들은 흐름을 역행하는, 즉 그들이 수입한 만큼의 작품을 수출하는 방식보다는 자국화 번역 방법(더빙)을 도입함으로써 미국의 도전에 대항했다(Danan 1991).

자막번역은 더빙과 달리 이국화 또는 외현적 번역으로 볼 수 있다. 항상 존재하는 사운드트랙이 특히 영어일 때, 청중은 '이상한' 번역을 발견하게 된다. 이 경우 자막번역가들은 상당수의 시청자들이 그들의 번역 오류를 인지할 정도로 대사를 충분히 이해하고 이런 오류가 특정 인터넷 사이트(예: 덴마크의 가장 큰 해당 웹사이트: www.titlevision.dk/boeuf.htm)의 편집자들(compilers)에게 흔히 보고된다는 것을 알고 있다. 이 모든 상황이 문제가 없어 보일 수 있지만, 일부 이중 질문을 하는 시청자들은 훌륭한 번역이 공식적으로 동등한 번역이라고 확신한다. 이러한 번역은 종종 자막번역가들이 실제 번역을 하는 것이 아니라 영어 원문 대사를 그대로 베끼도록 강요한다(Baloti 2000; Press 2003).

이러한 점이 기여요소인지 아닌지는 아직 밝혀지지 않았지만, 자막을 통한 덴마크어에 미치는 영어의 영향에 관한 한 연구(Gottlieb 2001a)를 보면, 두 개의 미국 영화에 덴마크어 자막의 약 5%가 유표적인 영어식 어구(marked Anglicisms), 즉 영어로 발음되는 덴마크어 구조를 포함하고 있었고, 영어 외래어 표기법은 따르지 않고 있었다.

덴마크어 더빙버전과 자막버전 두 가지가 모두 있는 3편의 미국 가족영화를 비교한 후속 연구(Gottlieb 2001c)에는 더빙버전에 유표적 영어식 어구가 자막버전보다 두 배 더 많이 나타나 이러한 상황이 더욱 더 악화되어 있었다. 주요 수치는 [표 2]에 정리되어 있다.

[표 2. 미국 가족 영화의 덴마크어 비디오 버전에 나온 영어식 어구]

영어식 어구	〈플러버〉		〈닥터 두리틀〉		〈개미〉	
분당 :	더빙	자막	더빙	자막	더빙	자막
전체 영어식 어구	1.79	1.02	2.75	1.66	2.18	0.91
유표적 영어식 어구	1.04	0.50	1.85	0.76	1.77	0.57

자막버전에 관한 한 이 수치는 이전 연구(2001a) 결과와 잘 들어맞는다. 조사된 두 편의 영화 〈고스트 버스터즈〉(1984)와 〈폴링 다운〉(1993)은 각각 분당 평균 0.43과 0.57개의 유표적 영어식 어구를 포함하고 있었다. [표 2]에서 알 수 있듯이, 이러한 수치는 두 번째(2001c) 연구에서 조사된 영화들의 자막버전에서 발견되는(0.50에서 0.76까지의 범위) 수치와 상당히 일치한다.

영어식 어구(비관용구적인)가 자막버전과 더빙버전의 영어권 영화와 TV 프로그램에 일반적으로 나타나는데, 물론 이는 단지 덴마크에서만 있는 현상은 아니다. 그러한 언어 변화, 또는 일부 관찰자들에게는 부패로 보이는 것이 적어도 라틴 아메리카와 스페인을 비롯한 여러 지역에서 보고되었다(예: Televisió de Catalunya 1997). 핀란드어와 독일어와 같이 다양한 언어를 다루는 연구들은(Sajavaara 1991; Herbst 1994 & 1995) 번역된 영화의 더빙본과 자막본에서 광범위한 영어화(anglification)가 나타남을 증명해준다.

심지어 영어로 촬영되지 않은 영화조차도 때로는 해외에서 상영될 때, 원치 않는 영어식 어구와 영어의 개입으로 인한 단순한 오류가 나타난다. 최근의 두 연구(Hilwerda 2000; Ziberdik 2004)는 영어 주요 스크립트나 자막을 사용하여 덴마크 Dogme(덴마크 영화 제작자 그룹) 영화 〈Festen (The Celebration)〉(1998, Thomas Vinterberg 감독)의 네덜란드어 버전과 히브리어 버전의 대사가 각각 어떻게 영어화와 오역(예: 대명사)을 나타내는지를 보여준다. 유럽연합에서와 마찬가지로 미디어 업계에서는, 소수 언어의 번역가가 없을 때 릴레이(relay) 버전이 '원본'으로 작용하게 되고, 이는 위에서 증명된 대로 종종 유해한 결과를 초래한다(Grigaravičiūtė와 Gottlieb 1999도 참조).

특정 언어 조합에 적합한 번역가가 부재 시, 인간의 제약에서 좀 더 기술적인 문제로 이동하여 자막번역의 특별한 제약에 대해 살펴보는 것은 흥미롭다. 초기에는 상투적인 번역으로 관객을 이해를 도우려고 하는 경향이 있었지만, 자막번역가는 점점 단일기호적 번역에서 발견되는 것보다 더 관용구적인 해결책을 제시한다. Gottlieb(1997a)는 영어 관용어 번역 시, 각각의 자막에 주어진 시 · 공간적 제약으로 인해, 자막번역보다 문학 번역에서 모방 전략이 더 팽배함을 보여준다. 이 때문에 문학이나 더빙 번역가와 다르게 자막번역가는 문장을 재구성할 수밖에 없는 것이다. 일반적으로, 이러한 번역가들은 번역 과정에서 인지과정을 구분하기에 충분한 공간(인쇄된 페이지에)이나 시간(화면에)을 가지고 있고, 목표 언어에서 영어 복제품이나 어의 차용어(calque)를 만들어낸다. 이것은 관용구가 하나의 종류인 영어 특정 구조가 영화의 더빙버전이나 일반적인 역 번역(back translation)에서보다 자막번역에서 덜 빈번히 나타남을 의미한다.

영어권 이외의 국가에서 영어권 영화와 TV 프로그램 자막번역의 언어 · 정치적 영향에 대한 논의를 마무리하면서, 영어권 국가들에서 외국어로 된 작품을 상영하거나 방송하는 (매우 드문) 상황을 간략히 살펴보자.

영화 및 TV 프로그램 주요 수출업국인 영국과 미국에서, '외국'작품이라는 개념이 자막번역이건 더빙이건 간에, 다수의 사람들에게 이국적인 느낌을 준다. 특히 자막번역된 영화들은 대중의 요구에 부응하는데 다음에 제시된 바와 같이 문제가 있다.

자막은 영어를 사용하는 시청자들에게 중요한 부분이다. 외국영화의 문학적 스타일 자체도 까다롭지만, 더 나아가서 배우의 연기(performance)와 더불어 이해해야하기 때문에 더욱 어려워진다. 할리우드 블록버스터 영화들이 의도적으로 신경 쓰고 있는 16세에서 24세 사이의 세대는 한 배급사의 말에 따르면, "점점 게을러지고 있으며, 결코 자막번역으로 돌아갈 것 같지 않다"고 한다. (Finney 1997: 8)

그리고 청중을 찾아 수입한 영화도 거의 없을 뿐 아니라, 영화의 대사가 앵글로 색슨어의 규범과 취향에 맞추기 위해서 종종 단절되거나, 즉 좀 더 완화된 표현으로 하자면 자국화 된다. Jorge Díaz-Cintas에 따르면, 스페인 영화의 영어 자막에서 성적으로 노골적인 언어를 삭제하는 경향을 보여준 후:

영국과 다른 영어권 국가의 사람들이 비디오로 외국 영화를 보거나 35mm 인쇄물을 보기 위해 영화관에 갈 때, 다음과 같은 질문을 진지하게 해볼 수 있다. 그들은 정말로 Almodóvar(역주: 75회 아카데미상 각본상 수상자인 스페인의 영화감독 알모도바르)를 선정적인 스페인 사람으로 보고 있는 것인가 아니면 고상한 체하는 미국인으로 보고 있는 것인가? (Díaz-Cintas 2001: 65)

5. 새로운 전자 매체: 어떠한 경우에도 영어화

대중 매체는 영어식 표현을 포함한 신조어의 도입과 보급에 중요한 역할을 한다. 그들이 이 과정에서 주도적이거나(Sørensen 2003) 혹은 언어 사용자에 의해 이미 시작된 사회적이고 언어적인 변화를 반영하든 상관없이 (Preisler 2003), 인쇄 매체 및 전자 매체는 본 논문에서 검토한 영어화를 포함하여 언어 규범과 사용에 상당한 영향을 미친다. 매체의 텍스트 중에 문학적 또는 기술적, 언론학적 또는 학술적, 단일기호학적 또는 다중기호학적

이건 간에 영어에서 번역된 것들이 현대 영어화 과정에서 핵심적인 역할을 한다(Gottlieb forthcoming).

최근 몇 년간 영화, TV 및 비디오 제작이 디지털화되어 기존의 필름 한 장당 한 장의 번역본 개념보다 특정 번역 요구 사항을 훨씬 더 잘 수용할 수 있게 되었다. VHS 형식의 뒤를 이은 디지털 형식의 DVD 영화는 하나의 디스크에 이론상 최대 8개의 더빙버전과 32개의 자막버전이 있는 다국어 버전으로 판매된다. 일반적으로 DVD 영화는 6개 이상의 자막 버전에 대해 2~3개의 선택 가능한 대화 트랙(원래의 대화와 하나 이상의 더빙된 사운드 트랙)을 제공한다. 그러나 덴마크와 다른 유명 자막번역 국가에서[6] DVD로 제작된 미국영화들의 자막번역의 품질이 자주 낮게 나타났으며, 특히 미국 에서 자막이 제공되는 경우에 더 심했다(Witting Estrup 2002a & 2002b; Nyholm & Kristensen 2002).

디지털 비디오 방송(DVB)을 사용하면 TV 번역을 위한 DVD와 같은 기술 표준이 설정되서(Karamitroglou 1999도 참조), 방송 중 선호하는 언어 버전을 원격 제어로 선택할 수 있는 (Bernbom Jørgensen 1992가 제안) '개인적 인 자막번역'이 전세계 대부분의 시청자에게 제공된다.

하지만 우리가 이미 보았듯이 자막번역이나 더빙도 영어권 원작의 영 향을 피하지는 못하는 듯하며, 영화 회사, 방송사, 번역가 및 시청자들이 이 러한 영어의 영향을 피하고 싶어 하는지도 확실치 않다.

한마디로 말해서, 더빙은 목표어에, 예를 들어 트로이의 목마 같은 통사 형태론적인 어의 차용어를 도입하는 반면에, 자막번역은 한층 더 명백한 영 어식 표현인 영어 외래어 사용을 장려한다(Gottlieb 2001c).

이러한 사실에 관계된 사람들에게는 다음에 제시되는 세 가지 방법들 이 대안이 거의 되지 못한다. 우선 보이스오버란, 원래 사운드트랙이 목표

어의 열정적이고 때로는 영어풍의 내래이션으로 겹쳐지는 것으로
(Grigaravičiūtė & Gottlieb 1999), 원본과 번역을 대조할 방법이 없는 것을 말
한다. 두 번째 방법은 번역하지 않기로, 자국 언어의 영향은 받지 않고 시청
자들은 그들의 영어 지식을 최대한 활용하도록 요구된다. 예를 들어 남아
프리카의 여러 국가에서 사용된 운명을 건 전략이다. 마지막으로 영어 언
어 내 자막은 시청자들이 영어 대사를 이해하는 데 도움을 줄지는 모르지
만, 여전히 언어 간 이해에는 도움이 되지 못한다.

결국 자국의 작품 생산량을 늘리는 것이 '영어화 문제를 최소화'하고, 이
미 자국어로 확립된 영어식 표현만으로 대사를 생성하는 유일한 방법이다.[7]
물론 모든 수입 작품을 제한하는 것은 비현실적이고 바람직하지 않다. 오
히려 비영어권 언어 공동체로부터의 작품 수입 증가가 대안이 될 수 있을
것이다.

다음 섹션에서는 위에서 설명한 목표와 현재 및 미래의 시나리오가 얼
마나 다른지 살펴보도록 하자.

6. 언어 정치, 프로그래밍 및 화면번역 방법의 선택

TV 프로그램 교류 및 화면 번역 선택과 관련해서 현존하는 4가지를 포
함한 6가지 시나리오를 살펴볼 수 있다. 새롭게 추가된 두 가지인 '이상향'
과 '반이상향'은 미래의 모든 현실이 발견될 수밖에 없는 명확한 선상의 양
극단으로 여겨져야 한다.

이제 다른 시나리오들을 다음과 같이 제시함으로써, 각각의 명백한 차
이점과 간단한 의미를 보여주려고 한다.

시나리오 1:   **이상향**
              세계적인 상황:
              국제적 프로그램 교류의 번성,
              영어 프로그램 50% 미만,
              자국 프로그램 50% 미만,
              광범위한 비영어권 수입 작품,
              모든 자국어로 자막번역된 표준 수입 작품,
              더빙이나 보이스오버로 된 아동용 수입 작품

시나리오 2:   **스칸디나비아**(Gottlieb 1997b 참조)
              단일 언어를 사용하는 친영적 상황:
              상당한 프로그램 수입,
              영어 프로그램 50% 정도,
              자국 프로그램 거의 50%,
              극소수의 비영어권 수입 작품,
              우세한 자국어로 자막번역된 표준 수입 작품,
              자막번역, 더빙이나 보이스오버로 된 아동용 수입 작품

시나리오 3:   **남아프리카**(Kruger & Kruger 2001 참조)
              다중 언어를 사용하는 친영적 상황:
              대규모 프로그램 수입,
              영어 프로그램 50% 이상,
              자국 프로그램 50% 미만,
              극소수의 비영어권 수입 작품,
              번역되지 않은 표준 수입 작품,
              더빙이나 보이스오버로 되거나 번역되지 않은 아동용 수입 작품,
              영어로 자막번역된 토착 프로그램

시나리오 4:   **프랑스**(Danan 1995 참조)
              단일 언어를 사용하는 민족주의적 상황:

제한된 프로그램 수입,
영어 프로그램 50% 미만,
자국 프로그램 50% 이상,
극소수의 비영어권 수입 작품,
자막번역된 틈새 수입 작품,
더빙이나 보이스오버로 된 기타 모든 수입 작품

시나리오 5:   **앵글로스탄**(영어를 모국어로 사용하는 국가들)
영어를 사용하는 상황:
극소수의 비영어권 수입 작품,
영어 프로그램 거의 100%,
자막번역된 틈새 수입 작품,
더빙이나 보이스오버로 된 기타 모든 수입 작품

시나리오 6:   **반이상향**
영어화된 상황:
극소수의 비영어권 수입 작품,
주로 영어로 된 국내 및 지역적 작품,
번역되지 않은 표준 수입 작품,
자막번역이나 더빙된 어르신들을 위한 프로그램

전 세계적 관점에서 볼 때, 유일하게 지속 가능한 시나리오는 자국 및 영어권 작품이 우세하지 않고, 시청자들 중 다른 언어 그룹이 수입 작품의 다른 언어 버전 선택이 가능한 이상적 시나리오로 보인다(앞에서 제시된 섹션 5와 Gottlieb 2001b: 185-187 참조).

만약 우리가 원한다면 우리는 다음에 제시된 모든 가능한 상황에 처해 있다.

a. 청중을 위한 영어권 수입 작품의 자막번역은 영어 학습을 향상시키

고, 영어는 여전히 세계 공용어로써의 지위가 확고하다.

　b. 비영어권 국가에서 더 많은 프로그램을 수입하면, 사람들의 언어 및 문화 인식이 고양되고, 영어의 우세한 지위를 더 굳건히 하는데 도움이 될 것이다.

　c. 토착 언어로 된 자막을 제공하면 소위 덜 사용되는 언어들의 위상을 높이고, 이러한 언어들을 이용한 프로그램 제작이 보다 실행 가능해진다.

안타깝게도 인생의 많은 선택과 마찬가지로, 특히 돈이 관련된 경우 합의가 행동보다 도달하기 더 쉽다. 오늘날 미국, 영국 및 호주의 수입 작품들은 국내 작품들보다 TV 방송사에서 사용하기에 훨씬 더 저렴하다. 이것들이 수출하기 어려운 한, 이웃 국가들이 계속 그들의 선반을 영어권 수입물로 채우고 있기 때문이다. 악의적이든 아니든, 이 순환구조는 적어도 언어와 문화적 다양성을 위해서 깨져야 한다.

주석

1. 최근 EU 확대 협상에서 "영어가 핵심 언어가 되었다"(Phillipson 2003: 123)고 했고, 2000년까지 영어는 유럽 연합 진행 위원회의 제1언어가 되었다. 2000년에는 번역 서비스의 원본 텍스트 중 55%는 영어로 작성되었고 33%는 프랑스어로 되어 있었으며, 반면 1989년에는 영어가 30%, 프랑스어 원본이 49%였다(같은 글: 130).
2. 최근에 북유럽 국가에서 이 논점에 대한 관심이 증가하고 있다(Jarvad 2001, Graedler 2002: 59, Phillipson 2003: 162쪽과 그 다음 참조).
3. 인도의 상황과 관련해서는 예를 들어 McArthur(2002: 313쪽과 그 다음)를 보시오.
4. Dansklærerforeningen(덴마크 교직원 연합)의 회장인 Jens Raahauge씨는 자막번역에 대한 세미나에서 왜 읽는 법을 배우고 싶은지 물었을 때, 1학년 75명 중 72명의 응답이 TV자막을 읽기 위해서라고 보고했다. 책이 주요 동기부여의 요소가 아니었다(Boen & Kure 2000).
5. 각 그룹 당 게르만 어와 로망스 어를 하나씩 포함하여, 더빙을 주로 하는 국가 그룹(독일과 이탈리아)과 자막번역을 하는 국가 그룹(덴마크와 루마니아)의 고등학생들의 영어 이해력을 비교한 최근의 연구에 따르면, 자막번역을 하는 학생들이 더빙을 하는 학생들보다 영국

과 미국 배우들이 나오는 (번역되지 않은) 비디오 장면에 대한 이해력이 더 높았다(Schøller 2003).

6. 2003년 12월 4일 Prima Vista International Subtitling House의 의장인 Tom Bernbom Jørgensen 와 개인적으로 의사소통.

7. 16개 유럽 언어 공동체에서 영어의 영향력에 관련된 현 상황은 Görlach(ed.) 2001, 2002a & 2002b에 설명되어 있다. 그리고 Görlach의 논문들에서 다루어지지 못한 덴마크 상황은 Gottlieb 2004에 논의되어 있다.

참고문헌

Baldry, Anthony. 2001. *Promoting computerised subtitling: a multimodal approach to the learning of minority languages.* Unpublished manuscript, University of Pavia.

Baloti, Kirstine. 2000. *Oplæg til FBO's branchem ø de d. 28/11/2000.* At: www.fbo-dj.dk/FBOtiltag/KontaktTilBranchen/BM-oplaeg.htm

Bernbom Jørgensen, Tom. 1992. "Målgruppeorienteret tv-tekstning". In Nedergaard-Larsen, Birgit and Henrik Gottlieb (eds) *Tv-tekster: Oversættelse efter mål.* University of Copenhagen: Center for Translation Studies: 100-124.

Boen, Ellen & Lillian Kingo Kure. 2000. "Referat af FBO's branchemøde d. 28/11 2000". At www.fbo-dj.dk/FBO-tiltag/KontaktTilBranchen/BM-Referat.htm

Chaume, Frederic. 2003. "El fals debat 'doblatge contra subtitulació'". In *Doblatge i subtitulació per a la TV.* Vic: Eumo Editorial: 28-36.

Dahl, Christian. 2001. "Lille forlag med stor bagmand". In *Information,* December 28, 2001, Section 2. Copenhagen. http://arkiv.information.dk

Danan, Martine. 1991. "Dubbing as an expression of nationalism". *Meta* 36 (4): 606-614.

Danan, Martine. 1995. "Le sous-titrage. Stratégie culturelle et commerciale". In Yves Gambier (ed.): 272-281.

Davidsen-Nielsen, Niels. 1998. "Fordanskning af engelske låneord - Kan det nytte?". In Hansen, Erik and Jørn Lund (eds) *Det er korrekt. Dansk retskrivning 1948-1998.* Copenhagen: Hans Reitzels Forlag: 79-93.

Denton, John. 2000. "The domestication of otherness: film translation and audience intercultural awareness assessment". In Christopher Taylor (ed.). *Tradurre il Cinema,* Trieste: Università degli studi di Trieste: 145-155.

Díaz Cintas, Jorge. 1999. "Dubbing or subtitling: the eternal dilemma." *Perspectives: Studies in Translatology,* 7 (1): 31-40.

Díaz Cintas, Jorge. 2001. "Sex, (Sub)titles and Videotape". In Lourdes Lorenzo García and Ana María Pereira Rodríguez (eds). *Traducción subordinada (II) El Subtitulad*. Vigo: Universidade de Vigo: 47-67.

Díaz Cintas, Jorge. 2003. "Audiovisual Translation in the Third Millennium". In Gunilla Anderman and Margaret Rogers (eds). *Translation Today. Trends and Perspectives*. Clevedon: Multilingual Matters: 192-204.

Dries, Josephine. 1994-95. "Breaking language barriers behind the broken wall". *Intermedia* 22(6): 35-37.

d'Ydewalle, Géry and Ingrid Gielen. 1992. "Attention allocation with overlapping sound, image, and text". In Rayner, K.(ed.) *Eye movements and visual cognition: Scene perception and reading*. New York: Springer-Verlag: 415-427.

Elbro, Carsten. 1989. "Svage læsere og teksters tilgængelighed". In *Nordisk tv-teksting*. Oslo: Nordisk Språksekretariat: 64-70.

Elbro, Carsten, Susan Møller and Elisabeth Munk Nielsen. 1991. *Danskernes læsefærdigheder*. Copenhagen: The Ministry of Education.

Finney, Angus. 1997. "Money talks, and it speaks English". *The Sunday Times*, 2 February 1997, Section 11. London: 8-9.

Gambier, Yves (ed.). 1995. *Audiovisual Communication and Language Transfer. Translatio -FIT Newsletter* 14 (3-4).

Gambier, Yves and Henrik Gottlieb (eds.). 2001. *(Multi) Media Translation. Concepts, Practices, and Research*. Amsterdam/Philadelphia: John Benjamins.

Görlach, Manfred (ed.). 2001. *A Dictionary of European Anglicisms*. Oxford/New York: Oxford University Press.

Görlach, Manfred (ed.). 2002a. *An Annotated Bibliography of European Anglicisms*. Oxford/New York: Oxford University Press.

Görlach, Manfred (ed.). 2002b. *English in Europe*. Oxford/New York: Oxford University Press.

Gottlieb, Henrik. 1992. "Subtitling - A new university discipline". In Cay Dollerup and Anne Loddegaard (eds) *Teaching Translation and Interpreting*, Amsterdam/Philadelphia: John Benjamins: 161-170.

Gottlieb, Henrik. 1994. *Tekstning - synkron billedmedieoversættelse*. University of Copenhagen: Center for Translation Studies.

Gottlieb, Henrik. 1997a. "Quality revisited: The rendering of English idioms in Danish television subtitles vs. printed translations." In Anna Trosborg (ed.): 309-338.

Gottlieb, Henrik. 1997b. *Subtitles, Translation & Idioms*. University of Copenhagen: Center for Translation Studies, English Department.

Gottlieb, Henrik. 2001a. "Anglicisms and TV Subtitles in an Anglified World". In Yves Gambier and Henrik Gottlieb (eds): 249-258.

Gottlieb, Henrik. 2001b. "Texts, translation and subtitling - in theory, and in Denmark". In Henrik Holmboe and Signe Isager (eds). *Translators and Translations.* Aarhus University Press & The Danish Institute at Athens: 149-192.

Gottlieb, Henrik. 2001c. "*In video veritas.* Are Danish voices less American than Danish subtitles?". In *La traducción en los medios audiovisuales,* Frederic Chaume and Rosa Agost (eds). Castelló de la Plana: Universitat Jaume I: 193-220.

Gottlieb, Henrik. 2003. "Tekstning - oversættelse for åben skærm". *Anglo Files. Journal of English Teaching* 130, November 2003: 44-53. Copenhagen: Engelsklærerforeningen for Gymnasiet og HF.

Gottlieb, Henrik. 2004. "Danish Echoes of English". *The Influence of English on the Languages in the Nordic Countries.* Special issue of *Nordic Journal of English Studies* 3(2), 2004: 39-65.

Gottlieb, Henrik. Forthcoming. "Anglicisms and Translation". In Gunilla Anderman and Gillian James (eds). *In and Out of English. For better, for worse?* Clevedon: Multilingual Matters.

Graedler, Anne-Line. 2002. "Norwegian". In Görlach (ed.) 2002b: 57-81.

Grigaravičiūtė, Ieva and Henrik Gottlieb. 1999. "Danish voices, Lithuanian voice-over. The mechanics of non-synchronous translation". *Perspectives: Studies in Translatology* 7(1): 41-80.

Herbst, Thomas. 1994. *Linguistische Aspekte der Synchronisation von Fernsehserien.* Tübingen: Niemeyer.

Herbst, Thomas. 1995. "People do not talk in sentences. Dubbing and the idiom principle", In Yves Gambier (ed.): 257-271.

Herbst, Thomas. 1997. "Dubbing and the dubbed text - Style and cohesion: Textual characteristics of a special form of translation". In Anna Trosborg (ed.): 291-308.

Hilwerda, Ingrid. 2000. *Festen: alle oversættelser har en hemmelighed.* Unpublished MA Thesis. Rijksuniversiteit Groningen: Dept. for Scandinavian Languages and Culture.

Ivarsson, Jan and Mary Carroll. 1998. *Subtitling.* Simrishamn & Berlin: TransEdit.

Jarvad, Pia. 2001. *Det danske sprogs status i 1990'erne med særligt henblik på domænetab.* Dansk sprognævns skrifter 32. Copenhagen: Dansk Sprognævn (The Danish Language Council).

Karamitroglou, Fotios. 1999. "Audiovisual Translation at the Dawn of the Digital Age: Prospects and Potentials". *Translation Journal* 3(3), July 1999: http://accurapid.com/journal/09av.htm

Koolstra, Cees M., T. H. A. van der Voort and L. J. T. van der Kamp. 1997. "Television's Impact on Childrens's Reading Comprehension and Decoding Skills: A Three-year Panel Study". *Reading Research Quarterly* 32: 128-152.

Koolstra, Cees M., Allerd L. Peeters and Herman Spinhof. 2002. "The Pros and Cons of Dubbing and Subtitling". *European Journal of Communication* 17 (3): 325-354.

Kruger, Jan-Louis and Helena Kruger. 2001. *Subtitling in South Africa. Summary Report.* Pan South African Language Board.

Lomheim, Sylfest (1999): *Skrifta på skjermen.* Kristiansand: Høyskoleforlaget - Nordic Academic Press.

Luyken, G.-M., T. Herbst, J. Langham-Brown, H. Reid and H. Spinhof. 1991. *Overcoming Language Barriers in Television. Dubbing and Subtitling for the European Audience.* Manchester: European Institute for the Media.

McArthur, Tom. 2002. *The Oxford Guide to World English.* New York: Oxford University Press.

Møller, Bjarke. 2001. "Nationalister boykotter Potter". In *Information*, November 23, 2001, *i2* culture section. Copenhagen. At: http://arkiv:information.dk

Nir, Raphael. 1984. "Linguistic and sociolinguistic problems in the translation of imported TV films in Israel". *International Journal of the Sociology of Language* 48: 81-97.

Nyholm, Berit and Ellen Mygind Kristensen. 2002. "Referat af DVD-konferencen, d. 19/11/2002". At: www.fbo-dj.dk/FBO-tiltag/KontaktTilBranchen/DVDref.htm

O'Connell, Eithne. 1998. "Choices and constraints in screen translation". In Lynne Bowker *et al.* (eds). *Unity in Diversity? Current Trends in Translation Studies*, Manchester: St. Jerome Press: 65-71.

Phillipson, Robert. 2003. *English-Only Europe? Challenging Language Policy.* London/New York: Routledge.

Preisler, Bent. 2003. "English in Danish and the Danes' English". *International Journal of the Sociology of Language* 159: 109-126.

Press, Niklas. 2003. "De oversete undersættere". Interview with Danish subtitlers Niels Søndergaard and Lasse Schmidt: www.titlevision.dk/niklas.htm

Raahauge, Jens. 2003. "Ugens skarpe". Radio column on language policies on Danish public service radio and TV, May 2003. www.fbo-dj.dk/Udvalgteindlaeg/raahauge2003.htm

Sajavaara, Kari. 1991. "English in Finnish: Television subtitles". In Vladimir Ivir and Damir Kalogjera (eds): *Languages in Contact and Contrast. Essays in Contact Linguistics.* Berlin/New York, Mouton de Gruyter: 381-390.

Schøller, Marianne Bundgaard. 2003. *Does Subtitling Lead to Language Acquisition?* Unpublished MA thesis. University of Copenhagen: English Department.

Smith, Stephen. 1998. "The language of subtitling". In Yves Gambier (ed.) *Translating for the Media.* Centre for Translation and Interpreting: University of Turku: 139-149.

Spangenberg, Kaj. 2002. "Undertekster i danske film". In *Politiken,* January 9, 2002, 'kultur' section. Copenhagen: 6.

Sørensen, Knud. 2003. "250 Years of English Influence on the Danish Language". In Jørgen Sevaldsen (ed.) *Britain and Denmark. Political, Economic and Cultural Relations in the 19th and 20th Centuries.* University of Copenhagen: Museum Tusculanum Press: 345-355.

Televisió de Catalunya. 1997. *Criteris Lingüístics sobre traducció i doblatge.* Barcelona: Edicions 62.

Trosborg, Anna (ed.). 1997. *Text Typology and Translation.* Amsterdam/Philadelphia: John Benjamins.

Van de Poel, Marijke and Géry d'Ydewalle. 2001. "Incidental foreign-language acquisition by children watching subtitled television programs". In Yves Gambier and Henrik Gottlieb (eds): 259-273.

Wehn, Karin. 2001. "About remakes, dubbing and morphing: Some comments on visual transformation processes and their relevance for translation theory". In Yves Gambier and Henrik Gottlieb (eds): 65-72.

Witting Estrup, Christina. 2002a. *Quality and Anglicisms in DVD Subtitling.* Unpublished MA thesis. University of Copenhagen: English Department.

Witting Estrup, Christina. 2002b. "Quality in DVD Subtitling, or Who Should Commission Subtitles?". *Abstracts from the 4th Languages & The Media Conference, Berlin, December 2002.*

Zabalbeascoa, Patrick, Natàlia Izard and Laura Santamaria. 2001. "Disentangling audiovisual translation into Catalan from the Spanish media mesh". In Yves Gambier and Henrik Gottlieb (eds): 101-111.

Zilberdik, Nan Jacques. 2004. "Relay translation in subtitling". *Perspectives. Studies in Translatology* 12(1): 31-55.

영상번역 교육

자막번역 교과과정에서의 영화 대사 분석[*]

Aline Remael

번역 김윤정

1. 서론

좋은 영화 대사는 모두가 인정하기는 하지만 거의 연구의 대상이 되지는 못했다. 영화 표지체계와 그들의 서술적 기능에 대한 연구를 계층 구조(hierarchy)로 볼 때, 영화 대사는 기껏해야 네 번째 위치 정도를 차지할 뿐이다. 다시 말해, 편집 연구, 카메라 각도 연구와 일반적인 의미에서의 소리 연구가 영화 대사 연구보다 중요시 되었다. 시각 예술로서의 영화의 진흥을 선호하는 영화 연구의 오랜 전통을 고려하면, 이러한 영화 대사에 대한 경시는 이해할 만하다(Remael 2000: 41-46).

---

[*] 본고는 학회지 Hoger Instituut voor Vertalers en Tolken, Hogeschool Antwerpen, *Linguistica Antverpiensia* 지 35호(2001: 59-85)에 처음으로 게재되었다.

더욱 놀라운 것은 영화 대사의 서술적 기능이 연구 측면 및 영화 번역, 특히 자막번역 교육 측면에서 거의 주목을 받지 못한다는 것이다. 연구자와 교사가 영화 텍스트의 기호적 복잡성이나 더 이상 보조적 기호 체계에 불과한 자막을 영화 자체의 기호망에 통합시켜야 할 필요성을 모른다는 말을 하려는 것은 아니다. 그러나 자막의 가능성과 한계를 조사한 결과, 연구 및 자막 교과과정과 입문서들이 모두 다 똑같이 고정된 문제에 초점을 맞추고 있고, 이들 모두 영화 대사 연구는 배제하고 있음이 나타났다. 최근의 두 가지 입문서인 Ivarsson & Carroll(1998)과 Díaz Cintas(2001)를 예시로 살펴보자.

2. 영화 대사에 대한 표준 자막번역 접근법과 예시

자막번역의 제한된 특성은 항상 교과서의 주요 관심사이다. 이는 긴 발화(speech)를 단 두 줄의 간결하고 쉽게 이해되는 글(writing)로 바꾸되 정보의 손실은 최소화하는 것(minimal loss in informative content)이다. 위에 언급한 두 입문서에서도 텍스트의 축소가 불가피함을 지적한다.

어떤 사람들은 몇 초 안에 쉬지도 않고 너무 빨리 단어들을 쏟아내서 화면 하단의 두 줄 자막 속에 넣을 수 있는 분량의 서너 배를 말한다. (Ivarsson & Carroll 1998: 85).

... la característica principal de los subtítulos reside en la reducción que el contenido oral de la versión original sufre en su metamorfosis en material escrito de la versión subtitulada. (Díaz Cintas 2001: 123)

영화 텍스트의 복잡성에 대한 인식은 수많은 권고에서도 드러난다. Ivarsson & Carroll은 소리와 자막 내용, 그리고 이미지와 자막 내용 간의 동기화작업에 대한 필요성을 강조하며, 자막번역가가 시각적 정보를 잘 활용할 것을 권고한다(1998: 72-75). 반면 어느 정도의 타협은 불가피한데, 영화 본문에 대한 존중과 명확하고 읽기 쉬운 자막의 필요성이 균형을 이루어야하기 때문이다. 시각적 기호 체계에 속하는 영화의 "테이크"를 존중한다는 것은 대사의 리듬에 대한 존중, 구문론적(syntactically) 및 의미상(semantically) 동기부여된 대사 및 자막 나누기의 필요성, 그리고 가능한 두 줄 속에 자막 텍스트의 분포와 균형을 맞추어야 한다는 의미이다(75-78). Ivarsson & Carroll은 가독성을 높이기 위한 다른 방법으로 일상적 대화에 나타나는 말더듬기를 비롯한 특이점들을 제한하거나 문법이나 단어를 단순화하는 방법 등을 추천한다(87 & 88-89).

Díaz Cintas는 논리적으로 문법에 기초하여 자막 텍스트를 분포시킬 필요성을 강조하는데, 무엇보다도 자막번역가는 메시지 이해에 도움이 되지 않는 것은 문장에서 삭제해야 한다고 덧붙이고 있다. 그 다음으로는 자막번역가가 영화의 논의나 줄거리의 전개에 가장 중요하다고 생각하는 것을 최대한 간결한 방식으로 재구성해야 한다는 것이다. 영화 담화는 높은 구술성으로 인해 말이 많이 반복되므로 의미의 확실한 전달을 위해서 항상 모든 것을 번역할 필요는 없다는 것이다(2001: 120-121 & 124-5). Díaz Cintas는 Woody Allen의 영화 〈맨해튼 살인 사건의 비밀(Manhattan Murder Mystery)〉(1993)에 대한 다음의 스페인어 자막을 텍스트 축소의 전형적인 예로 제시한다.

그녀가 좋아한다고 했잖아. 고칼로리 디저트를 좋아했다고. 그렇게 말하지 않았어?
¿ No has dicho que le gustaban // los postres con mucho colesterol?

그랬지, 그래도 이건 대단한 이론이야. 듣고 있니? 이건 대단하다고.
Sí, pero es una teoría genial. (2001: 123 & 124)

이는 또한 자막번역의 단점 중 한 가지 예시가 되기도 한다. 즉, Díaz Cintas
가 인용한 다양한 연구도 입증했듯이 대사의 대인 관계적(interpersonal) 의
미가 사라지는 경향이 있다는 것이다. 반면에, Díaz Cintas는 비록 종종 발생
하는 일이기는 하지만, 의미적으로 간결하게 한다고 해서 반드시 다른 문법
이나 문체가 될 필요는 없으며 양적인 축소가 수사적 단순화와 수반될 필
요도 없다고 서술한다(2001: 125 & 127).

이 시점에서 다음에 제시된 세 가지 문제를 생각해 볼 필요가 있다.

1. 자막번역에 대한 소개가 잘 정리된 구문론적 및 의미적 단위로 구성된
   단순한 문장에 대한 요구를 지나치게 강조하지는 않는지와 Díaz Cintas의
   마지막 언급이 잘 이해되었는지 하는 문제
2. 장르 선택이 자막번역 교과과정의 두드러진 특징이 되지는 않는지와 특
   정 유형의 영화에서 구술 기호 체계가 어떻게 작동하는지를 고려한 학제
   간 접근법
3. 가상영화(fiction film)의 대사는 여러 가지 핵심적인 측면에서 일상 대화
   와 다르다는 것

Kovačič는 교육적 관심사로부터 출발하여 다양한 기고문에서 대사의 대인
관계적 의미의 변동을 자막의 축소된 기록 형태에 더 많이 융합시켜야 할
필요성에 대해 논의한다. 예를 들어 Kovačič는 다음과 같이 진술했다.

연극과 영화 자막번역에 있어 텍스트 (대사)구성 요소와 대인 관계적 신호를

포착하는 것 또한 아주 중요할 수 있는데, 이 두 가지 수준은 등장인물의 성격 또는 그들의 심리적 및 사회적 관계의 아주 중요한 요소가 될 수 있기 때문이다. (1996: 297)

Assis Rosa는 포르투갈 영화 번역에서 드러난 약간의 변화를 지적하는데, 그녀가 제안한 번역은 문자 언어와 발화의 상대적 지위에 대한 태도 변화 때문으로 추측되며, 이로 인해 자막에 구어체와 비표준어가 증가했다(2001: 220).

필자는 유럽의 유감스러운 자막번역 상황이 십여 년 전에 현재 교과서를 지배하는 표준화, 법칙, 질서, 그리고 명료함에 대한 요구에 정당성을 부여했을 지도 모르며, 결과적으로 일종의 "자막번역 방식"이 되었고, 극단적 형태로는 이것이 "등장인물이 책 읽듯이 말한다는 인상을 주는" 자막이 됨을 인정 한다(Assis Rosa 2001: 216). 영화 장르에 더 초점을 맞추면 자막번역의 균질화 경향을 줄이는 데 도움이 될 것이다. 또한 영화 대사의 서술적 기능에 대해 더 깊이 이해한다면 자막번역가는 명제적 내용을 전달할지 아니면 대사의 구어적 및 상호작용적 특징을 보여줄지 선택해야 할 때, 올바른 결정을 내릴 수 있을 것이다.

실제로 Díaz Cintas가 계속 지적하는 발화의 전형적인 중복성은 또한 일반적으로 영화 서술의 특징이며 여러 텍스트 수준에서 작용한다. 인물의 상호작용은 영화의 모든 기호 체계에 의해 뒷받침 되며, 이는 단지 상대인물 뿐만 아니라 관객에게도 무언가를 전달하려는 목적으로 이루어진다. 프랑스 TV 드라마 〈Châteauvallon〉의 몇 장면을 분석하여 Mason은 두 인물간의 권력 관계가 발전해 나가는 장면에 대해 다음과 같이 서술했다.

[권력 게임을 암시하는] 시각적 단서가 몇 가지 있다. 선거 요원이 Quentin이

앉아 있는 책상 뒤에 앉아 있는 것도 그의 권세를 나타낸다. 시장에서 Berg는 목표를 정한 후 움직이기 시작하는데, 언쟁을 질질 끄는데 대해서는 무관심하다. 모든 지점에서 얼굴 표정은 일어나고 있는 일에 대한 우리의 해석을 뒷받침하는 중요한 준언어적인 증거가 된다. 그러나 청자로서 우리는 언쟁의 진전에 대한 주요 증거로 대사 자체에 의존한다. (1989: 18)

따라서 Mason은 대인 관계적 상호작용의 결정적 국면이 자막번역 버전에서는 사라진다는 결론을 내린다. 그러나 우리는 절대 청자이기만 하지는 않다. 우리는 관객이면서 또한 서술자이다. 등장인물의 이전 내력, 즉 영화 서술이 틀림없이 광범위하게 진행시킨 내력의 맥락 안에서 현재의 장면을 끼워 맞출 수 있다. 이와 마찬가지로 서술 표준이 자막번역의 의사결정에 미치는 영향에 관한 연구 프로젝트의 예비 결과는 두 가지 정반대의 경향이 있을 수 있음을 나타낸다. 한편으로는, 마치 길을 잃은 것처럼 보이거나 특정 장면에서는 정말로 길을 잃는 영화 대사의 상호작용적 특징은 영화의 기호적 기능의 다른 측면들과 아주 밀접하게 얽혀 있어서 결국 넓은 범위에서는 보완이 될 것이다. 더욱이 자막은 텍스트를 단순히 삭제하는 것이 아니라 긴 대사를 더욱 명료하게 하려는 경향이 있기 때문에, 기본 줄거리를 만드는 것 이상의 역할을 한다. 자막은 느슨하거나 옆길로 빠지는 줄거리에 긴장감도 준다. 그러나 다시 한 번 상호작용 양식은 줄거리를 보조하는 정도로 영화의 다른 기호 체계에 의해서만 보완된다. 이는 보통 주류 영화에 적용 가능할 뿐, 실험적 영화는 대상이 못된다. 그렇다면 상호작용 양식은 효율적인 자막번역이 더 어려운가? 이것은 충분히 연구해볼 가치가 있는 문제이다.[1] 어떤 경우에서든, 영화 대사의 수많은 기능을 인지하고 있고 이 기능이 주류 영화의 극히 일관성 있는 서술 구조에 어떻게 통합되는지 알고 있는 자막번역가라면 더 나은 자막을 만들 것이다.

3. 영화 대사의 기본 특징

교육적 측면에서는 두 단계 접근법이 요구된다. 자막번역 교과 학생들은 우선 대사의 기본 특징들을 배워야 하고,[2] 그 다음으로 어떻게 영화 서술이 이러한 특징들을 자신의 목적에 맞게 전용하는지를 배워야 한다. 무엇보다도 영화 대사는 제3자를 염두에 둔다는 점에서 일상 대화와는 차이가 있다. 영화 대사는 Bakhtin(1986)이 제 2의 발화 장르(secondary speech genre)라고 명명했던 것으로, 이것의 일부 특징들은 제1의 발화 장르(primary speech genre)인 일상 대화에서 나오지만 또 다른 특징들은 텍스트나 텍스트가 발생하는 문맥에서 나온다. 주류 영화의 줄거리는 대단히 조직적이고 영화 대본의 설계에 기초하고 있으므로 표준적인 서술이며, 등장인물 중심적이고 개인적이거나 심리적인 인과관계라는 특징을 가진다. 주류 각본과 영화는 발단(Exposition), 전개(Development), 절정(Climax)과 결말(Denouement)로 구성된 잘 짜인 극 구조를 되풀이하는 견고한 극적 구조를 가지고 있다. 시나리오 작성 단계에서 대사 작성은 줄거리 구성이 끝난 다음 마지막 순간에 이루어지는데, 처음에는 시놉시스에서 다음으로는 트리트먼트(역주: 시놉시스에서 발전한 단계로, 시나리오 본편 작성 전 단계)에서이다. 이러한 순서가 불가피하게 대사의 형태를 결정한다. 극적 전개는 대사의 기능을 결정하는 최고의 계층적 표준이며, 사실주의, 장르 또는 주제의 문제에 얽혀 있는 다른 표준의 기준이 된다(Remael 2000). 각본의 극적 구조는 시퀀스 상에서 그리고 장면 수준에서 반복되는데, 장면 수준에서는 어느 정도 대사에 의해 구성된다(아래 참조). Vanoye(1985)가 지적한 바와 같이, 영화 대사는 연극의 대사처럼 항상 두 가지 수준에서 기능한다.

Au niveau "horizontal" de la communication des personnages entre eux [...] on voit que les maximes conversationnelles (Grice), les modèles d'échanges et d'interventions (Goffman, Roulet), les marqueurs ou connecteurs pragmatiques, ainsi que les composantes non-verbales (regards, postures, mimo-gestualité) et paraverbales (voix, rythmes) de la conversation rendent compte de la complexité des interactions […] mais que la variation des échelles de plan, les cadrages, le montage, le jeux des paroles "in" et "off" ne cessent, simultanément, de structurer ces mêmes interactions. Par ailleurs la conversation filmique est doublement surdéterminée. Dans les films de fiction, elle s'inscrit dans une histoire qu'elle contribue à faire avancer […] D'une manière systématique […] la conversation filmique, comme la conversation théatrale, fonctionne rétroactivement et proactivement, au point précis de la diégèse et de la narration où elle se situe […] C'est alors qu'intervient la seconde surdétermination qui tient au niveau "vertical" de communication, entre film et spectateurs. Tandis qu'une conversation *entre* des gens se tient à l'écran, une histoire est racontée *à* (ou bien un discours est tenu *à*) des spectateurs potentiels. (같은 글: 116)³

이는 상호작용 양식 "… les maximes conversation- elles" 등조차 그 작용을 관객에게 전달하도록 고안되었고 따라서 중첩 결정된 것임을 의미한다. 여전히 영화 대사는 그것의 여러 구성적 기능에도 불구하고 일상 대화를 닮아 있고, 그렇게 분석될 수도 있다.

대사 커뮤니케이션에 관한 연구는 광범위하다. 자막번역 교과 학생들에게 대화 분석(conversation analysis)과 민족 사회학적 방법론(ethnomethodology), 제네바 학파의 연구 결과, 독일 대화 연구의 최신 결과물, 또는 심지어 인류학적 접근법(anthropological approaches) 등을 속속들이 소개하는 것은 단순히 실현 가능하지도 않을 뿐더러 필요하지도 않다. 단지 영화 대사 분석에 대한 적용 가능성을 입증하는 틀 내에서, 대화 커뮤니케이션의 몇 가지 기본적 지식이 필요할 뿐이다.

4. 대화 연구에 등장하는 개념들

대인 관계와 사회 커뮤니케이션에 폭넓은 관심을 가진 사회심리학 분야의 한 학자 집단이 아주 유용한 접근법을 개발했다. 그것은 예를 들어 대화 분석으로부터 나온 결정적인 연구 결과와 개념들을 통합하지만, 초점이 대인 관계와 사회관계에 맞추어져 있지 그 자체로 언어학적 분석에 맞추어져 있지는 않다. 그들의 기본 전제는 인간 커뮤니케이션의 상징적 본질이 언어와 발화 연구뿐만 아니라 전반적으로 인간 사회 현상 연구의 중심이라는 것이다. 따라서 그들이 개발해 낸 개념은 등장인물의 발전과 상호작용이 영화 줄거리를 어떻게 추진해 나가는지를 분석하는 데 가장 유용하다. 필자는 Marková & Foppa(1990 & 1991)와 Marková, Graumann & Foppa(1995)를 바탕으로 영화 대사 연구(Remael 2000)를 했다.[4]

여기서의 접근법은 "상호작용주의(interactionist)"로, 이는 작가가 인물과 그의 사회 · 역사적 환경 간의 상호 의존 형태가 있다고 가정한다는 의미이다. 영화 용어로 이것은 전통적인 영화 줄거리가 등장인물을 전형화하기 위해서 그들의 환경을 이용하거나 그들의 뒷이야기(back story)를 제안하는 방식을 고려해 볼 때 유용하다. 그들은 또한 Bakhtin이 주장하는 모든 커뮤니케이션의 대화식 토론법(dialogism) 개념을 지지하는데, 이는 텍스트와 독자 간 커뮤니케이션에도 적용되며, 따라서 영화 대사의 이중 기능까지도 망라할 수 있다.

대화의 원동력을 결정짓는 '대칭(symmetry)'과 '비대칭(asymmetry)'이라는 대화의 특징에 대한 관심이 대사 분석에 대한 이 접근법에서 핵심이다. 대사가 성립되려면 화자 간에 어느 정도의 대칭이나 상호주의가 있어야하지만, 대화 진전을 위해서는 어느 정도의 비대칭 또한 필요하다. 이는 예를 들어 질문과 응답 두 부분으로 구성된 짝과 같이 문장 수준에서 존재하지만, 엄밀히 말해 대화가 연속적으로 쌓이는 텍스트 외부에도 존재한다 (Linell 1990). 상호 작용하는 사람, 즉 등장인물은 그의 상대가 접근할 수 없는 대화 외부적 지식을 이용하거나 혹은 대화를 특정 방향으로 유도하기 위해 단순히 사회적 위치에 의존할 수도 있다. 영화 대사는 영화의 다른 기호 체계와의 상호작용 속에서 이러한 특징을 이용하여 서술을 구성하고 정보를 서서히 드러내며 인물 관계를 구축한다. 상호주의를 고의로 무시한다면 상호 긴장을 유발할 수 있기 때문에, 다음의 기본 사항을 가르칠 필요가 있다.

대화는 순차적으로 이루어지며, 이전 대화를 기반으로 다음 대화가 이루어진다는 측면에서 맥락의존적(context-dependent)이고, 이전 대화에 뭔가를 추가한다는 측면에서 맥락재생적(context-renewing)이다. 여기에서 맥락은 국지적(local) 대화 문맥이나 공동 텍스트(co-text, 역주: 문맥을 제공하고 의미 결정에 영향을 미치는 텍스트 내의 특정 단어나 절을 둘러싼 단어)를 가리키지만, 이는 더 포괄적인 상황적 틀 또한 가리킬 수 있다. 그러므로 필자는 공동 텍스트라는 용어는 특정 등장인물의 차례(turn)가 삽입된 대화를 위한 용어로, 맥락은 전체 장면을 지칭하도록 해두고자 한다. 영화에서도 역시 대화의 한 차례를 구성하는 대화의 기여도(dialogue contribution)는 이전 차례를 기반으로 그것을 수정하며, 잠재적으로 전체 서술적 상황을 수정하면서 다음 내용을 예상한다. 대화는 타인 지향적이며, 대화자들이 서로 대답하고 새로운 시도(대화)를 함으로써 대화가 진행되는데, 이는 개시-응답 구조 (initiative-response structure)에 의한 것이다. 그러므로 의미는 국지적으로 생성되는 집합적 생산물로 볼 수 있다. 특정한 개시에 따라 어느 정도는 예상되는 특정 응답이 있기에, 만약 이대로 일어나지 않는다면 의사소통에 있어서 사소한 또는 중대한 지장이 나타날 수 있다.[5] 따라서 대사에 영향을 미치는 영화의 다른 기호들도 고려하면서, 다양한 상황에서 대사가 어떻게 그리고 누구에 의해 진척되는지를 연구하는 것은 아주 유익하다. 좀 더 높은 차원에서, 한 대화 차례는 이전 장면의 다른 차례를 기반으로 두거나 그것을 변형시키는데, 아직 시작되지 않은 차례를 예상하거나 심지어 "하나의 재치 있는 농담(one liner)"으로서 주제 가치(thematic value)를 얻기도 한다. 일반적으로 말해서 영화의 기본 극 구조는 장면 수준에서 반복되고, 일부는 대사에 의해 뒷받침된다. 이러한 이해를 돕기 위해서는 몇 가지 개념들이 추가적으로 도입되어야 한다.

필자는 대화 시퀀스(dialogue sequence)를 예를 들어 제3의 인물의 출현과 상관없이 한 장면의 전체 대화 시퀀스로 정의했다. 대화 내에서 개별 등장인물의 출현은 대화의 한 차례를 구성한다. 그리고 교환(exchange)은 제3자의 출현, 카메라 이동, 또는 (일시적인) 한 인물 이상의 이탈과 같은 대화 외부 요인에 의해 중단된 일련의 차례를 의미한다. 이러한 종류의 중단은 서술적으로 유발되며, 엄밀히 말해 반드시 공동 텍스트에 의해 유발될 필요가 없는 방식으로 대화를 나눈다. 때때로 교환은 특정 주제에 초점을 맞춘 연쇄 대화(turn series)로 세분화 된다. 그러나 특히 점진적 변화에 의해 대화가 한 주제에서 다른 주제로 옮겨간다면 이것의 경계를 정하기는 어려울 것 같고, 이것은 그 자체로도 아주 중요하다(아래 참조). 독백(monologue)은 독자들에게 이야기하는 것이기 때문에, 기본적으로 대화체로 간주된다. Marková는 대화와 독백을 언제나 엄격하게 하나로 분류될 수는 없는 발화의 일시적인 형태로 본다(1990: 10). 이것이 발생하는 때는 예를 들어 한 발화자가 상대방의 개입을 개의치 않고 자신만의 사고방식을 따르는 것처럼 보일 때이다. 누군가는 그러한 발화를 "독백스럽다(monologic)"고 정의할 것이다. 하지만 더욱 중요한 것은 그것이 순차적인 개시와 응답으로 구성된 것으로 보인다면, 대화 상호작용의 분열의 징조라는 것이다. 하지만 장면이 차례로 구성되고 연쇄 대화와 교환에 의해 분류되는 방식은 국지적으로 생성된 대화에 전적으로 의존하지 않으며, 이 분할은 또한 장면의 극 구조를 반영하여 도입(introduction)과 뒤이어 전개(development)로 구성된다. 영화와 달리 장면에 결말(denouement)가 포함되지 않는다. Bordwell(1996)이 지적했듯이, 더 짧은 설명 단계에서 장소, 시간 및 관련 인물들이 구체화된다. 전개 단계에서는 등장인물들이 자신의 목적을 달성하려하고, 갈등을 빚는 등의 일이 일어난다. 이전에 남아있던 일련의 인과관계는 전개되어 결말을 맺는 반면, 최소한 한 가지 인과관계 사슬이 새롭게 시작되어 다음 장면으로 이동하는 원동력이 된다. 매 장면마다 이러한 구조를 세우기 위해 영화 서술(film narrative)은 대사를 포함한 모든 기호 체계를 자유롭게 조종한다.

그러나 이와 동시에 영화 서술은 줄거리를 추진하기 위해 어떤 대화 그 자체에 내재되어 있는 비대칭 또한 이용한다. 대화의 강력한 비대칭적 특징을 기반으로 Linell(1990)은 대인 관계 지배(dominance)를 네 가지 유형으로 구분했다. 이러한 지배 유형은 특히 대화의 긴 시퀀스를 조사할 때만 분명히 나타나는 것이 아니기 때문에, 영화 대사 분석에 아주 유용한 개념이다. 그것은 교환이나 연쇄 대화 역시 결정할 수 있고, 그렇게 함으로써 장면의 리듬과 전개에 영향을 미칠 수 있다.

특정 대화 시퀀스나 교환에서 가장 말을 많이 하는 상호작용(interactant)은 양적 지배(quantitative dominance) 유형이다. 한쪽이 우월하게 주제 및 그 주제에 대한 관점을 시작하고 지속해 나간다면, 그쪽은 의미적 지배(semantic dominance) 유형에 해당된다. 상호작용적 지배(interactional dominance) 유형은 대화의 개시-응답 구조의 비대칭 양식에 의해 결정된다(Linell 1990: 158). 전략적 지배(strategic dominance) 유형은 누구든 대화 상황에 전략적으로 가장 중요한 개입을 하는 쪽에 해당된다. 이 마지막 유형은 대화 외인성 요인에 더 의존적이라는 점에서 다른 세 유형과 다른데, 즉 "그것은 어느 정도의 장기적인 효과를 포함하여 전체 상호작용의 결과를 소급적으로 평가하는 것을 포함한다"(Linell & Luckmann 1991: 9). 영화의 맥락 내에서 어떤 한 인물이 특정 장면의 전략적 지배 유형이 되는지, 그리고 어떻게 이것이 그 장면 내에서 다른 지배 유형에 관련되는지, 뿐만 아니라 각본의 종합적 설계 내에서 인물의 위치와 어떻게 관련되는지를 조사하는 것은 흥미롭다. 한 인물에게 전략적 지배를 부여하는 것은 각본의 최종 결과물에 그 인물이 미치는 영향을 좌우할 것이다. 더 일반적으로는, 지배의 분포를 통해 한 인물이 한 장면이나 각본 내에서 대화 행동(dialogic action)을 어떻게 움직이는지를 밝히거나 등장인물 전개를 설명하는 등이 가능하다. 등장인물이 무엇을 말하는지 뿐만 아니라, 그들이 대화 내에서 어떻게 참여하는지를 통해서 말이다.

그러나 지배, 특히 전략적 지배라는 개념은 대화가 기계론적인 의미에서 국지적으로 발생하는 것이 아니라, 목적 지향적(purpose-driven)이라는 것 또한 암시한다. 목적은 또한 어떤 형태의 대화에서든 주제 선택의 기반이 된다. 이러한 견해에 대한 Foppa(1990)의 연구 후, "역동론(Dynamism)" 학파와 직접적 관련이 없는 언어학자인 Weigand의 연구에서도 반복되었다. 대화의 일관성을 보장하는 것은 그 자체의 순차적인 성질이라고 믿는 Schegloff(1990)와 같은 학자의 연구에 대한 답으로 Weigand는, 대화의 일관성은 "우리의 대화 행동의 목적에 의해 생겨난다. 이러한 목적은 다양한 대화 유형에 대하여 이해를 돕기 위한 일반적인 목적에서 나온다"고 서술했다(Weigand 1992: 60). Weigand는 겉보기에 목적 없어 보이는 사소한 대화에서 목표는 단순히 사회적인 것일 수도 있고, 아니면 대화를 지속하려는 것일 수도 있다고 덧붙인다. 목적을 가진 등장인물들이 추진하는 영화 줄거리에 있어 목적 지향적 대화라는 개념은 매우 유용하다. 영화 등장인물의 목표는 항상 보조적 목표를 통해 실현되므로, 등장인물은 특정 구성 지향적(plot-directed) 목적을 가지고 장면에 들어가거나 최소한 장면이 진행되면서 그러한 목적 또는 하위 목적을 전개시키려고 하는 것처럼 보일 수 있다. 관객은 전반적인 목적에 따라 등장인물이 소개하는 주제와 더 일반적인 의미에서의 상호작용을 해석한다. 이것이 주제 선택과 유지라는 문제가 또한 관점(perspective)이라는 문제와 밀접하게 관련되는 이유이다.

Rommetveit(1991: 207-208)가 서술한 것처럼, 주제적 제어(thematic control)는 주로 개별적인 배경, 관점 선택, 그리고 주제적으로 연결된 인접 차례를 통한 관점 변화의 문제이다. 누군가 대상을 언급할 때는 항상 특정 관점을 취한다. 대상(object)(또는 문제)은 대화의 주제를 의미하지만, 대상에 대해 말해지는 것은 관점이다. 이러한 구분은 발화자나 등장인물로서 상대방의 주의를 한 가지 대상이나 문제로 이끌 뿐만 아니라 상대로 하여금 그의 관점에서 문제를 보도록 하기 때문에 대사 분석에서 유용하다. 새로운 주제의 도입과 관점 선택의 통합은 대화의 이후 전개에 영향을 미치며, 의미적 지배와 상호작용적 지배 간에 다양한 정도의 상호작용이 있을 수 있음을 암시한다.

그러나 이러한 전개의 서술적 사용을 분석하기 위한 개시-응답 쌍(dyads) 연구는 경우에 따라 아주 제한적일 수 있다. 학생들은 장면을 진전시키는 대화의 부분적 발생이 개시-응답 쌍을 뛰어넘는 영향을 미친다는 것을 인지할 수 있도록 해야 한다. Marková(1990: 129-146)가 발견한 것에 따르면, 어떤 대화 차례는 분명히 아주 간략한 대답(예를 들어 "아뇨")임에도 불구하고 다른 많은 차례는 소급적이면서 사전 대응적인 특징을 모두 가진다.

즉, 응답뿐만 아니라 개시의 요소도 있다는 것이다. 어떤 경우에는 대화 차례가 구분이 용이한 두 파트로 구성되어 있는데, 또 다른 경우에는 이러한 구분이 성분으로 구별되지 않는다. 그러나 완전체로서의 차례가 단지 응답이나 개시로 보이는 경우라도 내부적 관계의 논리 때문에 그러한 구분을 유지하는 것은 유의미하다. 이 논리에 따라 상호적으로 작용하는 현상이 제3의 현상을 일으키게 된다. 이러한 움직임은 대화를 역동적인 현상으로 분석하는 것에 결정적인 역할을 한다(Marková 1990: 139-140). 일부 영화 장면에서는 구분 가능한 응답과 개시로 구성된 단일 차례가 두드러지며, 각본 서술이 대화를 조작하여 줄거리를 계속 이끌고 나가는 방식과 연결되어 있다. 다른 경우에는 구조적으로 응답인 것이 개시의 기능을 하고(예를 들어, 진술 형식의 질문), 또 다른 경우에는 여전히 한 장면의 대화 내에서의 개시(예를 들어, 명령문)가 뒤따라서 묘사되는 행동과 대화 전체에 의해 응답이 된다.

5. 개시-응답 분석

Linell, Gustavson & Juvonen(1988)은 그들의 개시-응답 특징을 기반으로 대화 단위를 분류하는 체계를 개발했는데, 한 쌍이 대칭-비대칭 축적 사이에 위치할 수 있다는 측면에서 측량 체계를 고안한 것이다. 분석단위는 차례이고, 각각은 응답과 개시 측면에서 분석된다. 개시는 대화를 진행시키는 반면, 응답은 선행하는 담화와의 일관성을 다룬다. 개시-응답 혹은 IR 체계는 수많은 변별적 특징에 기반한다.

개시는 강력할(strong) 수도 있고 약할(weak) 수도 있다. 강력한 개시는 "발화자가 명시적으로 간청하거나 상대 대화자로부터 대답을 요구하는" 것이다(같은 글: 439). 반대로 약한 개시라고하면 "발화자가 명시적인 간청을 하거나 상대로부터 대답을 요구하는 것이 아니라(하지만 종종 요청은 하는), 어떤 주장을 하거나 견해를 밝히도록 제안하는" 것을 의미한다(같은 글). 개시가 자유로운 것(free)이라면, "새롭고 독립적인 주제에 관한," 즉, 소급적 부분이 없는 차례이다. 더욱이 응답은 충분하거나 불충분할 수도 있고, 국지적이거나 비국소적일 수도 있으며, 초점이 있거나 없을 수도 있고, 변하거나 자기 연결(self-linked)일 수도 있다. 각각의 이런 특징들은 다양한 조합으로 발생하는데, IR 등급에서 6부터 1까지의 순위가 매겨진다(같은 글: 439-440). 강한 자유 개시는 6급이고, 약한 자유 개시는 5급이다. 그 대신에 (강하든 약하든)개시는 확장 대답(expanded response)의 일부가 될 수 있는데, 이는 "발화자가 상대자의 이전 개시에 의해 최소한으로 요구되거나 요청되는 것 이상을 제공함"을 의미한다(같은 글). 강한 개시를 포함하는 선행하는 부분이 있는 확장 대답은 4급이고, 선행하는 부분이 있는 확장 대답이 약한 개시면 3급이다. 비국소적으로 연결된(non-locally linked) 차례란, 대답 부분이 인접하지 않은 이전 차례에 연결된 것을 의미한다. 그것의 개시 부분이 강하다면 5급이고, 약하다면 4급이 매겨진다. 자기 연결(self-linking) 차례는 발화자 스스로의 이전 발화에 연결되며, "발화자의 이전 개시의 단순한 반복이나 간단한 재구성 또는 이러한 이전 발화의 지속"이고, 개시의 강도에 따라 3급 또는 4급이 매겨진다. 차례의 대답 부분이 "발화자 스스로의 이전 차례에 연결되고 상대자가 끼어드는 개시를 분명히 무시하는 것(강하든 약하든)은 과시적 자기 연결(ostentatiously self-linking)이 된다(같은 글). 이 형태의 차례는 다시 개시의 강도에 따라 4급이나 5급으로 매겨진다. 이전 개시(preinitiative)는 "상당한 내용이 빠져있는 차례이지만 새로운 주제를 시작할 개시(제안과 같은)를 포함하고 있는 것"(같은 글)으로, 이는 3급으로 지정한다. **지연 질문**(deferring question)은 아주 약한 개시로, "반복, 확인 또는 상대 발화자의 이전 차례에 포함되었던 것의 단순한 해명을 요청하는 것"이다(같은 글). 이는 2급이 매겨진다. 확장 응답(위 내용 참조)은 **초점이 없는 연결**(non-focal link)을 가질 수 있는데, 이는 상대 대화자의 이전 차례의 형태와 (또는) 기능을 언급하거나 그것에 이의를 제기하는 것을 포함하는데, 메타 의사소통적 대화 기여도에서와 같고 4급 또는 5급이 매겨진다. 확장 대답 외에도 **최소 대답**(minimal response)이 있는데, 이는 상대자의 근접 차례와 연결되어 있고 개시하는 특성을 포함하지 않는 차례이다. 이것은 **충분하다**(adequate)고 할 수 있는데, 이 경우에는 차례가 "상대자가 그 자신의 이전 개시(에 조건부로 관련 있는)의 요구를 충족시키는 것으로 취급하는" 차례인 것이다(같은 글). 또는 **불충분할**(inadequate) 때는 "상대자가 그 자신의 이전 개시의 요구를 충족시키지 못한다거나 심지어 조건부로도 관련 되지 않는다고 취급하는" 때를 말한다(같은 글). 충분한 최소 대답은 2점이 되고, 불충분한 최소 대답은 0점이다. 최소 대답은 국소적이지 않을(non-local) 수도 있는데, 만약 차례가 비근접 개시, 예를 들어 대화에서 앞서 제기된 질문에 연결된다면 3급이 매겨진다. 마지막으로 저자들은 **차례의 종료**(turn closing)를 구별하는데, 현재의 주제를 종결하거나 종결하도록 제안하는 것을 말하고, 3급이 매겨진다. 불충분한 차례는 대화 분석에서 "덜 선호하는 반응"과 유사하다.

이러한 상세한 분류는 등장인물들이 영화 줄거리의 전개를 결정하는 방식을 분석하고, 예를 들어 소설의 대화를 영화 각색으로 옮길 때 달라지는 지배 유형을 분석하는데 유용하다는 것이 증명되었다. 자막번역가에게 이러한 광범위한 분류가 필요하지는 않다. 그러므로 모든 학생이 배워야 할 것은 내화 전개 이면의 동력으로서의 가변적 상호작용 지배의 개념이다.

만약 학생들이 광범위한 지배 양상(상호작용적인 것과 기타)에 대해 알고 있다면 그들은 이것을 자막에 고려할 것이고 삭제나 재구성(예: 질문 형태의 진술)이 등장인물의 관계 및 특정 장면에서의 서술 기능에 영향을 미치는지 확인할 수 있다.

마지막으로 두 가지 추가적인 문제도 살펴봐야 한다. 첫 번째는 Luckmann(1990: 54)이 대화의 다중양태성(multimodality of dialogue)이라고 명명한 것으로, 구두 언어는 특히 서사 영화에서 항상 자세, 몸짓 및 얼굴 표정과 결합된다는 것이다. 사실 구두 언어적 교류 자체와 마찬가지로, 등장인물의 움직임은 관객들에게 그들의 서술 내부적 상대자(intradiegetic interlocutor)만큼이나 잘 전달된다. 두 번째로, 영화는 대화의 구두 기호와 시각 기호를 연결하기 위해 대화의 지역적 민감성(local sensitivity)(Bergmann 1990: 206)을 사용한다. 여기서 지역적 민감성은 모든 주제에 내장된 구조적 경향으로 "지역적 문제로 전환"하여 주제를 포기할 가능성이 있다는 의미이다. 이러한 의미에서 지역적이라는 말은 대화 외부적인 특징, 즉 환경 및 상황적 사건을 가리킨다. 영화는 종종 지역적 민감성의 형태를 최대한 활용하는데, 이는 등장인물의 말이 그들이 보는 것이나 그들의 주변 환경과 상호작용하기 때문이다. 그러한 시각-구두 상호작용의 예에 대해 필자는 지역적 단서가 있는(locally cued) 대화라는 용어를 사용하고, 두 가지 형태가 있다. 우선 전체 또는 길게 주고받는 대화로서의 대화 시퀀스는 높은 수준에서 지역적 단서를 가질 수 있는데, 대화 시퀀스가 대화가 일어나는 장소에 의해 결정될 때를 말한다. 다른 한편으로는 Bergmann의 지역적 민감성 개념과 더 유사한 지역적으로 단서가 있는 대화의 유형은 대화 교환에서 발생한다. 이는 대화의 한 상대자가 그가 보는 어떤 것을 지칭할 때이다. 일상 대화에서 지역적 민감성과의 차이점은 등장인물이 지칭하는 대상이 서술적으로 관련이 있고, 영화 줄거리 면에서 그의 발화 초점을 흐리게 하기보다는 초점을 맞추거나 상호작용에 상징적 의미를 더할 것이라는 점이다.

6. 영화 대사의 서술적 기능

필자는 대사의 세 가지 주요 유형을 대사의 기능에 따라 구조적 대사(structuring dialogue), 서술·정보적 대사(narrative-informative dialogue), 그리고 상호작용적 대사(interactional dialogue)로 구별한다. 뿐만 아니라, 장면 유형을 전이 장면(도입, 연결 또는 마무리)과 핵심 장면으로 구별한다. 도입 장면은 그들의 일차적 기능이 줄거리에 새로운 국면을 도입하고 서술을 해 나간다는 측면에서 대화의 개시와 유사하다. 핵심 장면은 그렇게 도입된 행동을 전개시킨다. 연결 장면은 장면들을 좀 더 긴 시퀀스로 묶을 수 있거나 심지어 영화 시퀀스를 연결할 수도 있다. 마무리 장면은 주류 영화에서는 흔하지 않은데, 잔잔하게 계속되는 전개라는 특징이 있다.

구조적 대사는 더 폭넓은 서술적 요구에 가장 종속적인 대사 유형이며 텍스트 응집성을 제공하는 수단이 된다. 공식적으로 이 대사는 개시-응답 양식을 따라 진행됨에도 불구하고 그러한 대사 차례는 다른 대사 차례보다는 시각 요소와 정기적으로 상호작용한다. 반면에 상호작용뿐만 아니라 주제들도 다른 무엇보다도 장면 내에서 또는 장면 전반에 걸쳐 이야기의 연속성을 높이기 위해 결정된다. 구조적 대사는 전이 장면과 비슷한 기능을 수행하지만 텍스트 수준은 다르다. 전이 장면은 사실상 구조적 대사를 주로 포함한다. 이 대사 유형은 보통 상호 텍스트적 상황을 만들어내서 핵심 상호작용적 대사와 (또는) 서술적 대사가 전개되도록 하는데, 이 구별은 우세한 기능에 기반을 둔다. 상호작용적 대사는 인물들 관계의 상호작용적 전개를 통해서 이야기의 연속성을 높이기 위해 대사의 대칭과 비대칭, 개시-응답 형식 및 등장인물들이 유발하는 주제 이동의 상호 작용을 사용한다. 서술 조작의 효과가 여전히 남아있기는 하지만(예를 들어, 상호작용보다는 정보 전달을 목적으로 하는 차례의 도입에서), 이보다는 구조적 또는 서술적 대사에서 더 명료하게 드러난다. 경우에 따라 상호작용적 대사는 장면에 클라이맥스 구조를 주기 위해 마련된다. 영화 대사의 전형적인 특징은 대사와 관련 없는 사건들로부터 방해 받는 교환 구조 및 주제별 연쇄 대화에서 실제 영화의 하위 단계 시퀀스와 장면으로의 전통적 구분을 반영하는 방식이다. 마지막 대사 유형인 서술·정보적 대사에서 서술 조작은 전체적으로 대화적 상호작용을 지배한다. 교환과 연쇄 대화는 전달되어야 할 "사실적" 정보에 의해 결정된다. 분명히 영화 대사에서 양적, 의미적, 상호작용적 지배의 사용은 때로는 자연스러운 대사에서 정보를 감추면서 효율적으로 정보를 제공해야 할 필요성에 의해서 결정된다. 반면에 다른 데에서는 그것이 등장인물들의 관계를 발전시키는데 효과적으로 작용할 것이다. 거의 정보 전달을 목적으로 하는 대화 장면에서는 한 명 이상의 인물이 명시적으로 지시되지 않더라도 서술 내부적 서술자(intradiegetic narrator)가 될 수 있다. 이러한 인물은 그들의 사회적 위치, 지적 능력 등으로 인해서 서술적으로 중요한 정보에 접근할 수 있을 것이고, 그들이 말하는 것은 무엇이든지 줄거리 전개에 결정적 영향을 미칠 것이다. 등장인물이 전달하는 서술적 정보는 하나 이상의 대화 교환에 걸쳐 확산될 것이며, 여기에서 대화 상대자는 '대사를 상기시켜 주는 사람' 역할을 한다. 기능은 필요에 따라 전환될 수 있다. 게다가 그 상호작용은 영화 속의 두 등장인물이 어떤 관계를 가지고 있는지에 따라 그럴듯하게 나타나게 될 것이다. 대사의 서술적 기능은 따라서 아주 복잡하다. 이 기능은 체계적이고 상호작용적으로 정보를 전달하고, 등장인물의 상호작용적인 움직임은 그들이 결정하는 것만큼 영화에서의 위치를 반영하게 된다. 더욱이 모든 대화 교환 또한 장면 구성의 극적 요건에 따른다(위 참고). 구조적 대사는 단순히 서술적 대사의 하위 범주로 간주될 수 있지만, 별도로 구분을 하는 것이 중요하다. 왜냐하면 비록 그것이 이러한 형식들 중 어느 하나의 "순수한" 사례들이 드물다는 것을 말하는 것은 아니지만, 그것의 기능은 정보 전달 이상의 구조를 만드는 것이기 때문이다. 한 장면 내에서 서로 다른 유형이 공존하거나 혼용되는 것이 더 일반적이며, 범주를 사용하여 장면 구성에 필요한 서로 다른 대사 기능들이 결국 어떻게 그것의 구성을 결정하는지를 분석할 수 있다.

7. 영화 대사 분석과 자막번역

일반적으로 말해서, 영화 대사 기능에 대한 깊은 통찰을 통해 학생들은 실생활에서 순차적이거나 지역적으로만 작용하는 대화가 영화의 전체 기호 체계에 의해 어떻게 결정되고 뒷받침되는지를 인식할 수 있게 된다.

더 구체적으로는, '(영화) 대사 이론'에 대한 고찰을 통해 학생들은 장면 유형과 대사 유형에 대해 인지하게 될 것이다. 대사의 기능과 지배 관계가 장면을 지나면서 변화할 수 있는 방식에 대한 안목이 있는 자막번역가는 의미 손실을 보다 효율적으로 보완할 수 있을 것이다. 그것을 통해 자막번역가들은 주로 명제적으로 전달되는 정보와 상호작용적으로 전달되는 정보를 구분하고, 큐잉(cueing) 및 분할과 관련된 올바른 결정을 내릴 수 있도록 도와준다. 깔끔한 구문론적 및/또는 의미론적 단위의 생산에만 분할을 기반으로 하는 것이 아니라, 분할에 관련된 결정은 (도입부) 대사의 구조적 기능 또는 다른 예로는 지배 다툼을 반영하는 개시-응답 양식에 근거해야

할 것이다.

시각적 기호와 언어적 기호 간의 협력은 전이 장면에서 가장 두드러진다. 반면에 핵심 장면의 상호작용 양식은 종종 그 장면에 앞서 등장하는 도입 장면에서 압축된 형태로 제시된다. 일부 경우에 자막번역가는 시각적 기호가 "메시지"를 전달하도록 할 수 있는 반면, 그의 번역은 상호작용 양식을 강조해야만 한다. 다른 경우에 대화 교환이 대사의 다중양태성을 명확히 사용한다면 이것이 정반대로 일어난다.

Linell *et al.*(1988)의 개시-응답 양식에 대한 기본 지식을 통해 학생들은 대화를 짧고 단순한 문법 구조로 다시 쓰기만 하는 것의 위험성을 알아차릴 것이다. 그들은 강하고 약한 상호작용적 움직임이 줄거리 전개에서 하는 역할을 자각할 것이며, 영화의 다른 체계들에 의해 어떻게 지나치게 결정되는지 또한 인식할 것이다. 지역적 민감성과 지역적으로 단서가 있는 차례라는 개념은 다른 수준의 단어와 이미지 간의 지속적인 협력에 학생들의 관심을 끌기 위해 사용될 수 있다. IR 양식이 지역적으로 발생된다는 것을 알고 있으면 미래의 번역가들은 읽기 쉬운 텍스트를 만들기 위해 얼버무리고 넘어가기 보다는 이러한 양식 중에서 자막이 강조해야 하는 분열이 무엇인지 인지할 것이다. 마지막으로, 한 차례 내에서의 IR 특징이나 장면 전체에서의 IR 기능을 인식함으로써 생략해야 할 사항을 결정하는 데 도움이 될 수 있다. 응답 부분은 중복 될 수 있는 반면에, 개시 부분은 서술을 나아가게 하기 때문이다.

본 이론에 더욱 쉽게 접근하기 위해서는 한 장면을 다소 상세하게 분석해 보아야 한다. 하나의 간단한 장면 분석을 포함하여 수업 시간에 위의 내용을 설명하는 데는 3~4시간이 필요하겠지만, 설명을 간소화하는 것도 상당히 가능하다. 게다가 학생들에게 영화 대사가 어떻게 작동하는지에 대한 실용적인 지식을 주기 위해 샘플 분석에서 모든 개념을 다룰 필요는 없다. 필자는 다음 섹션에서 Mike Leigh의 〈비밀과 거짓말(Secrets and Lies)〉(1996) 의 한 장면을 예시로 살펴보고자 한다. 물론 학생들은 자막번역된 시퀀스도 함께 봐야한다.[6]

8. 〈비밀과 거짓말(Secrets and Lies)〉(1996)의 장면 분석

장면이 시작되면서 주인공이 등장한다. "HORTENSE는 한 공공 기관에 앉아서 기다리고 있다. 포스터, 게시판, 복도에 앉아서 기다리고 있는 남자. 전화벨이 울린다. 창구 뒤에서 직원이 일어나는 것이 보인다"(Leigh 1997: 19). 이 부분은 영화 해설의 일부를 발췌한 것이기 때문에 아주 유익하다. Hortense는 생모의 흔적을 찾을 수 있는지, 그렇다면 방법은 무엇인지 알기 위해 사회복지사를 만나고 있다. 이 장면에 이르러서야 관객은 사실상 Hortense가 입양아라는 것을 알게 된다. 이와 동시에 감독 Mike Leigh는 이 장면을 통해 업무적으로 친절하지만 급히 서두르는 성격인 사회복지사 Jenny (Lesley Manville)에 대해 묘사한다. Hortense에 관해서는 불안정하지만 말씨가 상냥한 사람으로 묘사한다.

이 두 여성 간의 대조는 '공공 기관'의 복도에서 벌어지는 도입 장면(발췌문 1 참조)의 구조적/상호작용적 대사로 드러나며 영화의 시각적 기호에 의해 뒷받침된다. 이 장면은 두 인물에게 서로를 소개하고 (또한 관객에게 Jenny를) 다음 장면이 벌어질 사회복지사의 사무실이라는 장소로 데려간다. 도입 장면의 어떤 지점에서 Jenny는 계단을 뛰어 내려오는 반면, Hortense는 도착하자마자 앉아 있다. Jenny는 대화를 시작하고서는 Hortense가 대답할 틈을 주지 않는다. 사실상 그녀는 곧바로 사무실로 걸어가면서 Hortense에게 "이리 오세요"라고 한다. 이와 함께 그들은 카메라로부터 멀어지고, Jenny가 계속 달리고 이야기하는 동안 카메라는 그들을 따라간다. 그녀의 마지막 차례는 복잡하다. 우선 응답 부분("좋아요.")은 Hortense와의 최초 연쇄 대화를 마무리한다. 그녀는 사무실 문을 열면서 "좋아요"라는 단어를 발음한다. 그녀 차례(발췌문 2)의 개시 부분은 지역적 단서가 있는데, 즉 자신의 업무 환경을 언급하며 불평하고, 이를 통해 세 가지를 달성한다. 대화와 주변 환경을 연결하고 환경에 대한 부정적 의견을 제시하며 Hortense를 그 환경에 "자리 잡게 한다." 그녀의 개시의 두 번째 부분("이제 ..." 같은 글)은 대화에서 새로운 국면을 시작하게 하고 강한 개시(일련의 질문)로 새 장면을 시작하게 한다. 명백히 Jenny가 주도하고 있다.

자막에는 연쇄 대화 시작에 관한 거의 아무것도 남아 있지 않다(발췌문 1). 모든 정형화된 인사와 구조적/사실적 대사("이리 오세요")가 끝났지만 시각적 요소는 Jenny가 Hortense에게 따라오라는 동작을 하고 대답할 시간을 주지 않는 것을 전한다. 관객/독자는 이러한 시각적으로 전달되는 정보를 접하게 되는데, 이 정보는 Jenny의 첫 대사는 정형화된 인사이지만 Hortense에게 정상적으로 대답할 시간이 주어져야 하는 것임을 시사하고, 따라서 이 전체 장면은 Jenny의 성급함을 표출한다. 이렇게 함으로써 구조적 기능을 충족시키고, 나머지 대화를 하는 동안 Jenny의 전반적 우세 관계를 수립하게 된다. 상호작용적 양식은 이 장면이 도입부이기 때문에 덜 중요해보일 수 있다. 그러나 필자가 지적한 바와 같이 영화 서술은 점증적으로 작용하기 때문에 등장인물 관계에서의 경향은 종종 대결구도를 발전시키는 장면에 앞서 (시각적으로 그리고 언어적으로) 소개된다(Remael 2000). 반면에 주변 환경은 Jenny를 일종의 공무원 신분으로 보이게 하고, 그녀의 마지막 대사의 개시 부분, 즉 환경을 비판하는 부분은 자막에 분명히 나타나 있다(발췌문 2). 다소 밋밋한 번역(예: '감옥'이 '장소가 비좁다'로 번역)으로 인해 Jenny의 비난의 화살이 무뎌졌다. 그러나 시각적 기호에는[7] 그녀의 불만이 그대로 남아있다. 더 중요한 것은, "앉아서 편히 쉬세요."가 "앉아요"가 되면서 Jenny의 무뚝뚝함이 강화된다는 것이다(발췌문 2).

그렇다면 학생들에게 뭐라고 말해야 할까? 도입 장면의 구조적/상호작용적 대사의 축약된 자막은 등장인물과 카메라 이동이 손실된 부분을 보완하기 때문에 제 기능을 한다. Hortense가 "아 안녕하세요"라고 말하려고 할 때, 카메라는 그녀의 말이 중단될 때의 얼굴 표정에 초점을 맞춘다. 시각적 서술 또한 "이리 오세요"라는 구조적 차례를 대체할 만큼 충분히 명확하다. 반면에, "Goeiemo..(Hell…)"라는 자막은 둘 사이의 선호하지 않는 상호작용을 분명히 보여준다. 그러나 다시 말하지만, 자막은 Jenny의 친절에 대한 명백한 형식적인 시도를 나타내지 않는다("잘 지냈어요?"). 대체로 생략된 것에 비해 많은 의미가 손실되지는 않았다.

그러나 필자가 정말 지적하고자 하는 것은 플랑드르에서 자막번역가들은 관객의 추정 영어 지식에 점점 의존하고 있는데, 필자의 생각에는 이것 때문에 때때로 자막에서 너무 많이 생략되는 부분이 있는 것 같다. 이런 방책의 배후에 있는 생각은 명백히 절대적으로 필요하지 않다면 자막으로 영상을 가릴 필요가 없다는 것이다. 반면에 이것은 자막의 "제국주의" 본성을 드러내고(Danan 1995, Gottlieb 2001 & 본서 참조) 외국어로서의 영어 지식의 증가와 밀접한 관련이 있다. 전 세계적으로 명백히 나타나고 있는 이러한 경향이 지속된다면 자막번역의 관행에도 반영될 것이고 이런 영화 번역 형태의 "지원적(supportive)" 특성을 향상시킬 것이다. 하지만 큰 문화적 차이를 넘어 자막번역을 할 때는 필수적인 메시지만 자막번역 될 경우, 더 많은 상호작용적 정보가 손실될 수 있다. 따라서 학생들은 목표어 문화에 대한 지식과 그것의 원천어 문화와의 관계에 대한 지식을 동원하여 번역 결정에 반영해야 한다. 여기에서 자막번역은 다른 형태의 번역과 유사하게 행해진다. 즉, 문화 격차가 클수록 번역 손실도 크고, 가능하게는 서술적/구조적 대사뿐만 아니라 상호작용적 움직임까지 번역할 필요성도 커진다.

발췌문 3은 사무실 장면의 개시 대화를 옮기고 있다. 여기서는 Jenny의 확장 대답이 단지 장소 변화에 따른 연결을 강조할 뿐이라는 것이 지적되어야 한다. 따라서 연결만 하거나 소급적인 부분은 쉽게 생략된다. 상호작용적 관점에서 보았을 때, 이러한 생략("좋아요. 이제 더 이야기하기 전에.")은 다시 한 번 Jenny의 무뚝뚝함을 강화시킨다. 하지만 여기서도 역시 Hortense의 언어적 및 비언어적 응답(예: Jenny의 행동에 의해 약간 기분이 좋아졌음을 암시하는 미소)을 관객에게 **보여주는** 카메라에 의해 손실이 보완된다.

그렇다면 유지된 것은 무엇인가? 첫째로, Jenny가 일종의 신분증을 제시하라고 요구하는 것으로, 이것은 이 절차에서 필수적인 부분이기 때문이다. 둘째로, Hortense가 막 착수하려고 하는 것이 무엇이든 간에 Jenny의 "관청의 번거로운 절차"에 대한 언급과 관련이 있다. 이것은 명시적 서술 정보가 아니라면 암시적인데, 왜냐하면 그것은 이 장면에서 마무리되지 않을 줄거리를 가리키기 때문이다. 우리는 아직 Hortense가 그녀의 생모를 찾으려 한다는 것과 더욱이 그것이 Jenny에게 인간미를 부여한다는 것도 모른다. 셋째로, 자막에는 "초콜릿 먹을래요?"가 남아 있고, Jenny가 몇 줄 아래에서 점심시간을 언급하는 것도 번역에서 그대로 유지된다. 이처럼 명백히 지역적으로 단서를 받은 이 대화(그들의 점심시간이다)는 서술적 기능도 가지고 있다. 이건 잡담이지만 Jenny는 정말 외식하고 싶어 한다. 더욱이 영화 용어에서 이렇게 직접적 또는 간접적으로 시간을 가리키는 것을 데드라인

(deadline)이라고 하는데, 이것은 이야기를 지속하고 관객에게 보도된 시간 범위에 대한 단서를 제공한다. 여기에서 그것은 Jenny를 특징짓는 데도 도움이 된다. 주제를 소개하는 사람은 바로 그녀이고, 그녀가 서두르고 있는 것은 분명하다.

여기까지는 괜찮다. 그러나 Jenny의 음식에 대한 언급과 그녀의 일반적으로 서두르는 행동은 그녀의 조급함의 징후이며 이는 그 다음 장면에서도 중요하다. 이러한 연관성은 자막번역가가 같은 장면의 후반부에서 음식에 대한 현재의 이야기를 연결하지 못할 때 상실된다(발췌문 4). 그때 Jenny는 Hortense에게 그녀의 입양 서류를 주면서 검토할 시간을 주겠노라고 말한다. 이 사회복지사의 질문인 "뭐 좀 갖다드릴까요?"는 네덜란드어로 "Heb je niets nodig?(필요한 거 없으세요?)"로 번역되었는데, 거기서 음식에 대한 서사 기능적 지시를 잃어버린다. 반면에 자막은 관객이 한눈에 파악할 수 있어야 하기 때문에 자막이 간결하고 잘 구조화되며 명확해야 한다는 기준에 따라 번역가가 명확하게 설명할 때 서사적 기능이 한층 강화된다. Jenny가 Hortense에게 입양 서류를 전달할 때, 그녀가 "당신에 관한 모든 것이에요." 라고 한 것은 "Je hele geschiedenis(당신의 전체 이력이예요)"로 번역되었다.

시퀀스를 총체적으로 고려한다면, 이러한 생략은 등장인물 각자의 위치와 기능을 강조하는 것이다. Jenny는 모든 정보를 가진 공무원이기 때문에 우월하고 영화의 서술 내부적 서술자로서 기능한다. 결과적으로 그녀는 양적, 상호작용적, 그리고 아마도 의미적으로 우세(지배)할 수도 있다. 영화 대사에서 그녀는 발화된 단어의 79.7%를 차지하고 모든 대화 차례의 51.4%를 차지한다. 자막에서는 이것이 각각 80.6%와 55.3%를 차지하게 되는 것이다. 예를 들어 직접 질문 측면에서 상호작용적 지배에 발생한 것을 살펴보면, Jenny의 지배가 조금이라도 다시 증가하는 것을 볼 수 있다. 비율로 따지면 직접 질문 수가 86.2%에서 88.5%로 올라간다.

자막번역가가 Hortense의 두 가지 "진술"을 질문으로 바꾼 것마저도 상호작용적 양식에 영향을 주지는 않는다(발췌문 5). Hortense가 자신의 입양 서류를 검토할 때 생모의 이름을 발견하게 되고 "그녀예요", "그녀의 서명이예요"라고 말한다. 영화에서는 억양이 이런 진술들을 질문으로 바꾼다. 자막은 그녀의 질문을 형식적으로도 직접적인 질문으로 표현한다. 이것은 번역가들에게 명확성을 위해 노력하도록 조언하는 일반적인 자막번역 규범의 결과이다. 문장이 질문이라면 그것이 확실하도록 만들라는 것이다. 현재 경우에서 Hortense의 질문은 지연 질문, 즉 약한 개시로 남아있어, 반복이나 확인, 또는 해명이 필요하다(위 참조). 다시 말해, 목표어의 공식적 명료화를 통해 원천어의 상호작용적 양식이 간단히 유지되고 Jenny는 상호작용적 우위를 유지한다.

그럼에도 불구하고 학생들은 질문으로 기능하는 진술문을 질문 형태로 재구성하는 것이 처음에는 명료성을 높이는 것처럼 보이지만, 그것이 현 장면이 아닌 다른 장면의 상호작용적 양식에 영향을 줄 수도 있고, 그들의 대화 차례에서 상호작용적 양식은 특정한 서술 기능을 한다는 것을 인지해야만 한다. 비록 원천어의 진술이 등장인물의 억양에 의해 질문으로 바뀌더라도 자막에서의 형식적 변화는 변화를 암시할 수 있다.[8] 게다가 원천어와 목표어가 아주 비슷하다면 관객이 질문을 들었을 때 그것을 인식할 수 있을 것이고 자막번역가의 구조적 도움은 필요 없을 것이다.

9. 결론

필자는 때때로 영화 이야기의 기법과 그것의 여러 기호 체계에 대해 학생들이 충분한 지식(언어)을 갖고 있지 않음에 놀란다. 따라서 필자는 미래 자막번역가들이 영화 서술 분석, 특히 영화 대사 연구에 더 많은 시간과 노력을 쏟는 것이 많은 혜택을 줄 것이라고 확신한다. 위에서 필자는 그러한 분석을 구조화하는 데 사용되는 수많은 개념을 설명하려고 노력했다. 이 개념은 학생들이 서술 맥락에서 대사 특징을 검토할 수 있게 해주기 때문이다. 필자가 믿는 가장 즉각적인 혜택은 두 가지이다. 첫째, 서술의 여러 가닥들이 대화 속으로 엮어지는 방법과 장면을 구성하는 것을 돕는 방식에 대한 통찰력이 깊어지는 것이고, 둘째, 상호작용적 양식이 어떻게 서술을 지지하면서 동시에 영화의 다른 기호 체계에 의해 뒷받침되는지를 더 잘 알게 되는 것이다.

부록: ⟨비밀과 거짓말⟩의 발췌문들

[발췌문 1]

영화대사	자막
J: 안녕하세요 Hortense. Jenny Ford예요. 만나서 반가워요.	203. 안녕하세요 Hortense. Jenny Ford예요.
H: 어, 아...	
J: 이리오세요. 잘 지냈어요?	
H: 덕분에 잘 지내고 있어요.	
J: 좋아요. [...]	

[발췌문 2]

영화대사	자막
H: 좋아요.	
이 감옥에 대해서 미안해요.	204. We zitten wat krap
우리는 몇 년 동안 그것에 대해	We zeuren er al jaren over.
계속 고민해왔는데, 이제야 알	Ga zitten.
겠어요.	[여기는 비좁아요.
앉아서 편히 쉬세요.	우리는 몇 년 동안 그것에 대
이제 더 이야기하기 전에, 신분	해 불평해 왔어요.
증 가지고 있어요? 여권이나 운	앉아요.]
전면허증?	

[발췌문 3]

영화대사	자막
J: [...]	205. Heb je papieren? [서류 있어
이제 더 이야기하기 전에, 신분	요기 Rijbewijs? [운전면허
증 가지고 있어요? 여권이나 운	증기
전면허증?	
H: 네.	206. Er komen nog meer
J: 이런 관청의 번거로운 절차에 익	paperassen. Snoepje? [더 많
숙해져야 해요.	은 관청의 번거로운 절차가
초콜릿 먹을래요?	있을 거예요. 사탕 먹을래요기
H: 고맙지만 사양할게요.	
J: 정말요?	
H: 네. 여기 있어요.	207. Even kijken [한번 봅시다]
J: 음. 한번 봅시다.	
괜찮아요 Hortense. 고마워요.	
H: 고마워요.	208. Is dit je lunchpauze? [지금
J: 지금 점심시간이예요?	점심시간이예요?
	Ja, een lange. [네, 긴 점심시
H: 네, 긴 점심시간이죠.	간이죠.
J: 점심 먹었어요?	209. Heb je al geluncht? [점심 먹
	었어요?
	210. Ik ook niet [저도 아직.]
H: 아직이요.	En, wat doe je? [직업이 뭐
J: 저도 아직. 직업이 뭐예요?	예요?

[발췌문 4]

영화대사	자막
J: 좋아요. 이것 좀 보세요.	261. Neem dit even door. [이것 좀 보세요.]
H: 그건 뭐예요? J: 당신에 관한 모든 것이예요.	262. Je hele geschiedenis. [당신의 전체 이력이예요.]
제 말 잠시 들어보세요. 당신에게 맡길게요. 그리고 잠시 후에 다시 올게요. 뭐 좀 갖다드릴까요? H: 아니요, 괜찮아요.	263. Weet je wat? [뭔지 알아요?] 264. Ik laat je er even alleen mee. [잠시 당신에게 맡길게 요.] 265. Heb je niets nodig? [필요한 거 없으세요?]

[발췌문 5]

영화대사	자막
J: 잘 지냈어요?	266. Hoe gaat het? [잘 지냈어 요?]
H: 고마워요. Cynthia Rose Purley. 그녀예요.	267. Cynthia Rose Purley. 268. Is zij het? [그녀예요?]
Jenny는 고개를 끄덕인다. J: Cynthia Rose. 좋은 이름이네요, 그렇죠? H: 그녀의 서명이예요. J: 음. 이상하게 들려요?	269. Een mooie naam, niet? [예쁜 이름이네요, 그렇죠?] 270. Is dat haar handtekening? [그녀의 서명이예요?]

[단어와 자막 수]

영화대사	자막
단어수 (903)	**단어수 (554)**
JENNY 720=79.7%	447=80.6%
HORTENSE 183=20.3%	107=19.4%
차례수 (74)	**차례수 (38)**
JENNY 38=51.4%	21=55.3%
HORTENSE 36=48.6%	17=44.7%
직접질문 수 (29)	**직접질문 수 (26)**
JENNY 25=86.2%	23=88.5%
HORTENSE 4=13.8%	3=11.5%

주석

1. 이 가설은 진행 중인 연구에 기반을 두고 있다.
2. 이것은 아마도 일부의 교과과정에 포함되어 있을 것이다.
3. 등장인물 간 커뮤니케이션의 "횡적" 수준에서는 [...] 대화의 의사소통적 특징(Grice의 "maximes conversationelles"), 대화와 끼어듦의 변증법적 모형(Goffman과 Roulet), 그리고 화용론적 표지나 응집력의 표지, 이 외에도 비언어적 특징들(표정, 태도, 표현, 몸짓), 그리고 말과 관련된 준언어적 특징들(목소리와 리듬)이 상호작용의 복잡성을 만들어 내지만 [...], 카메라 위치, 프레임, 편집 및 음성이 "꺼짐" 또는 "켜짐"인 놀이 형태의 변형 또한 구조적인 교류를 지속적으로 제공할 수 있다. 더욱이 영화 대사는 다른 의미에서도 두 배로 중복 결정되어 있다. 극영화에서 대화는 그들이 진행하는데 도움을 주는 이야기에 포함되어 있다. [...] 무대 위에서의 대화와 마찬가지로 영화에서의 대화는 디에게시스(diegesis)의 정확한 지점과 그것들이 일어나는 서술로부터 소급적이고 능동적인 체계적 기능을 한다. [...] 동시에 커뮤니케이션의 "종적" 수준은 영화와 관객 사이에 개입한다. 영화에서는 인물 **간의** 대화가 진행 중이지만 그 동안에 줄거리 또한 영화의 잠재적 관객에게 전달되고 있는 것이다 (또는 일종의 담화가 그들을 향하고 있는 것이다)(본 저자 번역).
4. Marková는 첫 번째 저서에서 다음과 같이 서술한다. "저자는 인문과학과 사회과학 내의 분야 연구자들로 그들의 이론적 입장은 현상학, 기호학, 화용론, 지식의 사회학, 민족 사회학 방법론, 상징적 상호작용론과 독일 표현주의를 포함하는 다양한 전통에서 유래한다"(1990: 1).
5. 어떤 지점에서 대화 분석의 근접 쌍 구조가 설명될 필요가 있고, 그 이유는 다음과 같다. "일단 어떤 현재의 또는 "최초의" 행동이 어떤 적절한 "두 번째" 행동을 투영하는 것으로 인식되면, 두 번째 발화자가 그러한 두 번째 행동을 해내거나, 그것의 성취를 분석 가능하도록 보류하거나, 다른 활동을 하여 성취를 기피하는 등의 다양한 방식을 조사하는 것이 의미를 가지게 되기 때문이다."(Atkinson & Heritage 1984: 6).
6. 〈비밀과 거짓말(Secrets & Lies)〉은 중산층의 젊은 흑인 여성 Hortense Cumberbatch (Marianne Jean-Baptiste)의 이야기로, 그녀의 양어머니가 영화 초반에 돌아가시고 그녀는 생모를 찾아 나선다. 결국 백인 노동자 계급 Cynthia Purley(Brenda Blethyn)와 상당히 문제가 있는 가족을 찾기에 이른다. Mike Leigh의 영화에는 Hortense의 모험이 주가 되는 강력한 줄거리와 다른 등장인물들의 문제가 되는 삶의 이야기들을 다루는 곁가지가 있는데, 모든 이야기가 합쳐져서 고도로 감정적인 절정과 결말에 이르게 된다. 그러나 Mike Leigh는 등장 인물 연구와 사회적/대인 관계적 갈등에 관해서도 관심이 있었다.
7. 각본에 다음과 같은 문구가 있다. "그 방은 텅 비어 있고 제도적이다."(Leigh 1997: 20).
8. 이 문제에 대해서는 추가 연구가 필요하다.

참고문헌

Assis Rosa, Alexandra. 2001. "Features of Oral and Written Communication in Subtitling". In Yves Gambier and Henrik Gottlieb (eds). (*Multi*) *Media Translation. Concepts, Practices, and research.* Amsterdam and Philadelphia: John Benjamins.

Atkinson, J. Maxwell and John Heritage. (eds) 1984. "Introduction." *Structures of Social action. Studies in Conversational Analysis.* Cambridge, UK: Cambridge University Press: 1-16.

Bakhtin, M. M. 1986. *Speech Genres and Other Late Essays.* Caryl Emerson and Michael Holquist (eds). Trans. Vern W. Mcgee. Austin: University of Texas Press.

Bergmann, Jörg R. 1990. "On the local sensitivity of conversation". In Ivana Marková and Klaus Foppa (eds): 201-26.

Bordwell, David, Janet Staiger and Kristin Thompson. 1996. *The Classical Hollywood Cinema. Film Style and Mode of Production to 1960.* London: Routledge.

Danan, Martine. 1995. "Le sous-titrage. Stratégie culturelle et commerciale". In Yves Gambier (ed.) *Communication Audiovisuelle et Transferts Linguistiques.* International Forum. Strasbourg (22-24/6/95). Translatio. Nouvelle Série XIV. 3-4: 272-281.

Díaz Cintas, Jorge. 2001. *La traducción audiovisual: el subtitulado.* Salamanca: Ediciones Almar.

Foppa, Klaus. 1990. "Topic progression and intention". In Ivana Marková and Klaus Foppa (eds): 178-200.

Gottlieb, Henrik. 2001. "Language-political implications of subtitling." Paper read at the Third International EST-Congress, Copenhagen 2001: Claims, Changes and Challenges in translation Studies. (31 Aug. −1 Sept. 2001).

Ivarsson Jan and Mary Carroll. 1998. *Subtitling.* Simrishamn: TransEdit.

Kovačič, Irena. 1996. "Subtitling Strategies: A Flexible Hierarchy of Priorities", in Christine Heiss and Rosa Maria Bollettieri Bosinelli (eds) *Traduzione multimediale per il cinema, la televisione e la scena,* Forlí: Clueb: 297-305.

Leigh, Mike. 1997. *Secrets & Lies.* London & Boston: Faber and Faber.

Linell, Per. 1990. "The power of dialogue dynamics". In Ivana Marková and Klaus Foppa (eds): 147-77.

Linell, Per and T. Luckmann. 1991. "Asymmetries in dialogue: some conceptual preliminaries". In Ivana Marková and Klaus Foppa (eds): 1-20.

Linell, Per, Gustavsson, Lennart and Päivi Juvonen. 1988. "Interactional Dominance in Dyadic Communication: A Presentation of Initiative-Response Analysis." *Linguistics* 26.3: 415-42.

Luckmann, Thomas. 1990. "Social communication, dialogue and conversation". In Ivana

Marková and Klaus Foppa (eds): 45-61.

Marková, Ivana. 1990. "A Three-step Process as a Unit of Analysis in dialogue." In Ivana Marková and Klaus Foppa (eds): 129-146.

Marková, Ivana and Klaus Foppa (eds). 1990. *The Dynamics of Dialogue*. Hemel Hempstead, Hertfordshire: Harvester & Wheatsheaf.

Marková, Ivana and Klaus Foppa (eds). 1991. *Asymmetries in Dialogue*. Hemel Hempstead, Hertfordshire: Harvester & Wheatsheaf.

Marková, Ivana, Carl F. Graumann and Klaus Foppa (eds). 1995. *Mutualities in Dialogue*. Cambridge: University Press.

Mason, Ian. 1989. "Speaker Meaning and Reader Meaning: Preserving Coherence in Screen Translating". In Rainier Kolmel and Jerry Paine (eds). *Babel. The Cultural and Linguistic Barriers between Nations*. Aberdeen: Aberdeen University Press: 13-24.

Remael, Aline. 2000. "A Polysystem Approach to British New Wave Film Adaptation, Screenwriting and Dialogue." Unpubl. Doct. Diss. KUL, Sept. 2000.

Rommetveit, Ragnar. 1991. "Dominance and asymmetries in *A Doll's House*". In Ivana Marková and Klaus Foppa (eds): 195-220.

Schegloff, Emmanual A. 1990. "On the Organization of Sequences as a Source of 'Coherence' in Talk-in-Interaction". In Bruce Dorval (ed.) *Conversational organisation and its Development*. Vol. XXXVIII in the Series Advances in Discourse Processes. Norwood, N. J.: Ablex Publishing: 51-77.

Vanoye, Francis. 1985. "Conversations publiques". In Francis Vanoye (ed.). *La parole au cinéma/Speech in film*. Special Issue of Iris 3.1: 99-118.

Weigand, Edda. 1992. "A case for an integrating procedure of theoretical reflection and empirical analysis". In Sorin Stati and Edda Weigand (eds). *Methodologie der Dialog-analyse*. Tübingen: Max Niemeyer Verlag: 57-64.

자막번역 훈련을 통한 언어 인지

Josélia Neves

번역 양지윤

*인간의 학습은 신속하고 총체적인 잠재경로를 통해
개선, 단축되며 더 효과적이고 자연스럽게 향유된다.*
(Robinson 1997: 2)

1. 서론

최근 영상번역이 향후 영상번역가 양성을 취지로 번역가교육과정에서
개별과정으로 개설되었다. 번역학 학위를 받는 학생 중 영상번역가가 되는
경우는 그리 많지 않다는 점을 미루어보아, 일각에서는 전문 번역가나 통역
가 지망생에게 이 교육이 어떤 효용가치가 있는지 의문을 제기할 수도 있

을 것이다. 영상번역 교육 특히 자막번역 수업이 포르투갈에서[1] 번역과정에 도입된 이후 전문 영상번역가보다는 영상수업 수강생들의 번역능력 및 여타 번역수업과 활동에 반영되는 언어인지가 향상된 것으로 나타났다. 이러한 사실은 번역과 영상이라는 일반적으로 언어학습에 있어 자산으로 생각되는 두 요소의 결합작용과 더불어, 자막수업을 위하여 요구되는 광범위한 능력이 단계마다 층위화된 활동을 통해 개선될 수 있기 때문일 것이다.

2. 번역을 통한 언어학습

인간은 언어를 사용함으로써 형성되며 언어습득과 사용은 각각 다른 양상으로 인간의 개인적 · 문화적 정체성에 중요한 역할을 한다는 것이 일반적인 견해이다. 그러나 언어교육과 습득을 위한 이상적 방법과 관련하여 여러 분야의 전문가들 사이에서도 일치된 견해는 없으며 절충적인 상황이 재연되고 있는 실정이다. 이러한 상황 하에서는 언어교육의 경우 어떤 접근법을 취하든 유용한 이론이나 방법론을 취사선택하기 마련이다. Robert Tuck(1998)의 "번역, 아직도 문신인가?"는 교사들이 번역 수업 시 일반적으로 이용하는 방법론을 다룬 논문이다. 여기에는 '직접 교수법(Direct Method)'부터 '구조주의/영상언어교수법(Structural/Audio-Lingual Approach)', '의사소통 중심 교수법(Communicative Approaches)', '인본주의적 교수법(Humanistic Approaches)', '자연 교수법(Natural Approach)', '촘스키 인지적 교수법(Chomskian Cognitive Approaches)', '어휘 교수법(Lexical Approach)' 등을 아우르는 광범위하면서도 다양한 스펙트럼의 방법론이 포함되어 있으며 상기에 언급된 사례는 그 일부에 불과하다.

지난 수십 년간의 시행착오 속에서 여러 방법론들이 등장하고 쇠퇴하면서 교수들은 교육의 목적과 목표에 가장 적절한 방법론을 취하는 방향으로 회귀했다고 볼 수 있다. 언어학습 교수법은 학생들에게 작업환경과 언어학습자로서의 경험을 제공하는 것은 물론 이들의 필요와 경력을 향상하는데 그 초점을 두고 있다. 일반적인 상황이라면 모국어는 자연적으로 습득되기에 공식 교육이 필요치 않으며 성장하며 이뤄지는 총체적인 과정의 일부라는 점을 전제로 했을 경우, 언어학습이라는 문제는 외국어학습에서 더 중요한 함의를 지닌다. 외국어 학습은 흔히 연출된 상황이나 학교와 같은 장소에서 이루어지며 졸업할 때쯤이면 외국어의 복잡한 지식은 습득하면서도 그다지 유창하게 구사하지는 못하는 채로 졸업하는 경우가 허다하다. 지난 수십 년간의 교수법을 살펴보면 Tuck이 제시한 여러 이론과 방법론을 토대로 교수법이 이루어지기 이전에는 외국어 교육에서 흔히 이루어진 방식이 번역이라 할 수 있다(Malmkjær 1998). 20세기 말에 번역을 언어학습이나 교수법의 일환으로 보는 시각에서 벗어나 언어학습과 언어교육을 기능적이고 의사소통적 접근법으로 바라보려는 노력이 이루어진 것은 사실이다. 그러나 오늘날까지도 제2언어 교육에 모국어를 보조적으로 사용하면 효용이 있다는 점과 번역이 "학습자 선호 전략이자 (중략) 제2언어 습득의 필수불가결한 요소"라는 점에 대해서는 이의가 없다고 할 수 있다 (Stoddart 2000: 1, Atkinson 인용).

이와 같은 사실은 모국어 내에서도 엄청난 양의 번역이 필요하다는 점에서 알 수 있다. 때로는 의미해석과 명확화 필요성이 제기되기도 하며, 외국어로 된 텍스트가 슈퍼마켓의 상품이나 TV의 뉴스 및 프로그램에서 인터넷과 비디오 게임에 이르기까지 사방 천지에 널려있기 때문이다. 오늘날의 이러한 학습 환경 하에서는, 모든 연령대의 사람들에게 자신도 인식하지 못한 채 다른 언어적 · 문화적 코드 사이에서의 전환, 비교, 해독, 추론 및 개인적 의미도출과정이 일어나고 있다. 그런 점에서 이런 활동은 바로 개인적으로 이루어지는 번역과정의 결과물이기도 하다. 그렇다면, 이러한 사실이 시사하는 바는 무엇인가? 이는 이런 경험의 결과가 언어 학습의 기회이자 번역을 하려는 노력 하에 이뤄진다는 것이며 전통적인 교실환경과는 판이하다는 점이다.

3. 영상을 통한 언어학습

언어학습에 가장 큰 촉매제가 된 것은 TV의 등장이다. 일각에서는 대중매체의 등장으로 언어장벽이 와해되고 지구촌의 소통확대로 언어와 번역의 개념이 진화되었다고 한다. TV를 켜기만 해도 시청자의 감각은 다른 유형의 텍스트에 초점이 맞춰지며 다른 해석능력이 요구된다. 시청자들은 롤러코스터를 타듯 이미지와 사운드에 현기증을 느낄 정도이며 엄청난 양의 기호 해독을 위해 심혈을 기울여야 할 때가 있다. 기호를 이해하기 위해서는 상당한 번역 노력이 수반되어야 하며 더욱 힘든 과정이 요구되는 경우는 언어적 요소를 잘 모르는 경우, 즉 외국어이다. 언어번역과 관련하여 국가마다 나름대로의 정책을 실행하고 있다. 가령, 더빙이나 자막을 통해 시청자들이 외국어로 방송하는 프로그램을 시청할 수 있도록 하며 이런 방법은 영상텍스트를 통해 시청자들이 언어인지와 습득을 가능하게 한다.

영상교재의 효용성은 전통적 교육체계에서도 확인되어 학교교육에서 지속적으로 이용되고 있으며 과목마다 수업에 차별성과 다양성을 불어넣고 있다. 또한 영상교재의 이점은 언어학습 상황에서도 적용되며 흥미로운 방법이어서 수업시간에 실물교재를 통해 이론에만 치우치거나 자칫 흥미를 잃기 쉬운 수업이 되지 않도록 한다는 것이다.

영상번역을 언어학습이나 교육 목적으로 이용하는 배경은 즐겁고 전체적인 틀을 통해 학생들이 언어에 대해 생각할 수 있도록 하기 위함이다. 영상과 연계된 오락적 요소와 새로운 의미 매개체를 발견하는데서 드러나는 참신함을 통해 다음과 같이 Robinson의 전제가 얼마나 중요한지 알 수 있다 (1997: 3).

> 교수법이 전통적 분석방법에서 이탈하면서 학습의 신속화 및 오락화, 효율화로 이어지고, 학습이 부지불식간에 극단에 가까워지기도 하면서 학생들의 학습량은 기존의 방법으로 배우는 양의 열 배에 해당할 정도로 엄청나게 증가하였다. 때로는 자신도 학습하고 있다는 것을 인식하기 어려울 정도이다. 그러나 학생들의 복잡한 업무수행능력도 한층 신속하고 과감하며 정확해졌다는 점은 부인하기 어렵다.

복잡한 영상텍스트의 구성과 상이한 언어와 코드 사이에서 이루어지는 언어전이의 특수성으로 인해 광범위한 활동이 이루어져 언어인지가 강화되고 의사소통능력이 증대된 것으로 나타났다. 언어학습의 영역은 수용력에서 생산력까지 아우르게 되었고 빈칸 추론, 요약, 노트테이킹, 어휘 확장의 형태를 띠며 여타요소가 수반되기도 한다. 개별상황에서 상이한 언어사용 양상이 이루어지기에 이 상황에서의 언어 변화에 대한 분석을 해보면 필히 언어인지가 향상되게 된다.

4. 자막훈련: 언어인지 배경

전통적으로 자막 선호 국가에 속하는 포르투갈에서 잠정적인 조치이긴 하나 영상번역 수업이 대학교를 대상으로 이루어지고 있다. 앞서 언급한 학위관련 특정 사례에서 번역학 학위취득학생들이 가능한 여러 형태의 번역을 경험해볼 수 있을 것이라는 전제하에 자막수업이 완전히 도입된 바있다. 자막번역이 국가적으로 대세를 이루면서 학부학생을 대상으로 45시간의 과정을 통해 밀도 있는 자막수업 수업이 소개되었으며 이 수업이 효과적인 것으로 나타났다.

이 과정은 실전을 목적으로 하였기에 대부분의 포르투갈 자막회사에서 이루어지는 업무환경을 그대로 재현하였다. 전문 장비도입[2]과 실전프로젝트를 통해 전 과정을 실전화 하는 것이 그 취지였다. 학생들을 대상으로 자동차 공학 수업을 위한 교육 영상자료를 자막번역하도록 하였다.[3] 이들은 번역을 위하여 자신들의 고객인 전문 엔지니어는 물론 수업시간에 이 자료를 사용하는 교수를 대상으로 연락을 취하기도 하였다. 이 과정의 이론적 배경은 기능주의적 스코프스 이론이며 이런 유형의 번역 전문화 수업에 적용가능하기 때문이다. Christiane Nord(1991: 144)의 공식과 관련되는 요소에는 전달 주체, 대상, 목적, 방법, 장소, 시간, 취지, 기능, 대화주제 및 주제순서, 사용된 비언어적 요소, 단어, 문장종류, 어조, 효과 등이 있다. 학생에 대한 지도는 각 번역과정의 단계에 따라 이루어진다. 영상번역 환경에서 어떠한 요소들이 중요한지에 대한 학생들의 인지가 이루어지면 학생들의 자막에 대한 전문성 제고를 위하여 네 가지 영역, 즉 미디어 텍스트 분석(본서 「자막번역 교과과정에서의 영화 대사 분석」 챕터 참조)과 스크립트분석, 번역/편집, 스팟팅/큐잉의 특별훈련이 요구된다. 이러한 경험은 강한동기부여가 되며 다양한 차원에서 상호작용을 이루는 학생과 교수들의 몰입도를 높이는 것으로 나타났다. 프로젝트 전 과정에서 각 단계마다 참여학생들이 작업을 중지하는 이유는 작업 및 진행과정을 확인하거나 각 단계마다 발생하는 여러 문제에 대한 해결책을 모색하기 위함이었다. 프로젝트

서두부터 예상보다 많은 문제가 발생하면서 학생들은 작업과정에 대해 고민하게 되고 해결책이 필요했던 것이다. 이와 같은 과정에서 학생들 모두에게 새로운 언어 인지형성이 이루어진 것으로 나타났다. 학생들은 우선은 기존강의에서 얻은 지식에 의존하고 차후 이 기법 중 일부를 여타 활동 및 주제에 적용하였다. 교과과정이 종료될 시점에서 비디오가 모두 자막번역된 것은 아니지만 교수와 학생은 자막학습과정을 통해 언어인지습득과 더불어 원천언어(영어)는 물론 모국어(본서 「자막번역의 언어·정치적 함축의미」 챕터 참조)의 언어력도 향상된 것을 실감하게 되었다.

이러한 결과는 자막과정의 단계마다 이루어지는 학습량에 대한 향후 분석의 토대가 되었다. 자막교육을 통해 학생들의 언어능력이 향상된 것은 물론이거니와 다양한 방법론을 통해 번역가 훈련 및 언어교육에도 유용한 것으로 나타났다.

5. 단계별 언어인지

1단계: 미디어텍스트 분석(Media text analysis)

영상번역 전문가가 되기 위해서는 미디어텍스트 제작에 대한 기본 지식 및 영상텍스트 이해를 위한 기호학 분석도구 습득력 등의 자질이 필요하다.

영상번역가가 염두에 두어야 할 사항은 "모든 미디어텍스트 구성에는 미디어언어가 필요하며 선택된 코드에는 어떤 문화정보가 내포되어 있다"(Selby & Cowdrey 1995: 13)는 것이다. 그러므로 수업과정에서 학생들에게 기호조작을 통해 어떻게 의미가 생성되는지를 주지시켜야한다. 감독이 현실에 대해 환영을 창조하는 방식은 특정 효과의 관점에서 다양하게 이루어진다. 이 구조를 이루는 방식에는 '미장센'과 기술 코드가 있다. '미장센' 이란 극장과도 중첩되는 말로 세팅 및 소품, 배우나 인물의 행동, 의상, 메이크업 등을 의미한다. 한편, 기술코드는 구조선택으로 특정 카메라 각도 및 조명, 샷 크기 등을 결정한다. 이 기술코드를 의식적으로 사용하는 연유는 때로 관객이 지각적 차원에서 전체라고 무의식적으로 받아들이는 효과를 생성하기 위해서이다. 코드 사용의 주목적이 특정효과를 생성하는 것이긴 하지만 이 코드가 미리 예정된 한 의미에만 국한되는 것은 아니다. 다시 말하자면, 매번 읽을 때마다 상이한 해석이 가능하며 관객마다 자신의 문화적 배경과 관련하여 이 코드를 연상하게 된다.

미디어텍스트 분석 시 염두에 두어야할 사항은 이야기 전개 과정에 대한 이해와 모든 이야기가 자연적인 것이 아니라 "조작 및 정보편집의 결과물"이라는 점이다(같은 글: 30). 교수의 임무는 학생들이 영화텍스트를 구성별로 분류하여 외현적·내재적 이야기 및 의미를 발견하도록 하는 것이다.

이야기 분석은 복잡하고 시간이 소요되는 일이긴 하나 학생들과 함께 세 가지 기본층위에서 분석하는 것은 의미 있는 일이다. 분석의 출발점은 간단한 기술적 층위에서 스토리전개를 기술하는 것이다. 다음으로는 텍스트의 명시적 의미에 대한 해석이 이뤄지며 마지막으로 좀 더 심층적인 층위에서 내포된 의미 파악이 이뤄진다. 이 마지막 단계에서 명심해야할 점은 대상의 재현화 방식에 대한 배경과 이러한 요소들이 사회의 지배적 가치와 어떻게 관련되는 지이다. 바로 이러한 연유로 이 층위에서의 분석 작업이 중요하고 분석적으로 이뤄져야한다는 것이다(같은 글: 34).

미디어텍스트 분석에서 또한 중요한 점은 각 텍스트의 특정분류방식에 대해 인지해야 한다는 사실이다. 영화나 TV 프로그램을 시청하는 사람은 특정 장르나 유형에서 전개 대상에 대해 예측을 하게 된다. 그리고 이런 작품을 향유하는 부분적인 이유는 예측이 실현됨으로써 오는 일종의 쾌감이라고 할 수 있다. 확실한 분류화가 이뤄져야하는 이유는 스타일과 범주 규범의 확립 때문이다. 각 장르에는 자체의 기호학적 체계가 있으며 의미 파악을 증진시키기 위한 목적으로 이에 대한 교수 및 학습이 이뤄져야 한다. 마지막으로 중요한 사안이자 미디어텍스트 구성에 대한 온전한 이해를 위해 염두에 두어야 할 점은 관련 주체들과의 쟁점들, 즉 방송규정, 정치적 편견, 재정적 요인, 영향력 등이다.

상기에서 언급하지 않은 사항이 바로 언어적 코드이며 다음에서 다룰 주제이다. 영상번역 입문자들이 새로이 알게 되는 사실은 미디어텍스트에서의 의미 전달방식이 대부분 비언어적 코드로 이루어진다는 점이다. 그리고 이를 계기로 언어를 새로운 시각으로 바라본다. 단어란 새로운 의미획득의 양상을 띠게 되며 완전히 지시적인 상황에서도 내포된 의미를 지닐 수 있는 요소라 할 수 있을 것이다.

언어 분석에 있어 미디어텍스트를 통해 수용력 향상이 이루어 질 수 있다. 가령, 예측력, 특정 정보 추출, 전체 개요 파악, 여론 및 태도 추론, 맥락에서의 의미 추정, 기능 및 담화 패턴과 표지 인지 등이다(Harmer 1983 참조). 언어는 맥락적으로 이루어지며 훌륭한 청취력 연습을 위해서는 구문론적, 의미론적, 그리고 화용론적 해석이 필요하다.

2단계: 스크립트 분석(Script analysis)

이상적인 작업 환경이라면 영상번역가에게 "사후제작 대사 목록 또는 스크립트나 몽타쥬 목록"이 주어진다. 스크립트나 몽타주 목록을 선호하는 이유는 제작 후 이루어진 추가 정보의 활용이 가능하기 때문이다. 전체 자료 중 가장 유용한 것이야말로 해설 목록이 수록된 사후제작 스크립트라

할 수 있다"(Luyken *et al.* 1991: 50-52).

그럼에도 불구하고, TV 프로그램 자막에 대한 유럽 방송연합 프로그램 표준안이 1987년 상정되었으나 아직 시행 되지 않고 있는 실정이어서 영상 번역가들이 거의 정확한 자막번역을 해야 하는 경우가 허다하다. 일부는 자막지원의 부족으로 프로그램의 자막번역이 이뤄져야 하는 상황도 있다. 전문 영상번역가에게 탐탁지 않은 상황이지만 스크립트가 부족하다는 점은 오히려 번역가 훈련이나 언어학습에는 유익한 방법이 될 수도 있다.

스크립트가 불완전하거나 부정확하다는 사실은 간극을 메우는데 있어서는 훌륭한 역할을 하는 일면이 있다. 그렇지만, 영화 대사의 자막수업은 상당한 청취이해가 요구되는 작업이다. 이 작업에는 고충이 따르며 특히 사운드트랙이 명확하지 경우, 어휘가 불분명한 경우, 다른 등장인물의 악센트(말의 강세) 등이 들어있는 경우 더욱 그러하다. 성가시고 면밀함이 요구되는 일이나 역량을 발휘한다면 언어학습자에게는 큰 도움이 되며 번역가에게는 심층적인 언어 인지가 이루어질 수 있다.

완벽한 스크립트나 대사 목록이 제공되는 경우라 하더라도 이와 함께 병행되어야할 작업이 있다. 바로 대사분석이다. 등장인물, 즉 "얼굴"(Hatim & Mason 2000)에 대한 이해가 필요하기 때문이다. Aline Remael(2001: 8 및 본서)은 대사분석의 이점과 관련하여 다음과 같이 결론을 내리고 있다.

두 가지 큰 이점이 있다고 할 수 있다. 하나는 이야기가 대사에 스미고 짜여 구조를 이루는 과정에 대한 통찰력이 증대된다는 점이며, 다른 하나는 상호작용적 양식들과 여타 기호체계와의 관련성에 대한 인지가 확대된다는 점이다.

스크립트 분석이 언어학습 강의와 번역가 훈련 교과과정에 체계적으로 접목되면 수용력 발달과 외국어 능력 향상에 큰 도움이 된다는 것을 짐작할 수 있다. 수동적 작동 언어의 구사력이 탁월할수록 번역작업도 더 용이하며 이는 해석 작업에 노력이 덜 소요되기 때문이다.

3단계: 번역/편집(Translation/Editing)

포르투갈 같은 자막선호 국가에서 이와 관련 토론이 이루어질 경우 자연스럽게 등장하는 주제가 번역인데 이는 언어 내 자막번역이 거의 이루어지지 않기 때문이다. 그러나 교육적 측면에서 학생들에게 언어 내·언어 간 자막번역의 함의에 대해 숙고할 기회를 제공한다는 것은 중요한 일이기도 하다. 언어 내·언어 간 자막번역에서 중심이 되는 대상은 조동사(modality)의 전환, 즉 동일 언어 또는 타언어를 구어에서 문어체로 전환하는 것이다. 학생들이 모국어 내에서 법조동사전환에 대한 통찰력을 획득하게 되면 외국어 영상 자료의 자막 작업에서 외국어에서 모국어로 전환하는 일이 용이해 질 것이다. 구어텍스트의 문어체 전환 시에는 편집이 수반되며 해당되는 제약요소도 부지기수다. Hatim과 Mason(2000: 430-431)은 이 제약요소를 다음과 같이 크게 네 가지로 요약하고 있다.

1. 발화에서 글로의 모드 전환 및
2. 의미전달 매체나 채널 관련 요인들,
3. 매체나 채널 요인으로 인한 원천 텍스트 축소,
4. 영상 일치화 요건

각 요소들을 검토하는 작업은 학생들에게 쉽지 않은 일이며 '삭제(cut)' 충동을 지양하는 것이 중요하다. 대체로 편집이 의미하는 바는 축소이다. 생략은 더 용이한 작업으로 운율적인 주요 요소들 및 중복표현, 구어적 색체나 느낌 일체가 제거된다. 그러나 문법적으로 정확한 문어체를 만들려다 자칫 완전히 새로운 말이 실수로 이어지기도 하며 원문이 부정확하게 되어버리는 수가 있다. 두 가지 모드 및 언어 간의 대조분석이 유용한 이유는 어떤 요소를 번역해야할지 포착하고 각 모드에서 어떤 특징들을 살려야할지 결정하는데 유용하기 때문이다. 이러한 방법은 언어 내 자막에 능숙하게 되면 언어 간 번역에도 유용할 수 있으며 전 번역과정에 대해 다른 관점을 지니게 된다.

영상번역과 관련하여 흔히 대두되는 질문이 번역과 편집의 시점이다. 모드 전환의 함의를 잘 주지하고 있는 영상번역가라면 번역과 편집이 동시에 이루어질 수 있다. 반면, 그렇지 못한 경우는 별도의 두세 단계 작업이 필요하다. 가령, 첫 단계는 번역, 그 다음은 편집, 마지막으로 자막구성이 대체로 이루어진다. 이러한 여러 단계의 작업은 시간과 노력이 소모되며 체계적인 훈련을 통해 일원화될 수 있는 문제다. 전문 영상번역가 양성이라는 대학의 취지와 영상번역에 따르는 시간압박을 감안하면 학생교육은 실전과 유사한 상황에서 이뤄져야 할 것이다.

상기의 "압축 팩키지"를 달성하기 위해서는 다양한 방법이 있을 수 있다. 한 가지 사례를 들자면, 실질적인 목적이 있는 프로젝트 작업이 크게 효과가 있는 것으로 나타났다. 이처럼 번역은 학생들에게 익숙한 작업이 되어야 하며 "번역이 의미론 및 구문론, 사회학, 독자 또는 청자 반응 심리, 문화 차이까지 아우르는 다양한 층위에서 신속하게 분석이 이루어지는 고도의 복합적인 과정"(Robinson 1997: 50)이라는 점을 주지시켜야 한다. 그럼에도, 이러한 복합과정이 자막번역의 경우 매체 자체의 제약요인들로 인해 한층 중층적으로 이루어질 수 있다는 점도 학생들에게 인식시켜야 한다.

영상번역에서 대두되는 문제는 문학번역과도 유사한 일면이 있으며 충실성요인이 단어나 언어층위를 넘어선 제약요인들의 영향을 받는다는 점도 새겨야 할 것이다. 문어체 번역에서의 충실성이란 원천텍스트 또는 목표텍스트라는 양극단에 존재하는 반면, 영상번역에서의 충실성은 특히 독자와 관련되는 문제로 동시해석이 이뤄지는 수신기처럼, 의사소통 측면에서의 효과성이 우선시 되어야한다. 이는 문학번역에서의 미학적 효과나 기술번역에서의 정확한 등가를 중요시하는 것과는 대비된다. Kussmal(1995: 149)에 따르면,

> 번역의 기능에서 중요한 요인은 목표독자들에 대한 지식 및 기대치, 가치관, 규범 등이며 독자들은 다시 개인적 상황이나 문화에 영향을 받는다. 이러한 기능을 결정짓는 요인은 원천텍스트나 그 기능에 대한 보존, 수정 및 변경 여부이다.

텍스트의 주기능이 우선 오락에 있다는 점과 자막 기능을 살리되 시청자에게 지나친 부담을 줘서는 안 된다는 점을 주지해야한다. 영상 시청자와 구어 텍스트 독자는 그 상황이 판이하다. 가령, 영상에서는 자막 읽는 시간의 제한으로 시간제약이 이뤄지며 자막의 연속성으로 인해 완전한 이해가 이뤄지지 않아도 거슬러 가서 다시 읽을 겨를이 없다.[4]

그러나 이와 같은 사실은 영상번역학생들이 번역능력을 연마하지 않아도 된다는 의미가 아니다. 영상번역가의 기술이란 효과적인 편집력을 통해 구어체를 문어체화 하여 다층적인 의미를 풍부하게 살리되 동시에 간단명료하며 섬세하게 전달해야 한다는 점을 주지해야 한다.

이상에서 수용력에 대해 살펴보았다면 여기에서는 자막 생성력에 관해 논의하고자한다. 자막번역의 취지는 새로운 텍스트를 다른 모드와 다른 언어로 환경에 적합하게 영상번역가의 모국어로 생성하는 것이다. 학생들의

경우 흔히 모국어를 쓰는 것보다는 말하는 것이 더 편하다. 글쓰기에는 정확성이 요구되며 이것은 훈련이 필요하기 때문이다. 번역가는 녹록치 않은 여건이나 작가이기도 한다. 자막번역 과정에서 구어텍스트는 다층적인 해석 작업을 압축한 것이다. 그러므로 요약이자 일종의 해설이다. 자막을 통해 흔히 말로 전달되기 힘든 요소들이 언급되기도 하지만 장면 이해에 필요한 이상은 절제되어야 한다. 언급과 추가, 삭제 정도의 여부는 원천텍스트의 코드에 대한 온전한 이해와 문어체로 이뤄진 목표언어에 대한 완전한 구사력이 이뤄질 때서야 알 수 있는 사항이기에 영상번역가에게는 힘든 디스토피아적 상황일 수도 있다. 교수들은 영상번역 학생들이 언어인지력을 향상시키고 목표언어의 문어체에 대한 완벽을 기할 수 있도록 이들을 훈련시켜야 한다는 점을 다시 새겨야 한다. 응축적이며 표현력 있는 자막생성을 이루기 위해서는 목표언어의 통사구조 및 다층적 의미에 대한 철저한 이해가 필요하다. 모든 번역가는 생성언어에 대한 완벽한 구사력을 지녀야 하며, 기술적인 연유로 언어조작을 해야 하는 영상번역가들에게는 이점이 더욱 중요하다고 할 수 있다. 영상번역가에게 기대되는 자질로는 정확성 외에도 효율성, 표현력, 응축력, 경제성 등이다. 이 네 가지 요소는 훌륭한 영상번역가에게 필수적 요소이기도 한다.

4단계: 스파팅 및 큐잉

영상번역가는 여러 국가에서, 그리고 한 국가에서도 여러 회사에서 작업을 하기에 스파팅 및 큐잉 방식이 다르며 자막번역 과정에서 이 작업이 이뤄지는 시점도 다르다(본서의 Diana Sánchez 논문 참조). 스파팅 목록에서 바로 작업하는 경우도 있고 번역과 편집 후 하는 경우도 있다. 번역가 훈련과정에서 스파팅의 시간제약 내에서 교육을 해야 한다는 점이 긴요하다. 이를 통해 편집기술력의 완벽화가 이뤄지기 때문이다. 흔히 특수 자막 번역 기기에서는 스파팅이 자막 삽입 시 이뤄지기도 한다. 이런 경우 스파팅이나 자막 삽입은 확인 및 교정과 조정의 시점일수도 있다. 스파팅 및 큐잉방식을 가르치는 경우 교수들은 특수 장비 부족이나 강의시간 부족 등의 기술적 제약에 처할 수 있으며 이런 상황도 자막번역 수업의 일부라는 사실을 명심해야한다. 시간이 소요되는 일이긴 하나 일대일식으로 학생들을 지도하고 작업을 확인하면 학생들이 훌륭한 전문 영상번역가가 되는 길을 터주게 된다. 이 과정에서 교수와 학생은 강의에서 다루는 제반요소들을 점검하게 되고 완전히 숙달되지 않은 개념 및 작업에 대해서는 체계적인 확인 작업을 할 수 있다. 교수는 수정하고 학생들은 맡은 바 작업을 확인할 필요가 있는 것이다.

6. 결론

결론적으로 Robinson의 번역가훈련에 대한 "셔틀 모델"과 관련하여 영상번역이 교육 목적에 유용하다는 점에서 동의하는 바이다. 학생들이 텍스트가 체계적인 부분화를 거쳐 통합화되는 복합물이라는 점을 인식하게 되면 지식획득을 통해 업무 신속화와 영상번역의 애로사항에 대한 인지가 가능하다고 본다. Robinson(1997: 247)이 내린 결론은 다음과 같다.

전문가 교육의 정수는 일차적으로 분석절차에 대한 학습화를 거쳐 무의식적이고 자동적이며 신속한 번역을 통해 전문번역의 속도화를 이루는 것이다

주지하는 바와 같이 언어란 언어 코드 이상을 의미한다. 언어학습은 어휘 획득 및 문법구조지식에만 국한될 수 없다. 영상번역이 체계적이면서도 창

의적으로 이루어지는 경우 언어력 및 기술력 향상을 위한 기회가 무수히 제공될 수 있다. 영상번역을 통해 번역절차의 효율화가 이뤄질 경우 잠재 행위성의 강화를 통해 Gile(1995: 45)이 밝힌 전문가의 자질, 즉 "관념적 명징성과 언어적 용인성, 어휘 정확성 및 용인성, 충실성, 전문적 행위성 등으로 이어질 수 있을 것이다".

또한 본서에 언급된 연습유형을 통해 결과적으로 자기인식으로 이어지기도 한다. 학생들이 자신의 강점 및 약점을 파악하고 보완해야 할 부분에 대한 개선방안을 모색하게 되기 때문이다. 영상메시지가 풍부하게 만들어지면서도 온갖 제약요소의 결과물이라는 점을 미루어 보아 교수와 학생은 맥락을 통해 익힌 기술을 토대로 맥락적 연구도 가능할 것이다. 영화분석을 통해 일반적으로 해석력이 강화되고 모든 층위에서 학생들의 지식이 확장될 수 있을 것이다. 영화에 대한 고찰은 제반 목적에 맞게 이뤄질 수 있으며 문화, 역사, 사회학 심리학, 철학 등 모든 분야에서 문제제기가 가능할 수 있다. 이와 같은 층위에서 학습기회가 주어지기에 혹자는 영화를 통해 제반 요소들의 교훈화와 학습화가 가능하다고 한다. 스크립트가 완성되면 청취력이 향상되며 과거 언어학습교육에서 지루했던 과정들이 흥미로워질 수도 있을 것이다. 맥락을 통한 어휘 학습화와 이미지 및 사운드가 있는 추가정보 층위를 통해 관용표현에 대한 이해증진이 가능하기 때문이다. 대화장면을 통해 억양이나 어조변화를 포함한 구어의 운율적 특징도 파악할 수 있다. 얼굴표정과 동작, 움직임, 음성, 어조 등의 준언어적 특징을 통해 추론적 의미를 이해하기도 한다. 서술적 층위를 연구함으로써 추론화 및 사전교육도 할 수 있을 것이다. 요약하기, 바꿔 말하기, 다시쓰기 훈련을 통해 효과적인 자막이 생성될 수 있다. 문어텍스트의 명징성을 목적 대상으로 하기 위해서는 자막가독성에 대한 의식적인 설명이 필요하다.

이러한 요소는 향후 언어전문가 양성에서 영상번역, 특히 자막번역 수업을 통해서만 얻을 수 있는 자산이라 할 수 있다. 동영상이 주는 매력과 컴퓨터와 전자기기를 이용하는 작업, 나아가 흥미를 가미시키는 요소들로 인해 지루한 작업이 재미있고 언어학습이 즐거워지기도 한다. 경험적으로 보면 자막번역 학습과정에서 학생들은 감각확대를 통해 언어구사력이 증대되며 무엇보다도 텍스트조작에서 즐거움을 느끼며 얻을 수 있는 최상의 결과를 성취한다는 것을 알 수 있었다.

번역이 즐거운 일이 되면 완성도 높은 언어전달 및 저평가되었던 번역활동에 대한 인정도 이루어질 것이다. 교수들의 학생에 대한 지도가 잘 이루어질 경우 결과적으로 학생들의 문제 제기능력도 향상된다. 자막번역교육이 즐거우면 전문번역가에게 가장 중요한 요건인 숨고르기 작업을 통해 가능한 최상의 해결책이 모색되리라 확신한다.

주석

1. 영상번역이 공식적으로 도입된 시기는 1999년/2000년으로, Escola Superior de Tecnologia e Gestão do Instituto Politécnico de Leiria의 45시간에 걸친 번역학 학사 마지막 학년과정에서였다.
2. 이 학교에서 완전한 자막번역 워크 스테이션(workstation)을 구매하고(스크린 — 윈2020) 교실에는 26대의 컴퓨터를 비롯하여 6대의 비디오 영상기(TV 및 비디오 플레이어)가 설치되었다.
3. 이 자료들은 사내 및 자동차 엔지니어와 기술자들을 교육시키는 다른 학교에서도 다양한 과정에 사용될 수 있도록 포르투갈어로 번역해야하는 테이프였다. 저작권 보호는 이루어졌으며 자료 자막번역용으로 사용이 허용된다.
4. 비디오 및 DVD 재생시 셔플링이 가능하나 자연스러운 "보기"과정에 되감기나 이동하기는 제외되며 오락이 아닌 여타의 목적(예: 영화나 언어분석)은 포함된다.

참고문헌

European Broadcasting Union Review. *Programmes, Administration, Law.* Vol.XXXVIII (6) November, 1987.

Gambier, Yves. (ed.). 1996. *Les transferts linguistiques dans les médias audiovisuels.* Villeneuve d'Ascq(Nord): Presses Universitaires du Septentrion.

Gile, Daniel. 1995. *Basic Concepts and Models for Interpreter and Translator Training.* Amsterdam and Philadelphia: John Benjamins.

Harmer, Jeremy. 1985. *The Practice of English Language Teaching.* London and New York: Longman.

Hatim, Basil and Ian Mason. 2000. "Politeness in screen translation". In Lawrence Venuti(ed.) *The Translation Studies Reader.* London and New York: Routledge.

Healy, F. 1978. "Translators made, not born?". *The Incorporated Linguist* 17(3): 54-58.

Kussmaul, Paul. 1995. *Training the Translator.* Amsterdam & Philadelphia: John Benjamins.

De Linde, Zoe and Neil Kay. 1999. *The Semiotics of Subtitling.* Manchester: St. Jerome.

Luyken, G.-M., T. Herbst, J. Langham-Brown, H. Reid and H. Spinhof. 1991. *Overcoming Language Barriers in Television. Dubbing and Subtitling for the European Audience.* Manchester: European Institute for the Media.

McArthur, Tom. 2002. *The Oxford Guide to World English.* New York: Oxford University Press.

Mayoral, Roberto *et al.* 1998. "Concept of constrained translation. Non-linguistic perspectives of translation". *Meta* 33(3): 356-367.

Malmakjaer, Kirsten. (ed.). 1998. *Translation and Language Teaching. Language Teaching and Translation.* Manchester: St. Jerome.

Nida, Eugene. 1981. "Translators are born, not made". *The Bible Translator* 32(4): 401-405.

Nord, Christiane. 1991. *Text Analysis in Translation. Theory, Methodology, and Didactic Application of a Model for Translation-Orientated Text-Analysis.* Amsterdam / Atlanta: Rodopi.

Owens, Rachel. (ed.). 1996. *The Translation Handbook.* London: Aslib.

Remael, Aline. 2001. "A place for film dialogue analysis in subtitling courses". Paper delivered at the Third International EST Congress, *Claims, Changes and Challenges in Translation Studies.* Copenhagen. Manuscript, 12 pages.

Robinson, Douglas. 1997. *Becoming a Translator. An Accelerated Course.* London & New York: Routledge.

Selby, Keith and Ron Cowdery. 1995. *How to Study Television.* London: MacMillan. Stoddart,

Jonathan. 2000. "Teaching through translation". *The Journal* 11. British Council. April. http://www.britishcouncil.org/portugal/journal/j1106js.htm

Stoddart, Jonathan. 2000. "Teaching through translation". *The Journal*, no. 11. British Council. April. [http://www.britishcouncil.org/portugal/journal/j1106js.html]

Titford, Christopher. 1982. "Sub-titling: Constrained Translation". *Lebende Sprachen*, III: 113-116.

Tuck, Robert. 1998. "Translation - still taboo?". *The Journal* 9. British Council. April. http://www.britishcouncil.org/portugal/journal/j0922rt.htm

온라인과 영상번역의 완벽한 만남
온라인 영상번역 학습 전략, 기능 및 상호작용

Miquel Amador, Carles Dorado, and Pilar Orero
번역 권유진

1. 서론

아직 걸음마 단계인 온라인 학습과 영상번역을 하나로 엮는 일은 전도 유망한 작업임에 틀림없다. 바르셀로나 자치 대학은 이 두 영역의 이론적·실무적 접근을 목적으로 번역학과 교육학 전문가 팀을 구성하여 온라인 영상번역 대학원 과정을 설계하고 개설하였다. 우리는 과학 기술을 교육에 접목하는 방법을 연구하고 과학 기술과 기술적인 내용 자체를 교육적으로 적절히 통합시켜야 했다. 일각에서 내비치는 온라인 학습에 대한 회의적인 시선은 번역의 특성 나아가서는 영상번역의 특성에 기인한 것이다. 따라서 본고는 스페인 바르셀로나 자치 대학에 개설된 온라인 영상번역 과정의 교

육적 바탕을 제시하고, 이를 통해 이 과정의 온라인 수업 개설 여부에 대해
답하고자 한다. 이미 온라인 교육을 시작한 이에게는 교육적 확신을 심어
주고 일부 회의론자에게는 이 새로운 수업 형태를 권하는 것이 본고의 목
적이다.

2. 개설 이유

온라인 영상번역 과정은 다양한 이유 중에서도 기존의 방식을 탈피한
교육적 접근과 학생의 수강 접근성 향상을 주된 이유로 개설되었다. 시장
은 더 많은 영상번역가를 요하지만 이들을 위한 정규 훈련의 장은 마련되
어 있지 않은 상황으로 말미암아 이 과정이 설립되었다. 영상번역과 영상
물 생산이 가장 활발하게 이루어지는 도시 중 하나인 바르셀로나
(Zabalbeascoa, Izard & Santamaria 2001)에서 번역학 교과에 영상번역 수업의
개설(Díaz-Cintas & Orero 2003)은 시간문제였다. 교실 수업을 온라인으로 시
행한 이유는 다년간의 영상번역 교육 경험, 개별 학습용 영상번역 소프트웨
어 프로그램의 성공적인 설계와 운영(Toda 2003: 274, Bartoll, Mas & Orero
forthcoming), 호주와 일본, 남미 등 원거리에 사는 학생들의 수업 문의, 스
페인 대형 출판사와의 영상번역 입문서 제작 프로젝트,[1] 낮은 자금력으로
인한 컴퓨터 시설 미비에서 비롯된 신입생 증원의 어려움 등 다양하다.

3. 온라인 영상번역 대학원 과정의 개요

2003년 1월에 시삭된 온라인 영상번역 과정은 이제 두 번째 세션을 맞
이한다. 교실 수업과 달리 온라인 과정은 선형적 수업 설계로 이루어진다.

즉 학생들이 여러 과목을 동시에 수강하는 것이 아니라 일제히 한 과목을 이수한 후 다른 과목을 신청한다. 각 10개 단원으로 구성된 영상번역 이론, 더빙, 자막번역 그리고 멀티미디어 번역 등의 교과목은 대개 실무적 측면이 강조되기는 하지만 이론적 틀도 갖추고 있다. 한 단원의 학습 소요 시간은 월요일에서 다음 월요일까지인 일주일이다. 학생은 월요일에 과제를 제출함과 동시에 채점된 지난주 과제를 돌려받는다. 선형적 수업 설계 덕분에 모든 학생은 같은 학습 속도로 주 단위의 피드백을 받으며 채팅이나 포럼을 통해 그룹 토론에 참여할 수 있다. 또한 신입생의 수업 참여가 11주마다 가능하고 교수자 채용이 12주간 지속되는 장점도 있다.

교육 자료 대부분은 수업이 진행되는 동안 온라인 플랫폼에 게시된다. 영상물이 차지하는 메모리 공간이 상당하기 때문에 종례 시에는 서버에 오랜 기간 게시할 수 없다. 이 문제는 언젠가 시장의 요구에 따라 커뮤니케이션 시스템이 업데이트를 거치면서 해결되겠지만, 현재로서는 학생들의 컴퓨터 사양 및 다운로드 속도와의 호환성 때문에 최저 사양의 다운로드 시설에 만족할 수밖에 없다. 따라서 우리는 과목마다 각 단원에 필요한 사례 연구용 영상 클립이 담긴 몇 장의 CD를 학생들에게 보내고 일부 멀티미디어 자료는 학생이 개별적으로 이용 가능한 '교과 과정'이라는 강의 플랫폼에 남겨두었다. 학생이 주별 과제를 제출하면 교수자는 과제를 검토하여 다음 주에 피드백 한다. 개별적인 코멘트와는 별도로 여러 과제에 걸쳐 반복되는 일반적인 문제를 선정하여 주별 채팅으로 그룹 토론을 하기도 한다.

'커뮤니케이션'이라는 플랫폼에서 학생들은 이메일, 일반 주제 게시용 포럼, 공시적 접속이 가능한 집단 활동용 채팅, 참고문헌 보관용 다운로드 자료실, (영상) 번역가들의 관심 주제 링크뿐만 아니라 세미나와 컨퍼런스 등의 행사 일정을 알아볼 수 있으며 구인란도 이용할 수 있다.

플랫폼은 계속되는 프로젝트로써 지속적인 개정·개발·개선을 통해 온라인 영상번역 과정의 독특한 요구와 특성을 충족시키고 있다. 참고 문헌 및 웹사이트 링크의 정기적인 업데이트와 더불어 자막용 대본(master subtitles) 제작 및 배리어프리 자막번역 같은 혁신적인 교과목 개발을 통해 학생의 선택권을 넓히고자 한다. 또한 현재 지원되는 영어와 스페인어 외에 다른 언어 지원도 고려중이다.

4. 온라인 영상번역 대학원 과정의 중심점이 되는 학습자

가상 학습 환경은 네트워크 기술과 웹 지원을 토대로 한 상징적인 교육 개념으로써 다양한 학습도구를 통해 정보 제공 및 커뮤니케이션 활성화를 도모하고, 모든 부문의 교육 공동체 사이에 공시적·비공시적 상호관계를 허용한다.

Sharp(1994)에 따르면 원격 교육의 성공 비결은 학습자의 자율성, 적극성 그리고 독립성에 달려 있다. 정보화 사회에서는 이러한 요인이 영상번역 수업의 독특성과 맞물려 학습자에게 아래에 제시된 새로운 역할 수행을 기대한다.

- 학습자는 정보 창고가 아닌 지식 구축자로서 메타 인지적 고찰을 증진한다.
- 학습자는 정보 창고가 아닌 문제 해결사이자 의사결정자로서 자율성을 개발한다.
- 학습자는 그룹의 일원으로서 상호작용을 통해 협력을 요하는 과업을 수행한다.
- 학습자는 동일한 실전용 전문 학습도구로 기술 습득에 매진한다.

- 학습자는 자신이 관리자가 되어 시간 및 학습 과정을 효율적으로 관리한다.
- 학습자는 협조적 · 협력적인 자세로 교수자 및 다른 학습자와의 관계에 임한다.
- 학습자는 양적으로 자료 접근성을 향상시킨다.

De Corte(forthcoming)에 따르면 이러한 학습법은 지식과 의미를 구축하는 과정의 일환으로써 다음과 같이 개별적, 목표 지향적, 자기 통제적 및 협업적 특성을 갖는다.

- 학습은 누적된다.
- 학습은 자기 통제적이다.
- 학습은 공동 작업이 요구된다.
- 학습은 다양하고 다른 개체이다.

요컨대 온라인 영상번역 대학원의 수강생은 건설적인 학습 과정 개발이 가능한 교육 환경에서 학습 지도를 받아야 한다. 이는 학습자의 이해력, 문제해결력, 메타인지전략, 학습을 위한 학습에 중점을 둔 바람직한 교육적, 기능적, 문맥적, 현실적 목표와는 별개이다.

5. 온라인 영상번역 대학원 과정의 교수 전략

거시적 교수 전략은 전문기술을 토대로 한 일련의 과정으로, 가상 학습 환경에서 지향하는 교육적 행위의 성공적인 도출을 통해 교육 목표를 달성한다.

전문기술은 교수 전략의 일부로 학습 요소의 성취를 추구한다. 이런 점에서 학습활동은 더 구체적인 행위로써 특정 기술의 수행을 촉구한다. 가상 학습 환경의 전략 구조 및 선정은 전문 교수법 구상에 달려 있다. 이를 위해 동일한 관리팀과 조정팀이 원거리 학습 교육 모형의 설계와 개발을 담당한다.

영상번역 교수 전략의 근본적인 목표를 요약하면 다음과 같다.

- 가상 학습 환경의 협업 문화를 개발한다.
- 교수-학습 과정에 학습자를 적극적으로 참여시킨다.
- 가상 학습 환경에 동참한 학습자의 인지능력 및 사회적 상호작용을 발달시킨다.
- 교수 내용의 적절성, 검정 및 의의를 설명한다.
- 가상 학습 환경을 정보 교환과 학습의 장으로 활용하도록 장려한다.

이와 같은 기술적 교수 전략의 예는 다음과 같다.

- 그룹 프로젝트
- 예시, 역할, 시뮬레이션 방법론
- 유도 질문과 자문
- 인지 모형
- 전문기술 및 문제점을 기반으로 한 학습
- 발표, 토의, 토론을 위한 포럼과 대화
- 창의성과 아이디어 구상을 위한 전략

6. 가상 학습 환경의 기능 및 상호작용

온라인 영상번역 과정의 이론적 평가기준은 구성주의 원칙에서 출발한다. 우리는 개인적 경험, 의견, 개괄적 지식, 사회 환경을 포괄하는 '협의된 구성(negotiated construction)'의 관점에서 이 온라인 과정을 제안하며 이는 기존의 요소에 새로운 요소를 더함으로써 시작된다.

이런 맥락에서는 학습자 간의 협업과 의미 구조의 공유 사이에 상호작용이 중요한 요건이다. 의미 구조는 상호작용, 협의, 중재, 의사소통을 통해 이루어지고 이는 학습 내용에서 비롯되는 고찰, 추론, 설명 및 의도에 관한 것이다. Gunawardena(1994)는 원거리 가상 학습에 대한 토론을 거론하며 3 가지 상호작용, 즉 '학습자 - 내용 간', '학습자 - 교수자 간', '학습자 - 학습자 간' 유형을 제시하였다. 이후 McIsaac과 Gunawardena(1996)는 영상번역의 주요 상호작용으로써 '학습자 - 기술 방법론 간' 유형을 덧붙였다. 학습자 - 기술 방법론 간 유형이 선행된 후에 학습자 - 내용 간, 학습자 - 교수자 간, 학습자 - 학습자 간 상호작용이 이루어진다.

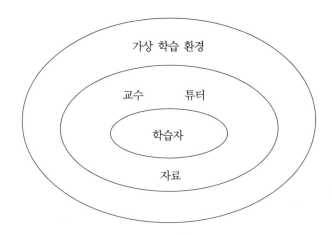

이제 우리는 4가지 유형의 상호작용을 다음과 같이 열거해 볼 수 있다.

⑴ 학습자 – 교수자간 유형

교수자는 동기부여, 피드백, 대화, 개인 지도 등을 통해 학습자와 상호
작용한다. 교수자는 멀티미디어 자료 제공, 교육 중재, 커뮤니케이션 등을
통해 학습과정을 지도하고 지원하며 촉진한다. 학습자 간의 대화와 협력을
토대로 형성된 관계 체계에서 학습자를 중심으로 학습 체계가 구성된다.
학습자는 자신을 중심으로 교수자, 튜터, 코디네이터, 다른 학습자, 전문가
를 비롯해 멀티미디어 자료, 컴퓨터 프로그램, 도서관, 네트워크와 시스템
참고문헌 및 데이터베이스 등의 자료가 연결되어 있음을 알게 된다.

가상 학습 환경에서 교수자는 기본적으로 두 가지 역할을 한다.

A. 학습 내용의 개념, 학습 절차 및 태도에 대한 자문적, 개별적, 총체적 역할 수행

교수자는 내용 전문가로서 학습자를 지지하고 특정 이론이나 실무 관
련 질문에 명확한 답을 제시함으로써 교사이자 상담가의 역할을 한다. 이
러한 역할 변화는 분명 새로운 관점으로의 전환이다. 영상번역 대학원 과
정의 경우, 왕성히 활동하는 번역가를 경력 교원으로 모집하는 방침을 통해
교수자가 번역에 대한 실무적 지식과 번역 업계에서 직접 겪은 경험을 학
습자에게 전달하도록 하고 있다.

• 교수자는 일반적인 교사의 역할을 초월하여 상담가로서, 안내자로서, 업
계 및 시장 동향 정보와 네트워크 자원 제공자로서의 역할에 적응 해야
한다. 가상 학습 환경 및 영상번역 대학원 과정에서는 이러한 교수자의
태도 변화가 매우 중요하다.

- 교수자는 정보 제공자로서 내용에만 국한된 학습 경험을 설계하기보다는 심리적 측면을 더 고려해야 한다.
- 교수자는 기본적인 작업 구조를 제시하고 학습자가 학업에 책임을 다하도록 독려하며 때로는 실제 의뢰인의 역할을 해야 한다.
- 교수자는 가상 학습 환경의 일원으로서 학습자에게 해답을 제시하기보다 질문을 던져야 한다.
- 교수자는 학습 상황의 전면 통제를 포기하고 학습 상황을 학습자와 공유해야 한다. 때로는 교수자와 학습자의 역할이 바뀌기도 한다.
- 이처럼 교수자와 학습자의 새 역할은 기존의 권력구조를 약화시키고 의사소통과 상호작용을 촉진한다.
- 이는 더 세심하고 신중한 학습법으로써 학습자의 다양한 학습 스타일에 맞는 해법을 제시하며 영어학이나 번역학 외에도 모든 분야의 전공자를 양성하는 영상번역 대학원 과정에 유용하다.

Garrison(1993)은 교수자의 역할이 추론과 전이를 가능케 하는 학습 인지력 개발에 있음을 강조한다. 학습 과정 설계는 기술지원을 이용하여 학습자가 정보를 쉽게 이해하고 스스로 의미를 구축하며 신지식을 생성하도록 장려하는 데에 목적이 있다.

이를 위한 전형적인 과업은 다음과 같다.

1. 교수자는 학습 과제를 제시하고 필요한 정보를 제공한다. 이는 교과 시행 첫 날과 새 단원이 시작되는 매주 월요일에 행해진다.
2. 교수자는 학습을 강화하기 위해 수업 내용을 요약하며 포럼을 통해 학습자에게 공식적 또는 개인적으로 질의응답을 한다.
3. 교수자는 제출된 과제를 개별적으로 평가하여 학습자에게 매주 월요일

에 결과를 보낸다.
4. 학습자는 조별 공동 작업을 하며 일부 단원에서는 팀워크가 요구된다.
5. 교수자와 학습자는 워크샵이나 가상 세미나를 통해 대개 주 1회 토의를
   진행한다.

B. 상담, 개인 지도, 교육 과정 지도의 역할 수행

Beaudoin(1990)에 따르면, 교수자는 교사이자 상담가로서 학습을 중재하고 학습 과정 단계를 지속적으로 관찰해야 한다. 이는 학습자의 행동과 사고방식에서 비롯된 변화에 적응하기 위함이며 학습 과정 및 상황과 관련된다. 상담가로서 교수자는 정적 강화(positive reinforcement) 또는 과제를 통해 직·간접적으로 학생이 학습 활동에 직접 참여하도록 장려해야 한다. 이러한 노력을 통해 학습 촉진(learning facilitation)에 대해 긍정적인 태도 변화를 이끌고 교수자와 학습자 간의 상호작용을 증대하여 필연적으로 더 개인적인 접촉을 가능케 한다. 이런 면에서 교수자의 역할은 학습자가 위기의 순간을 극복하도록 도와주는 동료 학습자에 더 가깝다.

(2) 학습자 - 내용 간 유형

학습자가 교수 내용 및 학습 자료에 접근함으로써 이루어지는 상호작용이다. 학습 내용은 디지털 교육 자료로 제시되고 가상 환경에서 교육 중재의 보조 축을 형성한다. 학습 내용 설계는 학습자의 동기 부여, 학습과정 및 지식 습득의 촉진을 목표로 내용의 선형성보다 학습자와 환경에 더욱 초점을 두어야 한다. 또한 변화된 상황에 적극적으로 반응하여 교육 목적을 성공적으로 보장해야 한다. 학습 내용은 논리적 구조와 학습자 및 교수법의 심리적 적절성을 동시에 고려한 형식으로 제시될 것이다.

(3) 학습자 - 학습자 간 유형

학습자는 정보 및 아이디어를 상호교환하고 학습 동기를 부여하며 수평적 도움을 지원한다. 이 같은 상호작용은 온라인 수업 과정에서 아주 중요하게 다루어져야 한다. 이 수업에서는 조별 활동과 프로젝트가 장려되어야 하고 학습 성장 과정이나 학습자의 개별적 능력에 따라 구체적인 역할이 정해진다. 다양한 집단 역동(group dynamics)의 결합을 통해 탁월한 학습 결과를 달성할 수 있다.

구안법(project method)은 학문의 핵심적 원리 개념에 초점을 둔 학습전략이다. 문제 해결 및 프로젝트 과제에 참여하는 학습자가 자발적 학습을 통해 자신만의 지식을 구축하고 실제 학습 결과를 최고점으로 끌어올리는 데에 목적이 있다. 학습자가 온라인에서 커뮤니케이션 학습 도구를 이용해 협동 학습을 할 때 기존의 학습법에 비해 더 많이 배운다는 사실이 입증되었다. 학습자는 내용을 더 오래 기억하고 추론력과 사고력을 향상시킬 뿐 아니라 스스로나 타인으로부터 자신의 가치를 인정받는다고 느끼며 자신감이 상승한다(Millis 1996). 구안법에 항시 제시되는 요소는 다음과 같다.

1. 협동심
2. 책임감
3. 다양한 수준의 커뮤니케이션
4. 팀워크, 교우관계, 관련성(sense of relevance)
5. 지속적인 자기 평가

(4) 학습자 - 인터페이스 간 유형

교육 과정 참여자 간의 커뮤니케이션 및 정보접근은 인터페이스로 실행된다. 학습자는 인터페이스를 통해 외관, 상징, 구조, 유형, 행위의 정도를 만들어낸다. 인터페이스는 기회비용, 효율성, 유효성 등의 몇 가지 변수에 따라 다르게 사용된다.

McIsaac와 Gunawardena(1996)에 따르면, 과학 기술은 교수자, 학습자 그리고 학습 내용 사이에 커뮤니케이션의 기회를 제공한다. 따라서 학습자와 과학 기술의 관계는 원격 교육의 성패를 결정짓는 근본 요소이다. 학습자가 교과 내용을 학습하려면 인터페이스와 기술 지원 시스템을 다루는 능력을 갖추어야 한다. 학습자는 이런 시스템과 연결된 특정 커뮤니케이션 프로토콜에 친숙해짐으로써 정보를 효과적으로 주고받을 수 있어야 한다. 본 과정의 플랫폼, 커뮤티케이션 툴과 시설에 추가된 기술 지원은 트라도스(TRADOS), 데자뷰(Dejà vú), 서브티툴램(Subtitul@m) 등의 자가 설치용 프로그램이다. 교내 컴퓨터실에 이미 설치된 프로그램을 사용하는 기존의 수업과는 달리, 추가적인 기술 지원을 통해 학습자는 도전정신을 고양하고 학습자 - 학습자 간과 교수자 - 학습자 간 커뮤니케이션을 통해 '성취감'이라는 결실을 맺는다. 원격 교육 교수자가 당면한 과제는 인식 모형(mental model) 개발을 촉진하는 것이다. 이는 중재 기술을 통해 성공적인 상호작용의 보장을 이끄는 학습자에게 적합한 메타포를 토대로 한다.

7. 가상 학습 환경의 자료 유형학(Document typology)

교육 자료의 기반: 종이(paper) 대 비트(bits)

종이 대 비트와 같은 이분법은 가상 학습 환경에서 교육 자료를 설계할 때 필수 고려사항이나. 교육 중재는 양질의 학습 내용과 정확한 교수 자료의 제시를 통해서 가능할 것이다. 교수 자료는 이미지, 소리, 영상, 컴퓨터 프로그램, 텍스트 그리고 다양한 링크를 포함해야 하며, 최상위의 유대감과 상호작용성을 주목표로 한다. 이를 통해 학습자는 상호작용의 보장과 학습 개념 및 내용의 이해를 도모할 수 있다. 따라서 교수 자료는 '읽기 및 인쇄'만을 위해서가 아닌 상호작용을 위해 설계되어야 한다.

이 모든 사항에도 불구하고 인쇄물은 원격 교육 환경에서 여전히 독점적인 점유율과 유효성을 가진다. 자료 제작의 유용성을 고려해보면, 멀티미디어 자료 제작은 교수자의 특정 지식과 선수 학습을 요하기 때문이다.

또한 인체공학적 관점에서 보면 화면 텍스트가 인쇄 텍스트보다 가독성이 훨씬 떨어진다. 화면 텍스트는 읽기가 더 어렵고 해당 텍스트를 재빨리 찾아내기도 더 힘들다. 비트가 아닌 종이로 읽을 때는 훨씬 더 수월하게 읽을 수 있다. 그럼에도 불구하고 멀티미디어 자료는 종합적인 독해력 강화, 개념적 융합 그리고 다른 프로세스와의 융합에도 도움이 된다. 문제는 아마도 태도의 변화에 있고 시간이 흐를수록 이런 변화는 불가피하다.

일반 교실 상황과 현재 학습 문화를 볼 때 종이와 비트의 결합은 꼭 필요하다. 인쇄물은 이론적으로 심화 독해 및 개념적 내용을 분석하기 위해 필요한 반면 멀티미디어 자료와 프로그램은 실무적인 탐구 자료를 분석하는데 필요하다. 가령 이론에 제시된 예시는 절차적 해결을 목적으로 학습 절차와 컴퓨터 사용을 요한다.

사실상 앞서 제시된 모든 이론적 논의는 바르셀로나 자치 대학의 영상 번역 전문 대학원 과정의 토대이다. 이 획기적인 대학원 프로그램은 번역 학과와 통번역학과에서 시작되었는데, 이는 번역 업계가 인쇄물을 넘어 과학 기술을 영상 및 멀티미디어 번역에 사용해야 하는 현실을 반영한 결과이다.

8. 온라인 영상번역 대학원 과정의 첫해

온라인 영상번역 과정을 개설한 첫해는 14명의 학생을 시작으로 20명의 학생으로 끝났다. 두 번째, 세 번째, 네 번째 과목에는 총 6명의 학생이 등록했다. 이 학생들은 4개의 지정 과목을 이수한 후 두 번째 세션에서 대학원 과정을 수료할 것이다. 이들은 미국, 독일, 영국, 벨기에, 이탈리아, 스페인에 사는 학생이었다. 이듬해인 올해는 작년에 등록한 6명의 학생과 정규 과정에 등록한 17명의 신입생으로 시작했다. 첫 번째 세션에는 더빙 과목에만 관심을 가진 학생이 2명이었다. 우리는 학습 자료에 약간의 변화를 주고 실무 수업을 개발한 후에 첫해의 성과에 만족하였다. 이제 우리는 새로운 도전의 일환으로 참신하고 획기적인 교과목을 시행하고자 한다. 예를 들어 자막용 대본 제작, 배리어프리 자막번역, 비디오 게임 번역 등의 과목을 개설하여 학습자에게 폭넓은 선택권을 제공할 것이다. 또한 다른 언어 지원도 고려중이다. 본 과정은 2005년부터 석사 과정으로 등록될 것이며 앞서 언급한대로 영상번역 이론, 더빙, 자막번역, 미디어 번역이 본 과정의 교과목으로 개설될 것이다. 자막용 대본 제작, 비디오 게임 번역, 미디어 접근성에 대한 과목도 새롭게 추가될 예정이다. 게다가 학생들은 학위 논문을 써야할 것이다.

주석

1. 첫 입문서가 이미 출판됨(Jorge Díaz-Cintas *Teoría y práctica de la subtitulación. Inglés-Español.* Ariel: Barcelona, 2003). 2004년에 카탈로니아어와 갈리시아어 번역서가 출판될 예정임. 2005년에 Jorge Díaz-Cintas 와 Anna Matamala가 쓴 더빙 입문서가 출판될 예정임.

참고문헌

Amador, M. and C. Dorado. 2001. "Las tecnologías de la Información". In B. Del Rincón Igea (coord.) *Presente y futuro del trabajo psicopedagógico.* Barcelona, Ariel Educación: 201-219.

Amador, M. and C. Dorado. 2000. *Diseño e implementación del web-site.* http://blues.uab.es/mem

Bartoll, E., Mas, J. and P. Orero. Forthcoming. "Las nuevas tecnologías y su impacto en la enseñanza de la traducción audiovisual: Subtitul@m". In http://www.uax.es/publicaciones/linguax.htm.

Davie, L.E. and R. Wells. 1991. "Empowering the learner through computer mediated communication". *American Journal of Distance Education* 5: 15-23.

De Corte, E. *et al.* (eds). 1992. *Computer-Based Learning Environments and Problem Solving,* Springer Verlag: Berlin.

De Corte, E. Forthcoming. "Aprendizaje apoyado en el computador: Una perspectiva a partir de la investigación acerca del aprendizaje y la instrucción". *III Congreso iberoamericano de informática educativa).* Barranquilla: RIBIE.

Delors, J. 1996. *La educación encierra un tesoro.* Madrid: Santillana/Ediciones UNESCO.

Díaz Cintas, J. and P. Orero. 2003. "Course Profile". *The Translator*(9) 2: 371-388.

Dorado, C. 1998. *Aprender a aprender: Estrategias y Técnicas.* In http://www.xtec.es/~cdorado

Dorado, C. 1998. "La mediación estratégica como modelo de desarrollo cognitivo: El proyecto Estrateg en Cd-Rom". *Comunicación y Pedagogía* 152: 39-47.

Duart, J. M. and A. Sangrà. (eds). 1999. *Aprenentatge i Virtualitat.* Barcelona: UOC.

García, A. L. 2001. *La Educación a Distancia.* Barcelona: Ariel Educación.

Garrison, D. R. 1993. "Quality and access in distance education: theoretical considerations". In D. Keegan (ed.). *Theoretical Principles of Distance Education.* London: Routledge: 9-21.

Holmberg, B. 1995. *Theory and Practice of Distance Education.* London: Routledge.

McIsaac, M. S. and C. N. Gunawardena. 1996. "Distance Education". In D. H. Jonassen *Handbook on research for educational communications and technology.* New York: Macmillan: 403-437.

Marquès, P., M. Tomás and M. Feixas. 1999. "La universidad ante los retos que plantea la sociedad de la Información. El papel de las Tecnologías de la Información y la Comunicación". *Edutec 99.* http://tecnologiaedu.us.es/edutec/paginas/117.html.

Merril, D. 1996. "Reclaiming instructional design". *Educational Technology.* 36 (5): 5-7.

Salomon, G. 1998. "Novel constructivist learning environments and novel technologies: Some issues to be concerned with". *Research Dialogue in Learning and Instruction.* (1): 3-12.

Toda, F. 2003. "La investigación en traducción audiovisual en el Tercer Ciclo". In *Panorama Actual de la Investigación en Traducción e Interpretación.* García Peinado, M.A. & E. Ortega Arjonilla (eds). Granada: Atrio Editora. (II): 269-285.

Tiffin, J. and L. Rajasingham. 1997. *En busca de la clase virtual.* Paidós: Barcelona.

Vizcarro, C. and J. A. León. 1998. *Nuevas tecnologías para el aprendizaje.* Madrid: Pirámide.

Wilson, B. 1996. *What is a constructivist learning environment?* In B. Wilson (ed.) *Constructivist Learning Environments.* New Jersey: Educational Technology Press: 3-8.

Zabalbeascoa, P., N. Izard and L. Santamaria. 2001. "Disentangling Audiovisual Translation into Catalan from the Spanish Media Mesh". In Y. Gambier and H. Gottlieb (eds) *(Multi)Media Translation.* John Benjamins: Amsterdam: 101-112.

영상번역 연구

영상번역 연구의 도전 과제

Francesca Bartrina
번역 윤예정

1. 서론

영상번역 연구는 대체로 번역 이론으로부터 이어받은 것이 많지만 영화학(Film Studies)에서 발생한 관점을 충분히 받아들이는 다양한 접근법으로 이어져 왔다. 본 연구에서 저자는 다섯 가지의 다른 경향에 관해 절충적인 태도를 유지하려고 한다. 이 경향은 각각 시사하는 바가 크며 영상번역의 미래에도 상당한 영향을 끼칠 것이다. 이 다섯 가지 경향은 학제 간 접근법을 출발점으로 삼으면서도, 이 같은 번역 유형의 구체적인 특징을 결정하는데 도움이 된다.

영상텍스트라는 용어의 사용은 우리가 시각 및 청각이라는 두 가지 수단을 통해 수용한다는 것을 의미한다. 따라서 구두 및 비구두적 메시지 사이의 동기화작업에 대해 필수적으로 이해해야 한다. 게다가 이 같은 텍스트는 스크린을 통해 전달되는 움직이는 이미지의 연속을 포함한다. 이러한 특징으로 인해 영상번역 연구는 번역이론에서 설명되는 분야의 일반적인 모델을 지양하는 특정한 이론을 필요로 한다. 이들 모델이 일반적인 번역과 관련이 있는 영상번역의 양상을 밝히는 것을 추구하기 때문이다.

영상번역 분야로 옮겨가고 있는 영화학의 일시적이고도 급작스러운 변화는 영상 모드(audiovisual mode)의 구체적인 특징을 정의하는 데 있어 미래에 큰 가치를 지닐 것이다. 즉, 이미지의 동시적 전달, 구두적 언어와 소리, 이것이 의미하는 복잡한 기호적 상호작용 그리고 이 같은 상황이 번역 실무를 위해 만들어 낼 결과를 생각해볼 수 있다. 게다가 영상번역의 향후 연구는 기술적 및 실험적 연구를 통해 모인 최신 정보를 포함해야 한다. 전문 활동 영역의 빠른 발전을 설명하기 위해 충분히 융통성 있는 이론이 필요하다는 데에는 논쟁의 여지가 없을 것이다.

본 연구에서 저자는 번역물에 중점을 둔 다섯 가지의 잠재적 연구 영역을 분석할 것이다. 이 영역은 각각 대본(screenplay), 영화 각색(film adaptation), 청중 설계(audience design), 화용론(pragmatics), 폴리시스템 이론(Polysystem Theory)에 대한 연구로부터 시작되었다. 다섯 가지 방향 중 어느 것을 선택할지는 우리가 어떤 것을 기술하고 싶은지에 달려있으며 이들 영역 모두는 더빙이나 자막번역 연구와 관련해 수용된 일부 낡은 개념을 바꿀 새로운 발견으로 이어질 수 있다. 이를 증명할 수 있는 가장 명백한 예시는 더빙과 자막번역 사이의 무의미한 논쟁일 것이다. 이는 더빙과 자막번역의 생존에 원동력이 되어주었던 경제적, 문화적 및 이념적 양상을 완전히 무시한다.

2. 대본 작성에서 영상번역으로

영상번역 연구는 특정한 경험적 어려움에 직면한다. 첫째로 원작 대본, 번역된 대본, 각색된 대본, 사후 제작 대본 등에 접근이 불가능하다는 점을 들 수 있다. 영상번역 연구를 시도했던 사람은 누구든 이러한 문제에 직면하게 되며, 이는 대본 유형의 다양성 때문에 특히 중요하다고 할 수 있다. 여기에는 초기 대본, 사전 제작 대본(영화 촬영에 사용된 것), 사후 제작 대본(몸짓 및 대화 표기를 포함한 완성된 영화를 기술한 것), 자막 목록과 더불어 더빙을 위해 번역되고 동기화된 대본(spotting list) 등이 있다. 인터넷은 온라인상에서 대본 이용 가능성을 상당히 증대시켰으나 인터넷에 있는 대본이라고 해서 항상 사후 제작된 것은 아니다. 게다가 더빙 및 자막번역 스튜디오는 영상번역 연구자들에게 영화 대본(원본 혹은 번역본이 되었든 간에)을 공개하는 것을 꺼려한다.

영화학은 영상번역 분야에서 대본의 경향을 분석하는 새로운 관점을 더해주었다. Aline Remael(1995와 본서 「자막번역 교과과정에서의 영화 대사 분석」 챕터 참조)은 대본 연구가 지나치게 여러 학문 분야와 관련되어 있으며 매우 다른 관점이나 간혹 모순되기도 하는 관점으로 다루어진 바 있다고 지적했다. 따라서 우리는 대본을 미완성된 결과물 즉, 단순히 영화 제작을 위한 불완전한 기술적 기반으로 간주하는 것으로 시작해서 그것을 모든 측면에서 예술 작품으로 미화하게 된다. 영화 대본의 중요성이 영화마다 다르다는 것은 분명하다.

Remael은 향후 제작이 사전 제작 대본 자체에 미칠 영향력을 분석하면서 영화 대본을 텍스트 모델(textual model)로 고려해 이것이 영화 제작에서 어떤 역할을 하는지 조사할 것을 제안한다. "텍스트가 대본으로서 자격에 충족되기 위한 필수조건이 존재하는지, 이것이 영화 제작에서 어떤 기능을 하는지, 그리고 대본 연구의 접근법과 목표가 정확히 무엇이어야 하는지에 대한 의문은 여전히 그 해답을 찾고 있다"(Remael 1995: 126). 뿐만 아니라 Remael은 대본의 상호 텍스트적인 속성, 이것이 향후 영화에 관련된 방식, 그리고 동시에 다시 이전의 원문으로 되돌아가는 방식을 언급하고 있다.

영상 번역자가 대본 유형, 대사, 시각 언어에 대한 지식을 지닐 필요가 있는지에 대한 문제를 제기할 필요가 있다. 교육학적 관점에서는 대본 및 영화 연구 분석에 관한 연구를 했거나 훈련 받은 번역자의 번역이 이 분야에서 훈련을 받지 않은 다른 번역자의 번역보다 질적인 면에서 더 월등한지 알아내는 것도 흥미로운 주제가 될 것이다. 이는 통·번역 학부에서 이러한 특정한 필요를 충족시켜줄 과목을 제공하기 위한 발판이 될 것이다.[1]

구두적 텍스트와 시각적 텍스트 사이에 존재하는 과도한 상호 작용과 그로 인해 생겨나는 다양한 번역 전략은 아직 연구되지는 않았지만 중요한 잠재성을 지닌 연구 분야 중 하나이다.[2] 영화학이 영상번역에 중대한 영향을 미치기 시작한 지는 얼마 되지 않았다.

3. 번역된 영화 각색의 미로

영상번역과 영화 각색 사이에 존재하는 관계에 대한 연구 가능성을 고려해야 한다(본서 「영화의 번안각색」 챕터 참조). 이를 위해 반드시 Patrick Cattrysse(1992a, 1992b & 1996)의 연구와 위에서 언급한 Aline Remael(1995)의 논문을 출발점으로 삼아야 하는데, Cattryse와 Remael은 여기에서 제시된 바와 반대되는 연구 체계를 추구했다는 점을 공유한다. 이들은 영상번역의 구체적 특징을 정의함에 있어 영화학의 도움을 받기보다는 영화 예술 이론 및 영화 각색 이론에 대한 고무적인 통찰력을 상정하기 위해 번역이론에 의지했다. 영화이론에서 Edward Branigan(1992)과 Deborah Cartmell 및 Imelda Whelehan(1999)이 서술한 영화 각색 이론과 관련한 개념들은 영상번역 영역을 위한 새로운 지평을 열었다. 영화 각색과 번역 사이의 관계에 관해 수행되었던 연구들은 매우 흥미로운 우연의 일치를 보여준다.[3]

그러나 흔히 이 분야의 연구는 언어(문헌)학적 관점을 취하며 영화계에서 문학 작품을 미화하는 것을 추구한다. 이들 연구에서 번역은 부차적 역할을 맡고 있으며, 여기에 언급된 많은 양상은 오히려 일반적인 번역 영역과 관련이 있다. 게다가 문학의 원문 텍스트는 각색 과정과 문학 작품 및 영화 번역 과정에 영향을 주었을 수도 있는 제작이나 절차의 맥락, 규칙, 모델 및 수용 맥락을 간과한 채로 영화의 번역문 텍스트와 비교되는 경향이 있다. 또 다른 경우에 이 분야의 연구는 문학 장르 간 관련성이 번역 실무에 시사하는 다양한 해결책은 제쳐둔 채 극장, 단편 서사, 소설과 영화 사이의 관계적 속성에 초점을 둔다. 영화학의 경우 각색의 주변적인 역할만을 인정했는데 이는 각색이 너무 문학적인 것으로 간주되고 영화적 관점에서 흥미를 끌기에는 역부족이었기 때문이다.[4]

폴리시스템 이론을 적용함에 있어서 Cattrysse가 주장한 영화 각색의 관점과 영화 대본 연구를 번역 연구에 포함할 것을 제안한 Remael의 제안에서도 유사한 문제에 직면하게 된다. 그것은 바로 영상번역 이론에서 이분법적 대립(binary opposition) 때문에 제기된 매우 심각한 문제이다. 영화 각색 연구에서 무엇을 원문 텍스트로 간주해야 할까? 사실 모든 영화는 각색으로 간주할 수 있는데, 그것은 모든 영화가 하나 또는 다양한 대본에 기반을 두기 때문이다. 그뿐만 아니라, 문학 텍스트가 각색의 대상인 경우일 때조차도 각색은 대부분의 청중에게 친숙한 텍스트를 다루고 있을지도 모른다(예를 들면, 그 텍스트는 만화 또는 광고와 같은 장르를 통해 대중화된 것일 수도 있다). 그리고 마지막으로 영화 각색 연구 분야에서는 위장 (disguise) 또는 가면(mask)과 같은 개념이 지속된다. 즉, 모든 멀티미디어 번역이 번역으로 표현되지 않듯이 모든 영화 각색이 각색으로 표현되지는 않는다.

번역된 영화 각색에 관한 연구에 실질적인 도움이 되기 위해 코퍼스는 각기 다른 청중을 겨냥한 영화, 그 노작에 관련된 모든 대본, 문학 및 영화 의 원문과 각각의 번역본, 이들의 제작 역사와 대중 수용의 역사 모두를 포 함해야 한다.

4. 청중 설계: 연구를 향한 길

Alan Bell은 「청중 설계로서의 언어 형식(*Language Style as Audience Design*)」(1984)에서 모든 화자(또는 발신자)가 자신의 메시지를 청중(또는 수신자)에게 적합하도록 각색한다는 추정에서부터 자신의 논의를 진전시켰 다. 의사소통 방식을 결정하는 이러한 요소는 '청중 설계'라는 개념으로 이 해된다. Bell은 수신자의 네 가지 유형을 다음과 같이 구별했다: i. 화자가 알고 있고 발화의 직접적인 대상이 되는 수신인, 중심 청자(addressees), ii. 화자가 알고는 있으나 발화의 직접적인 대상이 되지 않는 청취자(auditors), iii. 확인된 참여자가 아닌 우연한 청자(overhearers), 그리고 iv. 화자에게 알 려지지 않은 도청자(eavesdroppers). 일반적으로 화자는 수신자와의 근접성 을 고려해 자신의 메시지를 조절한다. 다시 말해서 이들은 자신을 우연한 청자와 도청자보다는 중심 청자와 청취자에게 훨씬 더 많이 맞춘다. 반면 영상물의 경우 화자는 자신의 담화를 수신인보다 청취자(화면에서 대화자) 에게 훨씬 더 많이 맞추게 된다. 이 경우에 청중 설계는 실제 수신자에게 맞추는 것을 의미하지 않는다. 오히려 이는 주요 전달자가 주도권을 갖는 것이며 이 전달자는 자신의 발화 대상이 되는 사회 문화 집단의 정신적 구성 요인을 형성한다. 그 결과 가상 대화에서 영화 대본의 형식은 중심 청자보다 청취자에 의해 훨씬 더 많은 영향을 받게 된다.

번역자의 역할은 청자를 향한 전달자의 담화를 일관성 있게 전달함과 동시에 화면상에서 수신인 간에 벌어지는 의사소통의 일관성을 유지하는 것을 포함한다. 이러한 이중적인 과제는 영상물에 나타난 의사소통 수용의 다양성과 관련한 흥미로운 연구를 촉진할 수도 있다. 이는 또한 번역이 채택하는 관점과 청중이 그것을 수용하는 방식에 대한 질문 제기의 필요성을 시사할 것이다.

청중 설계에 관한 지금까지의 잠정적인 기여는 실험적 연구에서 기인한 것이며 불필요한 일반화로 향하는 경향이 있다. Roberto Mayoral이 분명히 보여준 바와 같이 우리는 이 영역을 현시대의 특정한 관중 집단에 맞추어야 한다(Mayoral 2001: 33). 사실 우리는 영상번역에 관한 이전 연구들에서 재현된 청중에 관련해 확립된 모든 이론을 개정할 필요가 있다.

또한 영상번역의 청중과 그 맥락을 통해 발생할 수 있는 기대요소에 관해 더 많은 연구가 필요하다. 영상 결과물의 수용 맥락은 번역자의 결정에 영향을 주기 때문이다. Derek Paget(1999) 또는 Henry Jenkins(1992)의 연구와 같이 영화 각본의 청중과 관련한 다양한 연구는 팬 공동체(팬덤) 사이에 존재하는 중복 및 과잉의 중요성에 관심을 불러일으켰다. 이는 우리가 영상번역 분야에 더 깊은 관련성을 가져다줄 양상이 무엇인지 자문하도록 이끈다. 그 예로는 '각색이 특정 영화 장르에 적절한 관습적 틀 내에서 제작된다는 사실은 번역에 어떠한 영향을 미치는가? 그러한 관습은 다른 현시대 영화의 담화와 텍스트 간 관계를 추가로 확립하는가?' 등을 들 수 있다.

저자는 더빙이나 자막번역에 관한 가장 최근의 연구가 번역 과정에서
명심해야 할 요소로 수용의 개념을 포함한다는 사실을 강조하고자 한다.
Rosa Agost는 「번역 및 더빙 - 음성 이미지(*Traducción y doblaje: voces e
imágenes*)」에서 화면 규모에 따른 (영화관이든 TV이든) 시각적 동기화작업
을 결정하는 근본적 요인으로 수용의 조건을 포함한다(Agost 1999: 81). 마
찬가지로 Jorge Díaz Cintas는 「영상번역. 자막(*La traducción audiovisual. El
subtitulado*)」에서 잠재적인 관중이 자막번역자가 선택한 번역과 해결책에
영향을 주는 결정적 요소라고 강조한다. 여기에는 청중이 이해할 수 있도
록 음성학적으로 원본에 가장 가까운 번역 옵션을 선택하는 것을 예로 들
수 있다(Díaz 2001: 138).

5. 공손성(politeness)과 대인적(interpersonal) 의사소통

Ian Mason에 의한 제안은 P. Brown 및 S. Levinson이 「공손성. 언어 사용
의 일부 보편성(*Politeness. Some Universals in Language Use*)」(1987)에서 연구
한 영상번역의 적용, 더 구체적으로는 공손성에 대한 화용론적 연구의 '자막
번역'에 기반을 두고 있으며 이것이 시사하는 바는 매우 크다(Hatim & Mason
1997, Mason 2001). 그의 접근법은 대인적 의미가 자막번역에 의해 생성되는
통합적 전략에서 가장 크게 희생되는 양상이라는 가설로부터 시작한다.
Mason은 의사소통의 목적은 자막에서 훨씬 더 분명하게 '읽힐' 수 있다는 것
을 보여주었는데, 이는 화면에서 대화에 참여한 등장인물에게서 일부 화용
론적 소통을 상실하는 결과를 낳았다. "담화에 나타난 대인적 화용론의 명
백한 표시는 화면에서 묘사된 등장인물에 의해 수행된 체면 협상(the
negotiation of face)을 포함해 잘 생략되는 경향이 있다"(Mason 2001: 24).[5] 그

럼에도 불구하고 자막 처리는 자막에 뜨지 않고도 대인적 의미를 전달할 수 있는 준언어적인 특징(신체적 표현 또는 소리 등)의 보존을 허용한다.

공손성의 분류는 어휘적 선택, 구의 문법적 형태(명령문, 의문문 등), 억양, 지시대상의 모호함 등을 포함한다. 이와 같은 특징들은 자막번역 과정에서 사라진다. "번역에서 공손성을 드러내는 명백한 표시가 사라지는 것이 큰 문제가 아니다. 문제는 자막번역이 의도된 것과 상당히 다른 대인적 역동성(interpersonal dynamics)을 만들어낼 수도 있다는 점이다"(Hatim & Mason 1997: 89). 이는, 즉 예를 들어 자막번역이 등장인물의 정직성이나 의도된 공격성에 대해 잘못된 해석을 만들어낼 수 있다는 것이다.

저자가 이해한 바로는, Mason에 의한 이 같은 제안은 청중이 영화 텍스트로부터 등장인물의 대인적 역동성을 구성한다는 사실을 염두에 뒀을 때 매우 심각한 문제가 된다. 이 같은 역동성에 대한 인식이 출발어 문화와 도착어 문화 사이의 상대적 근접성에 따라 매우 다를 수 있다는 점은 분명하다. Mason은 "출발어와 도착어 문화 사이의 차이가 크다면 억양, 응시, 자세 등을 통한 의미의 복원(retrieval of meaning)에 어떤 일이 발생하는가?"(Mason 2001: 30)라고 문제를 제기한 바 있다. 그리고 반드시 해결되어야 할 또 다른 문제는 '자막이 나머지 구두적 및 도해적 메시지(the verbal and iconographic messages)와 상충하는 듯한 정보를 전달할 때 어떤 일이 발생하는가?'에 관한 것이다.

게다가 우리는 공손성과 같은 화용론적 양상이 자막번역의 기술적 우선순위와 상충할 때 이 같은 양상이 영상번역의 연구 영역 내에서 지니는 중요성에 대해 의문을 제기해 볼 수 있다. 전문적 자막번역이라는 맥락에서 번역품질에 대한 개념이 속도, 통합(synthesis), 가독성에 의해 정의될 경우 통·번역 학부가 그와 같은 기준에 부합해서 번역가를 훈련해야 한다는 사실에는 의심의 여지가 없다. 자막 수용에서 대인적 역동성을 전달하는 역할은 상대적일 것이다.

6. 영상 지도제작(map-making)과 그 가면

다수의 기술적 연구는 폴리시스템 이론이 그것의 역사적 · 기능적 특징으로 인해 영상번역 연구에서 제기된 도전 과제에 대한 해답을 제공할 수 있을 것이라고 입증한 바 있다(Díaz Cintas가 본서에서 동일한 내용 제시). 이와 같은 방식으로, 더빙 및 자막 정책을 감독하는 세계적인 절차나 기준에 관한 연구 과제를 통해 우리는 도착어 문화로 번역된 영상물의 각본을 심도 있게 분석할 수가 있다.

Theo Hermans는 「체계 내 번역. 기술적이고 체계적인 접근법(*Translation in Systems. Descriptive and Systemic Approaches Explained*)」(1999)에서 José Lambert(1993)가 했던 제안을 포함했을 뿐만 아니라, 우리가 영상번역에 착수할 때 현시대에서 다뤄지는 언어의 사회문화적 지리를 보여줄 수 있는 지도를 설계하는 것으로 시작해야 한다는 내용도 추가하였다. 여기에서 '지도제작'이라는 용어는 역사 저술이라는 말에 정반대된다. 이는 우리가 현시대에서 영상번역이 갖는 특징을 염두에 둔다면 흥미로운 일이 될 수 있다(이 같은 특징으로는 영상번역의 국제적인 속성, 멀티미디어 기술의 사용, 그것이 우리의 일상생활에서 불가피한 존재가 되었다는 점을 들 수 있다). 번역된 영상 텍스트의 엄청난 양이 증명해 주듯이 현시대에서 매스컴(mass communication)과 국제적 담화(international discourse)가 중요하다는 사실에는 의심의 여지가 없다. 마지막으로 상대적으로 적은 수의 발신자가 전 세계 엄청난 수의 수신자에게 도달한다고 인식되고 있다(Hermans 1999: 121).

이 모든 요인들은 문제의 소지가 되는, 즉 이론적 차이를 이분법적 속성으로 바라보도록 강요한다(예: 출발어 텍스트와 도착어 텍스트의 이분화). Anthony Pym은 Lambert의 연구와 같은 맥락에서 멀티미디어 세계에서 수신과 발신 체계를 확립하는 것의 어려움과 매체 번역의 결정요인이 존재하는 곳에 상호 문화적 공간을 위치시키는 것에 대한 어려움을 설명한 바 있다 (Pym 2001: 278). 번역, 체계 및 문화의 개념에 의문이 제기되고 오늘날 현실에 더 맞는 새로운 정의를 연구하기 위한 기회가 마련되었다.

이 모든 사항을 고려해 본다면, 우리가 번역을 통해 그 문화를 이해할 수 있다는 Gideon Toury의 제안을 버리는 것이 최선일 것이다. 이를 위해 우리는 몇 가지 진지한 질문을 해보아야 한다. 예를 들어, 영상번역은 그것이 청중에 의해 번역물로 받아들여지지 않는다는 점을 소비자가 알아차리는 것을 어떻게, 언제, 어디서, 왜 피하려 하는가? 이는 영상번역이 가면 뒤에 숨어 있는 것인지에 관한 것이다. 각기 다른 영상 모델 텍스트가 다른 방식으로 기능하는 이유를 연구하는 것도 유용할 것이다. 많은 광고나 상업용 광고방송은 그것의 출처와 그것이 번역물이라는 사실을 숨기려고 하는데 이는 그만큼 더 직접적으로 소비자에게 호소하고 그들을 유혹하기 위해서일지도 모른다. 아주 대조적으로, 원천 구두 텍스트(original oral text)에 더빙 배우의 대사를 입힌 다큐멘터리 해설은 그보다 더 낮은 음량으로 방송되어 그 텍스트가 번역물이라는 사실을 분명하게 보여준다. 이는 아마도 더 높은 신뢰성을 획득하기 위함일 것이다(본서의 「다큐멘터리 번역에 관한 속설」 챕터 참조).

여기에서 설명된 연구는 영상번역의 경제적 및 사회문화적 지리를 분명히 그려줄 지도제작에 기반을 두고 있을 것이다. 이는 번역된 영상 텍스트의 유통, 재정적 원천 그리고 번역으로 간주되는 것과 그렇지 않은 것에 관한 문제적 사안을 포함할 것이다. 이러한 접근법으로부터 미국에서 생성된 영상물에 대한 유럽의 권력, 통제, 의존성에 관한 의문점이 제기될 수 있다. 이 경우에는 영상번역의 정치적 및 이념적 관련성에 초점을 두게 된다. 매체의 영향력과 관련한 이 중요한 영역은 우리의 가치 체계에 영향을 미친다. 그러나 우리는 Hermans(1999: 124) 자신도 지도제작을 역사저술의 대체물이라기보다 역사저술을 위한 보충물로 간주했다는 점 역시 유념해야 한다. 이러한 점에서 지도는 유통, 수량, 흐름을 보여주지만 동기, 이유, 원인을 나타내지는 않는다. 즉 지도는 상황을 시각화해주지만 이 상황을 설명해주지는 않는 것이다.

지금까지 영상번역 연구가 오늘날 우리에게 주는 다양한 가능성에 대해서 살펴보았다. 현재의 수많은 동향과 의견은 우리 앞에 훨씬 더 큰 도전 과제가 있을 것이라는 점을 예견한다.

주석

1. 이러한 의도로 Vic 대학의 통·번역 학부는 영상번역을 전문으로 하고자 하는 학생들이 이 영화 학교의 과정을 들을 수 있도록 카탈로니아 영화 및 영상 학교(ESCAC; the School of Cinema and Audio-visuals of Catalonia)와의 협정에 서명했다.
2. Frederic Chaume이 수행한 영상번역의 결합 기제에 관한 연구에 주목할 가치가 있다 (Chaume 1999: 217, Chaume 2001: 66).
3. José María Bravo(1993)의 연구와 「문화 전송-문학과 영화 번역(Trasvases culturales: literatura, cine y traducción)」이라 불리는 학회의 주기적인 모임에서 제시된 연구에 주목하는 것도 유익할 것이다. 이 학회는 Victoria-Gasteiz의 País Vasco 대학에서 조직한 것으로 이 주제에 대해 되돌아볼 수 있는 훌륭한 기회를 제공하며, Eguíluz et al.(1994), Santamaría et al.(1997), Pajares et al.(2001)에서 편집된 기고문에 기여한다.
4. Imelda Whelehan의 논문 「각색. 현시대의 딜레마(Adaptations. The contemporary dilemmas)」의 토대이다(Cartmell & Whelehan 1999: 3-19).
5. 이는 또한 다음과 같이 표현된 바 있다. "구체적으로, 서로의 체면 욕구에 순응하는 대화자들의 지표를 자막번역 함에 있어 조직적인 손실이 있다"(Hatim & Mason 1997: 84).

참고문헌

Agost, Rosa. 1999. *Traducción y doblaje: palabras, voces e imágenes*. Barcelona: Ariel.

Bell, A. 1984. "Language Style as Audience Design". *Language in Society* 13: 145-204.

Branigan, E. 1992. *Narrative Comprehension and Film*. London: Routledge.

Bravo, J. M. 1993. *La literatura en lengua inglesa y el cine*. Valladolid: ICE-Universidad de Valladolid.

Brown, P. and S. Levinson. 1987. *Politeness. Some Universals in Language Use*. Cambridge: Cambridge University Press.

Cartmell, D. and I. Whelehan. 1999. *Adaptations. From Text to Screen, Screen to Text*. London: Routledge.

Cattrysse, P. 1992a. "Film (adaptation) as Translation. Some Methodological Proposals". *Target* (4)1: 53-70.

Cattrysse, P. 1992b. *Pour une théorie de l'adaptation filmique. Film noir américain*. Bern: Peter Lang.

Cattrysse, P. 1996. "Descriptive and Normative Norms in Film Adaptation: the Hays Office and the American Film Noir". *Cinémas*, 6(2-3): 167-188.

Chaume Varela, Frederic. 1999. "La traducción audio-visual: investigación y docencia". *Perspectives: Studies in Translatology*, 7-2(2): 209-219.

Chaume Varela, Frederic. 2001. "Más allá de la lingüística textual: cohesión y coherencia en los textos audio-visuales y sus implicaciones en traducción". In Duro, M. (coord.) *La traducción para el doblaje y la subtitulación*. Madrid: Cátedra: 65-81.

Díaz Cintas, Jorge. 2001. *La traducción audio-visual. El subtitulado*. Salamanca: Ediciones Almar.

Goris, O. 1993. "The Question of French Dubbing: towards a Frame for Systematic Investigation". *Target* 5 (2): 169-190.

Eguíluz, F. *et al.* (eds). 1994. *Transvases culturales: Literatura, Cine, Traducción*. Vitoria-Gasteiz: Universidad del País Vasco.

Hatim, Basil and Ian Mason. 1997. "Politeness in Screen Translating". *The Translator as Communicator*. London: Routledge: 78-96.

Hermans, Theo. 1999. *Translation in Systems. Descriptive and Systemic Approaches Explained*. Manchester: St. Jerome.

Jansen, P. (ed.) 1995. *Translation and the Manipulation of Discourse: Selected Papers of the CERA Research Seminars in Translation Studies 1992-1993*. Leuven: CETRA.

Jenkins, H. 1992. *Textual Poachers: Television Fans and Participatory Culture*. London:

Routledge.

Lambert, José. 1993. "Auf der Suche nach literarischen und übersetzerischen Weltkarten". In *Übersetzen, verstehen, Brücken bauen*, vol. 1. (ed. Armin Paul Frank *et al.*), Berlin: Erich Schmiedt: 85-105.

Lambert, José. 1994. "Ethnolinguistic Democracy, Translation Policy and Contemporary World (Dis)Order". In Eguiluz, F. (*et al.*) (eds): 23-36.

Mason, Ian. 2001. "Coherence in Subtitling: the Negotiation of Face". In Chaume, F. and Rosa Agost (eds). *La traducción en los medios audio-visuales.* Castelló: Publicacions de la Universitat Jaume I: 19-31.

Mayoral Asensio, Roberto. 2001. "Campos de estudio y trabajo en traducción audiovisual". In Duro, M. (coord.) *La traducción para el doblaje y la subtitulación.* Madrid: Cátedra: 19-45.

Pajares, E. *et al.* (eds) 2001. *Trasvases culturales: Literatura, Cine y Traducción. 3.* Vitoria: Universidad del País Vasco.

Paget, D. 1999. "Speaking Out: The Transformations of *Trainspotting*". In Cartmell, D. and I. Whelehan, (eds): 128-140.

Pym, Anthony. 2001. "Four Remarks on Translation Research and Multimedia". In Gambier, Y. & H. Gottlieb (eds). *(Multi)media Translation. Concepts, Practices and Research.* Amsterdam: John Benjamins: 275-282.

Remael, Aline. 1995. "Film Adaptation as Translation and the Case of the Screenplay". In Jansen, P. (ed.): 125-232.

Santamaría, J. M. *et al.* (eds). 1997. *Transvases culturales: Literatura, Cine, Traducción. 2.* Vitoria-Gasteiz: Universidad del País Vasco.

영화의 번안각색(tradaptation)*

Yves Gambier

번역 이은지

1. 서론

영화 각색은 다양한 방법 및 층위에서 이해될 수 있다. 무엇보다도, 영화 각색은 다양한 기호 체계(언어, 시각, 음향, 그래픽, 모션, 제스처 등)를 포함한다. Roman Jakobson(1959)은 다음과 같이 언어 기호를 해석하는 세 가지 형태의 번역 방법을 최초로 정립한 사람 중 하나이다.

- 같은 언어 내의 다른 기호를 이용한 동일 언어 간 번역 또는 재구성: 동의어 활용, 다시 말하기(paraphrasing), 요약 등

---

* 2000년 5월 26일 파리 심포지움 "Identity, otherness, equivalence? Translation as a relation"에서 발표된 내용에서 수정 및 확장된 개념.

- 다른 언어로 전달하거나 대체하는 이(異) 언어 간 번역 또는 본원적 의미의 번역; Jakobson은 여기에서 언어적 의미와 등가의 개념에 관해 주목한다.
- 언어적 표현 방식을 하나 또는 여러 개의 비언어적 체계로 바꾸는 기호 간 번역 또는 변환. 예를 들면 수식 또는 시를 음악으로 바꾸는 것, 영화화된 소설, 연극화된 구전 이야기, 도로표지판과 교통표시등의 색깔을 통해 명시된 도로교통법 등.

이 세 가지 분류는 번역학적 숙고를 통해 탄탄히 정립되었다고 종종 평가되지만 대부분의 학자들이 언어 간 번역에만 몰두했던 이유로 심도 있게 연구되지는 못했다. Reiss(1971: 34)가 "오디오 미디어(audio-media)" 텍스트라는 용어를 자신의 연구에서 언급하였으나 용어적 암시로만 그쳤을 뿐 그 이상의 실질적인 진전은 없었다. 소프트웨어, 웹사이트, CD-ROM의 현지화와 함께, 다양한 기호 체계에서 이루어지는 작업을 의미하는(Gambier 2001: IX-XV) 영상번역(텔레비전, 영화, 비디오, DVD)이 대두되면서, 현재 '번역'이라는 주제 자체에 대해 다시금 문제가 제기되고 있다(Petrilli 1999-2000).

소설과 그 소설에서 '비롯된' 영화 자막의 사례연구를 통해 필자는 일련의 전환들, 또는 다양한 장르의 변환과 영화 각색, 자막 생성을 포함한 '번역'이라는 활동이 어떻게 원문, 소위 출발 텍스트를 탈바꿈시키는지 탐색해 보고자 한다.

2. 넘어서야 할 이분법적 사고들

언제부턴가 영화, 텔레비전, 비디오 등의 영상번역이 주목을 끌고 있다(Gambier 1997). 하지만 오늘날까지도 그에 대한 연구는 여러 분야로 분산되어 있고 단발적이며 대부분의 사례들이 방법론적으로 취약한 상황이다.

직역과 의역, 원천어 지향 번역과 목표어 지향 번역, 작가에게 충실한 번역과 독자에게 충실한 번역, 처방론적 번역과 기술론적 번역, (기술(記述) 번역과 (구두)통역 등의 다양한 이분법이 번역에 관해 끊임없이 거론되는 것으로 알려져 있다.

한편에는 목표언어 문화를 충실히 지향하는 비문학 번역을, 그 대척점에는 원천언어 문화에 초점을 맞춘 문학번역을 두는 등, 조금 더 미묘한 차원의 대립들도 있어왔다. 또한, 출판 시장에서 투명한 존재로 사라지느냐 아니면 원문의 의미를 명확하게 하기 위해 개입하느냐를 고민하는 번역가나, 소위 이해의 보편성이라는 개념과 수용 문화의 메커니즘으로 인한 줄일 수 없는 간극 사이에 갇힌 번역과 같이 어느 정도 확실시되는 역설도 존재한다. 하이퍼텍스트 창작과 이른바 문화 산업이라 불리는 것들이 이 마지막 역설을 약화시키고 있다. 의도성, 대상 청중과 같은 몇몇 관념들은 우리가 의문을 품기에는 너무 고착화된 것처럼 보이며, 객관적인 범주라기보다는 번역가의 투영에 불과한 경우가 대부분이다.

번역을 할 때, 다시 말해 자막을 만들 때의 과정과 쟁점들을 이해하고자한다면 이러한 이분법적 도식만으로 만족할 수 있을까? 영상에서의 언어적 전환은 다음의 두 가지 대전제를 흔들어놓고 있다.

- 다수의 번역가들이 생각하기에 유일하게 정당한 권위를 지녔으며 대부분의 번역학 연구에서 지배적인 패러다임으로 남아 있는 문자 텍스트. 영상 분야에서는 종종 구두와 기술(記述)의 경계가 모호해진다는 점을 상기할 필요가 있다. 각본가는 입말체로 대화를 구성하지만 글로 남겨야만 한다. 감독은 대본을 읽기도 하지만 본인이 해석한 텍스트를 배우들의

목소리를 통해 듣게 된다. 배우들은 대본의 구두 버전을 생성하게 되고, 자막 작업자는 발화된 대사들을 다시 글로 옮긴다. 종이에 적힌 텍스트를 구두로 표현한 배우들과는 반대의 과정을 거치는 것이다. 집에서 감상하는 시청자는 누군가에게 자막을 읽어주기도 한다.

• 번역은 "원문"과 (어떤 방식으로든) 등가를 가진다는 전제. 이는 서술과 이미지 사이에 존재하는 여러 레퍼런스들과 표상들 간의 관계를 설명할 것을 요구한다.

필자의 주장을 입증하기 위해 Aki Kaurismäki 감독의 작품을 살펴보고자 한다. 그는 주로 80년대에 장편 감독으로 활동했으며 1983년에 〈죄와 벌(Rikos ja Rangaistus)〉, 1985년에 〈오징어 노동조합(Calamari Union)〉, 1987년에 〈햄릿 장사를 떠나다(Hamlet goes business)〉, 1988년에 〈아리엘(Ariel)〉, 1989년에 〈레닌그라드 카우보이 미국에 가다(Leningrad Cowboys go America)〉, 1990년에 〈성냥공장 소녀(Tulitikkutehtaan tyttö)〉와 〈나는 살인 청부업자를 고용했다(I hired a contract killer)〉, 1996년에 〈어둠은 걷히고(Kauas pilvet karkaavat)〉, 1999년에는 〈유하(Juha)〉, 2002년에 〈과거가 없는 남자(Mies vailla Menneisyytta)〉 등의 작품을 만들었다. 1985년 〈로쏘(Rosso)〉, 1987년 〈헬싱키-나폴리(Helsinki-Napoli)〉, 1987년 〈올 나이트 롱(All night long)〉, 1991년 〈아마존(Amazon)〉과 〈좀비(Zombie)〉, 2002년에 〈브라질의 소리(Moro no Brasil)〉 등의 작품으로 인정받은 감독인 형 Mika와 '빌알파(Villealfa)'라는 제작사를 공동설립하며 장-뤽 고다르(Jean-Luc Godard) 감독의 작품 〈알파빌(Alphaville)〉에 경의를 표하기도 했다. 최소한의 대사, 관조적인 톤, 고정된 카메라 워킹이 특징인 그들의 영화는 군데군데 유머와 환상적 요소가 배어 있어 비극으로 치닫는 일 없이 담담하게 혼란과 불안을 그려낸다. 그들의 영화에서는 (고다르(Godard), 브레송(Bresson), 드레이어

(Dreyer), 베커(Becker), 호크스(Hawks), 오즈(Ozu), 풀러(Fuller) 등의) 문학작품이나 영화적 암시들이 다양하게 조금씩 나타난다. 인용과 정서, 감정, 꿈 등이 뒤섞여서 나타나기도 한다.

3. "원작"이 없는 번역

3.1 영화 각색

픽션 또는 다큐멘터리 영화의 실현 과정은 일련의 텍스트 간 변환이다. 실제로 영화는 (고전이나 만화, 공상과학 등의) 문학 작품, 사회면 기사 또는 경찰의 사건 파일에서 "영감을 받을 수"도 있고 "자유롭게 번안"되거나 "각색"될 수 있다. 이러한 (최초의) 텍스트는 여러 손을 거쳐서 시나리오가 되고 사전 제작과 제작 및 사후 제작 스크립트로 이어진다. 매 단계마다, 서술 구조, 텍스트의 동위성, 시기적 단서, 관점, 암시 등은 배우들이 대본을 받아 들기 전에 바뀔 수도 있다. 자막은 목표 청자를 고려해야 하는 반면, 영화적 '각색'은 (쓰인) 원작을 중심으로 이루어져야 한다고 단정 짓는 것은 매우 근시안적인 생각일 것이다. 모든 각색은 그 시점에 받아들여진 레퍼런스 체계 및 텍스트 변환 체계 내에 속한다. 많은 영화들이 문학 작품으로부터 각색되어 만들어졌다. Orson Wells부터 Kenneth Branagh에 이르기까지 많은 영화인들이 셰익스피어의 작품을 필름에 담았고, 르노아르(Renoir), 졸라(Zola), 심농(Simenon), 샤브롤(Chabrol), 지오노(Giono), 옥타브 미르보(Octave Mirbeau)는 플로베르(Flaubert)의 영향을 크게 받았는데, 그중 미르보가 쓴 『어느 하녀의 일기(*Journal d'une femme de chambre*)』(1900)는 〈J. 르노아르(J. Renoir)〉(영어 작품, 1946년)와 〈L. 부뉴엘(L. Bunuel)〉(불어 작품, 1964)에 의해 영화화되었다(Simons 1996). 제임스 M. 케인(James M.

Cain)의 소설 『포스트맨은 벨을 두 번 울린다(*The postman always rings twice*)』(1934)는 1939년에서 1981년까지 총 네 번에 걸쳐 영화로 제작되었으며, 존 파울즈(John Fowles), 폴 오스터(Paul Auster), 레오나르도 시아시아(L. Sciascia) 등이 프란세스코 로시(Francesco Rossi)의 〈흠 없이 아름다운 시체(Cadaveri eccelenti)〉라는 영화에 영감을 주었다(Coremans 1990). 그 외에도 최근에는 Irvine Welsh의 장편소설인 『트레인스포팅(*Trainsoptting*)』이 Danny Boyle에 의해 영화화되기도 했다. 한편으로는 소설, 연극, 또는 기타 형태의 텍스트와 시나리오 간에, 다른 한편으로는 시나리오와 영화 제작(자세한 내용은 〈아웃 오브 아프리카(Out of Africa)〉에 관한 논문인 Coppieters(1999) 참조) 사이에 존재하는 연결 관계나 상호텍스트성 전략(언어의 전환이 있는지에 관계없이)에 대해 매번 체계적으로 살펴보지는 않을 것이다. 각색의 과정에서 시나리오의 역할과 기능은 비선형적이다. 그렇기 때문에 전술한 바와 같이 텍스트와 영화 간에 존재할 수 있는 관계를 나타내기 위한 분류가 다양해지는 것인데, 물론 이는 분류가 제시된 경우에 해당된다. 이 관계의 복잡다단함 또는 모호함은 (소설 또는 영화의) "장면"이라는 개념에서 비교적 뚜렷하게 나타나고 있는데, 아인슈타인, A. Bazin, Ch. Metz와 같은 기호론자들은 시간, 장소, 행위 또는 사건의 단위를 지정하고, 영화의 극적 구조와 리듬 설계에 있어 다양한 기능을 수행하기 위해 이 개념을 무성영화 시절부터 다듬어왔다.

P. Cattrysse(1992)는 폴리시스템의 관점에서 특히 1940~1950년대 미국의 필름 누아르를 분석하여 영화 각색을 체계화하려는 시도를 했다. 그가 연구를 통해 내린 결론은 각색은 원작을 어느 정도 충실하게 옮긴 단순한 복제물이 아니라는 것이다. 각색은 제작 당시의 사회문화적 맥락과, 기능의 영화적·미학적 맥락 속에 존재하고, 그 안에서 의미를 갖는 것이다.

할리우드에서는 텍스트를 영화로, 영화를 영화로 "번역"하거나 각색하거나 옮긴다고 (또는 리메이크한다고) 볼 수 있다. 이렇게 옮겨진 영화들은 소설 원작과 관계없이 독립적으로 받아들여진다(러시아의 『닥터 지바고(Dr. Jivago)』, 프랑스의 『보바리 부인(Mme. Bovary)』 등). 또한 비평가들도 특정한 몇몇 기준을 따르며, 이 기준들은 문화적 환경과 그 안에서 비평가가 갖는 지위에 의해 정당화된다.

번역가의 입장에서는 이런 텍스트들(소설의 출판본, 시나리오, 스크립트 등)의 원본이나 파생본이 직접적으로 중요한 것은 아니다. 자막 작업자에게 유효한 사항들은, 저자는 알려져 있지만 발화 및 수신에 대한 그 어떤 상황이나 정보도 주지 않는 닫힌 텍스트보다는 여러 자료를 가지고 작업하는 언론 보도의 번역가에게 동일하게 적용된다(Vuorinen 1995). 또한 연극이나 오페라 번역가가 가끔은 마구잡이식의 "원천" 텍스트를 맞닥뜨리게 된다는 주장도 있다. 이런 경우 해당 희곡이나 오페라 대본이 다른 텍스트(전설, 이야기, 설화 등)의 "각색"일 수 있기 때문에 대체로 까다로워진다. 어찌됐든 영화, 소설 및 연극에서의 대화는 어떠한 경우라도 면대면으로 이루어지는 자연스러운 대화를 복사해낼 수 없는데, 이는 플롯이나 서사적 긴장을 위해 항상 조정되기 때문이다. W. Allen, E. Rohmer, 고다르의 영화와 같은 대사 중심의 작품에서도 발화는, 때로는 분위기를 강조하거나 등장인물의 캐릭터를 드러내며, 때로는 사건을 발전시키며 극적 고조의 도구로 쓰인다.

소설, 번역된 소설, 영화 각색, 시나리오, 다양한 스크립트, 자막 (또는 더빙)에 내재하는 지속적인 상호텍스트성은 여기서 그치지 않는다. 영화가 오리지널버전이든 그렇지 않든 비디오나 게임, 이야기, 그림책 등의 원천이 되는 것은 잘 알려져 있다.

이러한 융합은 그 정도는 달라도 모든 영화 제작에 해당되는 일이고, 꾸준히 증가하는 공동 제작으로 언어적 차원까지 포함하여 점점 더 늘어나고 있어 작품의 "국적(national)"을 모호하게 만드는 지경에 이르렀다(Jäckel 1995).

3.2 〈보헤미안의 삶(La vie de bohème)〉(1992)

연출자에 따르면 아키 카우리스마키의 영화 중 절반 이상이 스크립트 없이 만들어졌다고 한다. 〈햄릿(Hamlet)〉조차도 그러했는데 대본이 촬영 직전에 쓰였기 때문이었다.

〈보헤미안의 삶〉은 프랑스 파리에서 흑백으로 찍은 프랑스어 영화이며, 핀란드인과 프랑스인 배우들이 출연했고 1992년에 개봉했다. 카우리스마키 가 이 영화의 각본, 감독, 공동제작을 맡았다.

영감을 준 것으로 알려진 작품은 풍자 신문(1845-49)에 실린 연재소설이 었는데, 추후 『보헤미안들의 모습(Scènes de la bohème)』이라는 제목으로 단행본이 출간되었다(1851년 한 해에 재판 발행). 삼판은 제목을 『보헤미안 들의 삶의 모습(Scènes de la vie de bohème)』으로 최종 확정하여 발행했다. 이전에는 몇몇 에피소드들이 젊은 극작가 Théodore Barrière의 도움 하에 5 막짜리 희곡(〈보헤미안의 삶〉)으로 각색되었고, 초연(1849년 11월 22일)부 터 엄청난 성공을 거두었다. Puccini의 이탈리아 오페라 대본(1896)이 이 희 곡을 토대로 쓰였기에 오페라 버전은 각색의 각색인 셈이다(Foucart 1986). 카우리스마키는 각본을 쓸 때, Murger의 이 소설을 바탕으로 만들어져 1943 년에 이미 개봉했던 Marcel L'Herbier의 영화를 일부러 참고하지 않았다.

이제 우리는 프랑스어로 쓰이고 Eino Palola에 의해 핀란드어로 번역되 어 1924년에 출판된 후, 약간의 수정을 거쳐 1959년, 1974년과 1992년(개정 6판)에 개정판이 발행된 소설(『Boheemielämää』)과 앙리 뮈르제의 소설 『보 헤미안들의 삶의 모습』(1851)을 원작으로 한 핀란드어 시나리오(1990), 이의 프랑스어 번역본(1991), 그리고 프랑스어로 영화화된 대본과 그에 해당하는 핀란드어 자막을 살펴볼 것이다. 제목과 소설 발행연도에 혼선이 있을 수 있으며 핀란드어로 번역된 소설에는 어떤 것이 참조가 되었는지 명확하지 않을 수도 있다. 하지만 중요한 것은 1851~1852년 간 거듭된 수정사항들과 변경된 장면들이다. 무엇보다도 1845년에서 1852년 사이에 나타나는 차별화된 장면 간의 배열에 주목할 필요가 있다. 초기의 4개의 장면부터 현재의 23개의 장면들에 이르기까지 관점과 분위기의 변화가 있었다. 작가는 문어적 풍자에서 생생한 문체로 옮겨왔고, 실존인물에 대한 암시는 엄격하고 비관적인 교훈으로 바뀌었다. 문학적 소재 및 언어적 요소들도 확연하게 일변하였는데, 1848년(7월 왕정 후반기)과 1851년(루이 나폴레옹의 쿠데타와 1848년의 반란군의 망명과 추방) 사이에 일어났던 정치적, 경제적 격변과 상당한 유사점을 보인다.

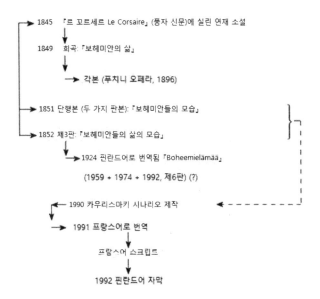

뮈르제가 쓴 보헤미안의 신화와 리얼리티는 더 이상 노디에(Nodier)나 비니 (Vigny), 발자크(Balzac)를 닮아 있지 않다. 캐릭터의 특징보다는 상황에, 분석보다는 분위기에 초점을 맞추고 있는 것이다. 대중언론매체에 연재할 목적으로 쓴 소설들이기 때문에 과장법과 시사적 참조가 잦다. 캐릭터들은 더 이상 원형(냉소적인 엽색가, 소심한 연인 등)과 일치하지 않는다. 책에는 작은 풍속화들이 삽화로 들어가 있는데, 당시의 세태를 정확하게 묘사하고 있으며 일종의 논리에 따라 배열되어 있다. 소설은『르 꼬르세르』에 실린 글들의 단순한 모음집이 아니며, 플롯이나 심리학의 기법을 따르지 않는다. 에피소드들은 기억의 흐름과 자주 드나드는 일상적인 장소(다락방, 카페, 거리, 무대 뒤, 보도국 등)들을 따라 연이어 발생하고, 몇몇 주제들(파괴적 가난, 풍요 속의 인간소외, 욕망 뒤에 숨겨진 진실)을 반복적으로 얽어놓고 있다.

분열된 등장인물들, 도시 속 중요한 장소들, 환멸감에 냉담해진 이성과 씁쓸한 아이러니, 더디고 지긋지긋한 현실, 공허한 하늘 아래 환상의 상실을 담아내며 나름의 지속성을 가지고 이어지는, 소설 속 풍속화들의 속편. 이것이 카우리스마키의 강박적 집념들을 관통하는 복합체이다. 그는 장면들을 합치고, 몇몇 캐릭터를 없애고, 뮈르제를 상기시키는 암시 및 요소들을 지운 후 자신의 소재들(다양한 억양을 가진 오늘날의 무허가 이민자들, 레퍼런스 작품들, 보리스 비앙(Boris Vian)의 노래, 일본 노래 등)로 교체했다. 그는 소설을 (거의 문자 그대로) 베껴 재현하려 하지 않았다. 영화는 그의 필모그래피, 간결하면서도 서정적이며, 비열하면서도 마음을 움직이는 세계관에 전적으로 부합한다. 그는 (프랑스인 작가 Marcel, 알바니아인 망명 화가 Rodolfo, 아일랜드인 작곡가 Schaunard, 그리고 고향을 떠나 뿌리를 잃은 Mimi와 Musette의 만남을 통해) 자신이 창조해낸 파리를 살아가는, 오늘날의 소외된 세계인들의 삶을 관조적으로 바라본다. 실은 시나리오 역시 미망에서 깨어나 현실을 직시하는 듯한 두 인용문장으로 시작되고 있다: "실패는 나를 강하고 너그럽게 만들었다"(호치민(Ho Tsi Minh) 수상), "생각은 입에서 태어난다"(T. Tzara, 루마니아 시인).

4. 규범화된 결정

4.1 예비 규범

우리는 영화의 기반이 되는 다양한 텍스트들 간의 연결고리들을 살펴보았다. 세심한 분석으로 들어가면 캐릭터와 사건들이 어떻게 선별, 왜곡되고 재구성되어 현재 영화 속의 모습을 갖추게 되었는지 알 수 있을 것이다. 여기서는 다른 예비 규범들(Toury 1995: 58), 주로 이중 번역가에게 해당이 되는 사항들을 고려해보고자 한다.

살펴본 예시에서, 카우리스마키는 자금 조달을 위해 먼저 각본을 (프랑스어로) 번역하고자 했다. 그의 영화는 독일, 프랑스, 스웨덴, 핀란드 에이전시나 제작사들이 공동 제작했다. 핀란드 배급사는 차후에 핀란드어 및 스웨덴어 자막(TV 방영용은 핀란드어로만 제작)을 만들어야 했다. 하지만 어떤 경우에도 번역가가 TV 시청자들 또는 특정 대중을 염두에 두며 번역하지는 않은 듯하다. TV 프로그램들의 경우는 다를 수 있다.

각본 작업부터 연출까지, 또 영화의 극장 배급에서 방송사 방영까지, 의미 있는 완성작을 만들어내기 위해 많은 사람들이 참여한다. 이러한 과정에서 각기 다른 역량과 직급, 지위를 가진 전문가들이 재정적, 기술적, 심미적 결정을 하게 된다(3.3 참조).

4.2 기능적 규범

  일반적인 관객들은 거의 자동적으로 자막을 '번역된 글'로 인식하고, "원문"은 들리는 대화일 것이라고 생각한다. 그리고 우리는 "본능적으로" 자막을 이 발화와 비교한다. 실제로 자막은 종종 "번역"으로 기능하는데, 이는 두 가지 언어의 존재 및 병치된 두 개의 기호체계(소리와 글) 때문이기도 하고, 화면 아래에 나타나는 하나 혹은 두 줄의 글을 (상호언어 간) "번역된 것"으로 여기는 관습 때문이기도 하다. 그러나 동일 언어 자막(농아인들과 난청인들의 언어학습 도구로 쓰인다)이나 두 개 언어 자막(벨기에에서는 자막이 플라망어와 프랑스어로, 이스라엘에서는 히브리어와 아랍어로 제작된다)도 존재하며, 둘 중 하나는 스크립트를 바탕으로 번역한 것이 아닌, 다른 한 자막의 번역일 수 있다.

  〈보헤미안의 삶〉의 핀란드어 자막은 프랑스어로 번역된 시나리오를 기반으로 제작되었으며, 스웨덴어 자막은 핀란드어 자막을 바탕으로 만들어진 것으로 알려졌으나 확인할 수는 없었다.

  시나리오(프랑스어)에는 각 시퀀스에 대한 장소나 시기, 배경, 소품 등에 대한 설명에 더해 대사도 표기되어 있다.

a. 전술한 시나리오 상의 대사와 스크립트 상의 대사(이(異) 언어 번역) 간에는 차이가 별로 없었다.
• 치환: "몬사오(Monçao)"를 "푸아티에(Poitiers)"로, "노동자들의 의견(avis des travailleurs)"을 "사람들의 의견(avis du peuple)"으로
• 생략: 문답식의 짧막한 대화 일부 및 문장 식 언표 생략
• 첨가: 말레비치, 쇤베르크, 베르크 관련 대사들, 랭보 인용, 담배가게에서의 대화 등

- 발화 수정: "당신이 그렇게 하는 건 허락 못 해요(Ça je ne vous permettrai pas)."를 "그런 일은 허락 못 해요(ça je ne le permettrai pas)"로, "거실에서 (pour la salle de séjour)"를 "내 거실(ma salle)"로, "저녁식사에서(au diner)" 를 "내 저녁(mon diner)"으로, "사람들이 약속한 것은(on a promis)"을 "그 들이 약속한 것은(ils ont promis)"으로, "그 개(le chien)"를 "보들레르 (Baudelaire)"로 수정.
- 어휘의 단순화: "내 의무를 이행하기 위해서(accomplir mon devoir)"를 "의 무를 다하기 위해(faire mon devoir)"로, "내 장점의 진가를 인정한다(on donne sa vraie valeur à mon mérite)."를 "내 장점을 알아본다(on reconnait mon mérite)."로, "내일까지 말라야 해(il faut qu'il sèche jusqu'à demain)." 를 "내일 끝낼게(je vais le finir demain)"로, "쓸모없는 놈들(les goujats)"을 "멍청이들(les idiots)"로
- 동시대적 요소: 알파 로메오(Alfa Romeo), 『르몽드(*Le Monde*)』의 쉬즈 (Suze)

b. 스크립트와 영화 속 대화 간에는 시각과 관련해 약간의 변형이 있었다 ("우린 할 수 있어(on peut continuer)"가 "우리는 할 수 있어(nous pouvons continuer)"로 바뀜. 출판사에서의 마르셀의 대사; 뮈제트의 사진 촬영 장 면; 소작인일 당시의 미미의 대사; 카드 게임 장면의 대화 - 자막 제공되 지 않음).

시나리오의 언어적 요소들은 대부분 그대로 스크립트로 옮겨졌다고 할 수 있고, 이 스크립트가 자막 작업의 모체가 되었다. 카우리스마키가 쓴 대화 는 간결하며, 반복과 잉여표현이 거의 없고, 기본적인 구문적 구조와 선율 적 구조를 지녔으며 언어 사용역의 변화가 극히 드물다.

몇몇 장면은 대사가 없다. 하지만 허를 찔린 상태에서 인정한 "진실"에서 야기되는 유머를 배제하지는 않는다(예를 들면, 로돌포가 미미에게 가정주부가 될 것을, 사업가 - 설탕 상인과 그림 수집가로부터 좋은 가격을 받을 것을 제안하는 것).

적은 분량의 대사는 자막의 언어적 제작, 분할 및 속도 조절에 많은 도움이 된다. 적은 대사 때문에 중립화, 자연화(또는 자국화), 명료화 규범에 대해 논하기가 힘든데, 시나리오, 스크립트, 스크린 상의 대사 및 마스터 리스트(대사의 길이가 표시된 스크립트)가 높은 유사성을 보이고 때문에 더욱 어려워진다. 어느 정도는 공동제작으로 인해 강제되었다고 볼 수 있는, 핀란드어와 프랑스어를 오가는 순환적 번역과 최소한의 미학은 설득력 있는 체계적 묘사를 완성하는데 상당한 방해 요소로 작용한다. 규칙적인 패턴이 있더라도 뚜렷하게 구별되지는 않는다.

4.3 번역가의 영향력

영화 참여자들의 관계는 종종 권한과 역량에 그 바탕을 두고 있다. 〈보헤미안의 삶〉의 경우, 프랑스어로 번역된 시나리오와 핀란드어 자막은 동일 인물의 작업으로, 파리에 거주하는 핀란드인 여성(Irmeli Debarle)이 제작한 것이다. 그런데, 크레딧을 자세히 살펴보면 그녀가 남편(프랑스인)의 도움을 받았고, 카우리스마키의 조수였음을 알 수 있다. 그녀의 역할은 부수적이거나 이차적인 것이 아니었다. 그녀가 프랑스어와 핀란드어를 오가는 번역을 맡고, 본인의 책무를 다하며 의사결정을 내린 것은 무수히 많은 요직을 지내는 동안이었다. 제작의 다양한 순간마다 그녀가 함께 한다는 사실 자체로, 제도적, 문화적, 그리고 텍스트적 차원에서의 자신의 일이 정당화되는 것이다. 그녀는 여러 상황 속에서 촉발된 번역가의 간접적인 활동들과, 번역의 본질 및 과정 그 자체 간의 차이를 드러내주고 있다.

5. 각색: 변환의 사슬

　제작자, 감독, 배우, 배급자, 번역가가 작업을 완료한 후에는 어떻게 전달되는가? 언어적 메시지가 영화에 대한 전체적인 인식 속에 자리 잡도록 어떻게 통합하는가?

　카우리스마키는 핀란드에서 알려지기 전에 프랑스와 독일에서 먼저 인정을 받았다. 이 부분에서는 보고서나 리뷰, 광고, 보도 자료 등을 살펴보며 각기 다른 사회의 관객들이 가지는 기대와 예상 내용을 확인하고, "성별" 지표와 번역에 대한 코멘트들을 기록하는 것이 유의미할 것이다. 아마 우리는 언어 지향적인 특성이 있는 '수용성'이라는 개념을 '접근성'이라는 개념으로 대체해야 할 것이다.

　자막 작업에 있어서 접근성은 이하의 내용을 포함한다.

- 수용 가능성: 목표 언어의 언어 규범, 문체 선택, 수사적 관습, 어휘 등
- 자막의 활자 - 시각적 가독성: 서체의 크기, 형태 및 윤곽; 자막 위치, 좌측 기준 정렬 또는 중앙 기준 정렬; 글자 수, 스크린 폭, 쇼트와 시퀀스의 변화 및 대사의 리듬을 고려해 결정되는 자막의 지속시간 및 이동 속도; 영상의 광도와 화면 상 다른 글귀의 존재 여부와 관련된 자막의 선명도
- 심리언어학적 가독성: 수용자들의 독해 속도 및 습관, 텍스트의 복잡성, 전달해야 하는 정보의 밀도와 밀접한 관련이 있다. 심리언어학적 기독성은 일관성 있는 의미적, 통사적 단위로 자막을 분할, 함축 및 통합하는 방식을 통해 드러나기도 하고, 자막에 생동감을 더해 줄뿐만 아니라 대

사들의 입력과 처리를 용이하게 해주는 주변 텍스트적(paratextual) 특징
(구두점)의 활용 방식 속에도 나타난다.

- 적절성: 관객의 인지 노력을 가중시키지 않기 위해 제공, 생략, 추가, 명
시 및 역해(譯解)해야 할 정보들을 말한다.
- 문화적 차원에서의 자국화 측면: 새로운 서사 방식 및 대화가 담고 있는
가치들을 어디까지 수용하고 표현할 것인가? 여기서는 수용자의 기대,
필요, 예상과 전달해야 할 의미의 다중기호적 복잡성 사이에 놓인 번역
가의 전략적 선택을 동화시키는 것을 뜻한다.

상황과 다양한 수용 요인을 중심으로 하는 수용성의 개념은, 우리가 살펴본
바와 같이 "원천" 텍스트(원본의 존재론적 우선권)라는 개념이 언제나 저자
성(auteur-ité)과 텍스트 - 전환 - 자막이라는 선형성을 믿게 만드는 일종의
환상이자 트롱프뢰유(눈속임 그림, trompe-l'œil)라는 점에서 더욱 중요한 의
미를 지닌다.

 모든 텍스트(번역문이든 아니든)에 다양한 근원이 있다는 것은 오래된
견해이다. 우리가 살펴본 사례의 경우에는, 연재소설(동일언어 간 번역)을
"각색한" 소설이 시나리오(기호간 번역)에 영감을 준 텍스트가 되었다. 시나리
오는 서사 차원의 재구성, 생략, 첨가를 통해, 그리고 등장인물들의 새로운
캐릭터 설정 및 언표적 변화를 통해 구성되었다. 카우리스마키는 이 매개
적 성격의(intermediate) 텍스트 또는 "간텍스트(intertext)"에 자신만의 표식
과 "아킬리안(Akilian)" 스타일을 남겼다(Kainulainen 1999). (마찬가지로 번역
물인) 이 간텍스트로부터 제작 스크립트, 즉 자막의 출발 텍스트가 유래하였
고, 자막 제작은 재번역 (또는 역번역)이 아닌, 번역물(이 언어 간 번역)을 번
역(이 언어 간 번역)한 작업이었다. 전술한 두 유형의 텍스트 (영감을 준 텍스

트와 출발 텍스트)는 Julia Kristeva(1974)가 정의한, "제노텍스트(genotext)" (의 미화 과정의 초기 발생 단계) 및 "페노텍스트(phonotext)" (어느 순간의 현상 으로서의 텍스트)와 연관 지어 비교할 수 있을 것이다. Kristeva는 (Bakhtine 의 "대화론"에서 영감을 받은) 상호텍스트성이라는 개념의 주창자이기도 하 다.

이러한 일련의 변환 과정은 거시적 · 미시적 차원에서뿐만 아니라, 이데 올로기와 미학적 규준, 그리고 참여 주체들(제작사, 감독, 배급사 등) 간에 발생하는 권력 및 금전 관계의 제약 하에 놓여 있다는 점에서 André Lefevere(1992)의 "재구성" 또는 "조작"으로서 인식되는 번역을 상기시킨다.

이러한 관점과 논리적 추론에 의하면 ("원작"에 더 의존적인) 번역과 ("원 작"에 대해 상대적으로 자율적인) 각색 사이의 허위양극성(pseudopolarity)은 더 이상 성립하지 않는다. 텍스트들 간의 순환이 존재하고, 무엇보다 의미 체계간의 시너지가 발생하기 때문이다. 모든 유형의 변환을 아우르기에 적 합한, 영화의 번역각색—또는 트랜스어뎁테이션(transadaptation)—이라는 개 념을 제안하는 이유가 여기에 있다. 즉, 영화의 번역각색을 통해 우리는 관 례로 자리 잡은 이분법적 대립을 넘어섬과 동시에, 지극히 다양한 기대와 사회문화적 · 사회언어적 배경을 가졌으며 독해 능력과 수단, 기회도 서로 다른 목표 대중들(어린이, 노년층, 농아인과 난청인, 학생, 관리자 등)을 한 층 더 고려할 수 있게 된다.

(카우리스마키가 창조한) 마르셀, 로돌포, 미미, 쇼나르, 사내, 블랑슈롱 은 뮈르제의 작품에 등장한 인물들의 아바타이다. Verdi가 Dumas의 희곡 『동 백꽃을 든 여인(La Dame aux camélias)』을 오페라 〈라 트라비아타(La Traviata)〉로 "번역", 각색(트랜스어뎁테이션)했을 당시, "동백 아가씨"인 마 르게리트(Marguerite)가 "길을 잘못 든 여인"이라는 뜻의 "라 트라비아타", 즉

구원을 갈망하는 비올레타(Violetta)로 변형된 것과 마찬가지로 말이다. 저자, 텍스트, 원작 및 맥락화에 대한 우리의 전통적 견해를 뒤흔들고 있는 번역은, 여전히 협의되어야 할 개념으로 남아있다(Gambier 1999-2000: 67).

참고문헌

Cattrysse, Patrick. 1992. *Pour une théorie de l'adaptation filmique*. Berne: P. Lang.

Coppieters, Ilse. 1999. "The Adaptation Process from Novel to Film. The Screenplay as Intertext". In Jeroen Vandaele (ed.) *Translation and the (Re)Location of Meaning*. Leuven: CETRA: 393-400.

Coremans, Linda. 1990. *La transformation filmique: du "Contesto" à "Cadaveri eccellenti"*. Berne: P. Lang.

Desmet, Marleen. 1989. *Le sous-titrage comme problème de traduction: "Ganz unten" et ses sous-titres en néerlandais et en français*. Mémoire de philologie romane. Katholieke Universiteit Leuven.

Foucart, Claude. 1986. "De la conversation romanesque à l'air d'opéra: d'Henry Murger à Giacomo Puccini". *Opera als Text*. Romantische Beiträge zur Libretto-Forschung. Heidelberg: Universitatsverlag.

Gambier, Yves. 1992. "Adaptation: une ambiguité à interroger". *Meta* 37 (2): 421-425.

Gambier, Yves. 1997. [seconde édition revue et augmentée]. *Language Transfer and Audiovisual Communication. A Bibliography*. Turku: University of Turku.

Gambier, Yves. 1999-2000. "La traduction: un objet à géométrie variable?" In S. Petrilli (ed.): 57-68.

Gambier, Yves and Henrik Gottlieb (eds). 2001. *(Multi)Media Translation. Concepts, Practices, and Research*. Amsterdam/ Philadelphia: John Benjamins.

Hermans, Theo. 1991. "Translational norms and correct translations". In K. M.VAN Leuven-Zwart and Tom Naaijkens (eds) *Translation Studies. The State of the Art*. Amsterdam: Rodopi: 155-169.

Jäckel, Anne. 1995. "Politiques linguistiques et coproductions cinématographiques en Europe". In *Translatio* XIV (3-4) — Actes de la Conférence de Strasbourg, juin 1995: *Communication audiovisuelle et transferts linguistiques/ Audiovisual Communication and Language Transfer*: 461-478.

Jakobson, Roman. 1959. "On linguistic aspects of translation". In R.Brower *On translation.* New York: Oxford University Press: 232-239. Traduit en francais par N.Ruwet: "Aspects linguistiques de la traduction". In R. Jakobson: *Essais de linguistique générale.* Vol.1 1963. Paris: editions de Minuit: 78-86.

Kainulainen, Tuomas. 1999. "Sous-titrage des films. Le cas de l'*akilien".* *Contre-bande* 5 (numéro spécial sur Kaurismäki): 105-112.

Kristeva, Julia. 1974. *La révolution du langage poétique.* Paris: Le Seuil.

Lefevere, André. 1992. *Translation, Rewriting and the Manipulation of Literary Frame.* London/New York: Routledge.

Petrilli, Susan (ed.). 1999-2000. "La Traduzione". *Athanor. Semiotica, Filosofia, Arte, Letteratura.* X (2): 283.

Reiss, Katarina. 1971. *Möglichkeiten und Grenzen der Übersetzungskritik.* München: Hueber.

Simons, Anthony. 1996. "The Problems of Narrative "Dialogue". Translation and Reception of *le Journal d'une femme de chambre."* In G. F. Harris (ed.) *On Translating French Literature and Film.* Amsterdam: Rodopi. 89-105.

Toury, Gideon. 1995. *Descriptive Translation Studies and Beyond.* Amsterdam: J. Benjamins.

Vuorinen, Erkka. 1995. "Source Text Status and (News) Translation". In R. Oittinen, J. P. Varonen (eds) *Aspectus Varii Translations.* Tampere: University of Tampere: 89-102.

다큐멘터리 번역에 관한 속설

Eva Espasa
번역 홍지연

1. 서론

다큐멘터리는 영화학 내에서도 다큐멘터리학이라는 독자적인 학문 영역을 창출한 매혹적인 분야이다. Michael Renov(1993: 1-2)는 다큐멘터리 연구가 최근 늘어난 데 대해 다음과 같이 설명했다.

다큐멘터리가 진지한 탐구 대상으로서 주변적인 지위를 차지했던 것은 이제 끝났다고 할 수 있다. 논픽션 영화 및 영상 연구에서 발생하는 핵심 질문들, 이를테면 이미지의 존재론적 지위, 표현의 인식론적 이해관계, 역사 담론의 잠재성 등은 결국 허구적 재현에 대한 이해를 요구한다.

그러나 흥미롭게도 번역학(Translation Studies, TS) 내에서 영상번역 (Audiovisual Translation, AVT)은 다큐멘터리 번역을 거의 다루지 않았다. 예를 들어, Yves Gambier의 AVT(1997) 참고 문헌에는 다큐멘터리 관련 문헌 목록의 양이 다른 영상 장르의 목록보다도 상대적으로 적다(Franco 2000: 233 참조). 그리고 2001년 4월, '스페인 영상번역 연구의 업데이트'라는 주제로 열린 첫 SETAM(Seminari de Traducció Audiovisual i Multimèdia) 컨퍼런스에서도 30편의 논문 중 단 2편만이 다큐멘터리(Herrero)와 보이스오버 (Orero)−스페인에서는 인터뷰 및 다큐멘터리 번역을 위해 일반적으로 사용하는 더빙 형태−를 다루었다. 2003년 11월, 저명한 저널 'The Translator'는 다큐멘터리 번역에 관한 논문이 단 한 편도 없는 AVT 논문 단행본을 발표하기도 했다.

이렇듯 다큐멘터리가 경시되는 이유 중 하나는 바로 AVT가 상대적으로 새로운 학문 분야일 뿐만 아니라, 다큐멘터리학이 속한 번역학이라는 학문 역시 비교적 신생 분야라는 점이다. 전통적으로 대중문화와 번역은 부산물로 여겨졌다. 이러한 이유로 영상번역 결과물이 막대한 사회적 영향을 지니는 것과는 대조적으로(Díaz Cintas 2003: 289) AVT 연구는 학술적 명성이 거의 없었다(Delabastita 1989: 193). 그러나 이제 상황은 달라졌다. 본 논문의 참고 문헌 작성연도에서도 확인할 수 있듯이 밀레니엄을 기점으로 영상 번역 출판에 붐이 일어났다.

다큐멘터리가 경시되는 또 다른 이유는 모든 신생 학문이 고유의 특수성을 구성하는 경계를 결정해서 그 학문적 존재를 정당화한다는 점에 있다(Chaume 2002: 1). 그래서 대부분의 AVT 연구가 전형적인 번역 방식(립싱크 더빙 및 자막)의 측면이나, 장편 영화와 TV 시리즈처럼 폭넓은 관객층을 모으는 장르적 측면 중심으로 그 특수성을 다루는 것은 그리 놀랄만한 일이 아니다. 이는 다큐멘터리의 영상적 특수성이 아직 완전히 알려지지 않았음을 보여준다. 이상의 연구를 위해, 필자는 다음의 속설에 대해 간략하게 살펴보고자 한다.
1. 다큐멘터리는 영화가 아니다.
2. 다큐멘터리 번역은 영상번역과 다르다.

2. 속설 1: 다큐멘터리는 영화가 아니다.

종종 일상생활에서 영화 이야기를 하다 보면, 다큐멘터리 논의에는 늘 조건이 붙는 것을 볼 수 있다. '글쎄, 이건 진짜 영화가 아니야.' 이 말의 기저에 깔린 가정은 다큐멘터리는 허구가 아니라서 영화가 아니라는 것이다. 즉 모든 다큐멘터리 또는 예술 작품은 실제이고, 모든 픽션 영화는 실제가 아니라는 의미이다. 이러한 속설을 파헤치기 위해서는 영화 역사를 간략히 조사해보면 도움이 될 것이다. 아래는 최초의 다큐멘터리에 관한 글로, 요즘 장르에서 직면하는 딜레마를 이해하는 데 도움이 된다. 예를 들면 기록화 대 스펙터클, 현실/논픽션 대 픽션, 반대되는 이데올로기에 의해 악용될 수 있는 다큐멘터리 형식의 다변적 특성과 같은 딜레마이다.[1]

2.1 다큐멘터리의 기원

Erik Barnouw의 설득력 있는 주장(1998)처럼, 영화는 역사적으로 다큐멘터리의 형태로 등장했다. 최초의 영화 촬영 실험은 카메라의 렌즈를 통해서 인간의 눈보다 더 정확하고 세부적으로 장면을 기록할 필요성에서 비롯되었다. 예를 들면 태양 앞을 지나가는 금성(Pierre Jules César 1874), 경주마의 질주(Eadweard Muybridge 1872-1877), 비행하는 새의 움직임(Étienne Jules Marey 1882), 입술의 움직임에 따른 조음(Georges Demeny 1892)과 같은 것이다. 이러한 시리즈 촬영의 실험을 통해 나타난 다큐멘터리의 최대 장점은 우리가 이전에는 인식하지 못했던 세계에 접근할 수 있음을 보여주는 것이었다 (Barnouw 1998: 12). 그러나 그 촬영 실험의 관심은 움직임을 합성하는 것보다 해체하는 것이었고, 그 실험은 고속 또는 찰나의 시리즈 촬영 영역을 넘어서지 않았다(Manvell & Weis 1990: 380).

초기 영사기의 보급은 과학자가 아닌 발명가로부터 시작되었다. 발명가들은 영화의 극적인 측면을 십분 활용했다. 그래서 Thomas Alva Edison과 Louis Lumière와 같은 선구자들은 최초의 영화 실험을 상업 및 산업 프로젝트로 전환했다. Edison의 첫 번째 영화는 스튜디오에서 촬영한 뮤직홀 공연이었다. 그의 촬영기인 키네토스코프(Kinetoscope)가 이동용이 아니었던 까닭이다. 반면, Lumière 형제의 촬영기인 시네마토그래프(Cinématograph)는 이동할 수 있었으며, 그들은 실제 사건에 대한 기록을 담았다. 이러한 이유로 Lumière 형제의 〈공장을 나서는 노동자들(La sortie des ouvriers de l'usine Lumière)〉(1895)을 일반적으로 가장 최초의 영화로 간주한다. 최초의 Lumière 촬영 중 어떤 장면은 아기에게 밥을 먹이거나 다른 코미디 단편처럼 카메라에 맞추어 준비된 연기를 보여주었지만, 대부분은 배우가 아닌 일반인들의 일상 모습을 담아냈다.

다큐멘터리 영화는 시작부터 예술, 산업, 의학, 군대, 과학 및 교육 등의 주제를 포괄적으로 다룰 수 있는 다목적 특성을 보였다(Barnouw 1998: 31). 초기 다큐멘터리를 보면 다큐멘터리 제작자가 기획자, 광고주, 예술가, 기자, 여행자, 민속학자 등과 같이 다양한 역할을 하는 것을 알 수 있다. Erik Barnouw의 책 '다큐멘터리 영화사'도 다큐멘터리의 다양한 사회적 기능을 바탕으로 구성되었다. 이를테면 탐험가, 기자, 화가, 변호사, 클라리온 콜, 검사, 시인, 연대기 편자, 기획자, 관측자, 촉매자 및 유격대 대원과 같은 것으로, 그 책의 각 장 제목을 통해 한눈에 알 수 있다(1998: 7).

픽션 영화가 다큐멘터리 영화보다 우세하기 시작한 것은 1907년(최초의 Lumière 영화는 1895년에 시작됨) 이후부터였다. 그 이유는 다양했다. 우선 픽션 영화의 주제(군대 행렬, 왕위 수여식, 식민지의 제국주의 묘사 등)로 인해 영화는 쉽게 선전의 주체가 되었다. 또한 몽타주 기법은 픽션 영화에서만 처음 개발되었고 다큐멘터리에는 없었다(Barnouw 1998: 25). 그리고 트릭 기법이 도입되자, 다큐멘터리가 역사적 증인으로서 갖는 신뢰성이 줄어들었다. 사건의 실제 촬영은 유명인으로 분장한 배우들의 스튜디오 촬영 및 스케일 모델과 결합하였다(Barnouw 1998: 27-30).[2] Lumière 시대에 다큐멘터리가 쇠퇴하고 픽션이 부상한데 기여한 또 다른 요소는 영화배우의 등장과 더불어 픽션 영화가 처음으로 여러 개의 릴을 사용했다는 점이다 (Barnouw 1998: 30).

후기 다큐멘터리는 픽션 영화가 흥행하고 많은 관객을 끌었던 것과 동일한 수사학적 장치를 사용했다. 대표적인 예로, Robert Flaherty의 〈북극의 나눅(The Nanook of the North)〉(1922)은 서스펜스 및 캐릭터 구축 기법을 사용한다. 요즘은 다큐멘터리가 픽션 영화처럼 관객을 엄청나게 끌어 모으지는 않지만, 탐사물과 같은 장르에 대한 관객의 관심은 특히 높아졌다. 최근에는 Wim Wenders의 〈부에나비스타 소셜 클럽(Buena vista Social Club)〉(1999)과 Michael Moore의 〈볼링 포 콜롬바인(Columbine For Bowling)〉(2002)과 같은 작품이 다큐멘터리로는 흥행했다.

2.2 다큐멘터리의 정의, 프로테안 기관

다큐멘터리는 엄밀히 영상 장르이다. 혼종적이고 다변적인 특성이 있지만, 오히려 이 특성으로 인해 스크린의 이미지가 모든 종류의 소재를 소화할 수 있다. Carl Plantinga(1997)와 같은 특정 저자나 특정 기관에서 선호하는 '논픽션 영화'라는 명칭에서 알 수 있듯이, 일반적으로 다큐멘터리는 장편 영화와 반대로 부정적으로 정의된다. 다큐멘터리가 영화예술 아카데미에서 아무 상도 받지 못했을 때, 미라맥스 영화사(Miramax Films)는 논픽션이라는 용어를 제안함으로써 "다큐멘터리"의 "부정적 어감"을 떨칠 수 있었다(Renov 1993b: 5 참조).

픽션과 논픽션 간에 경계를 정하는 것은 어렵다. [Bill] Nichols가 제시한 픽션과 논픽션 사이의 유용한 구분법은 그 지향점이 불특정 세계(a world)인지 아니면 특정 세계(the world)인지에 달렸다(Renov 1993b: 194). Michael Renov는 다음과 같이 주장했다.

> '논픽션'이라는 명칭은 유의미한 범주이다. 실제로 이 명칭은 우리가 [다큐멘터리의] (필연적인) 가상의 요소를 무시하도록 유도할 수 있다. [...] 픽션과 다큐멘터리 간의 복잡한 관계에서는 두 영역이 서로 존재한다고 말할 수 있다. (같은 글: 3)

다큐멘터리에는 허구적 요소뿐만 아니라 가공의 요소도 분명히 있다. Michael Renov에게 가공의 요소란 이미지의 수사학적 구축을 의미한다. 이는 '비유나 수사적 표현에 대한 의지'를 보이는 것으로, 서사 구조를 갖추기 위해서 다큐멘터리와 픽션 영화가 함께 공유하는 점이다. 또한, 캐릭터에 초점을 맞춘 의도적이고 창조적인 카메라 앵글을 사용하기도 한다(같은 글: 2-7). 이처럼 픽션과 논픽션 사이의 불확실한 경계를 고려하여, 이 본문에서는 어떤 현실을 '기록화'하는 목적을 언급하기 위해 '다큐멘터리'라는 용어를 사용한다. 즉, 현실의 진실을 평가하려는 목적이 아니다.

다큐멘터리에 대한 수많은 정의는 다큐멘터리가 지닌 다목적 특성을 잘 보여준다. 한 예로 Bill Nichols에 따르면, 다큐멘터리는 텍스트, 실무자 공동체 및 관습 공동체로 구성되어 있는 역사적 변화에 민감한 프로테안 기관으로서 다양한 관점에서 다큐멘터리 연구를 해야 한다고 했다 (Plantinga 1997: 13; Nichols 1997 & 2001 참조). 이 견해는 다큐멘터리의 혼종성을 인정하는 것이며, 다큐멘터리를 제작/사용하는 특정 에이전트로 인해 발생하는 다목적 특성을 주장하는 것이다. 특정 에이전트라 함은 어떤 것을 다큐멘터리로 승인하는 구체적 시점에서의 특정 단체를 말한다.

> 다큐멘터리를 정의하는 한 가지 방법으로 '다큐멘터리는 곧 그것을 제작하는 조직과 기관이다'고 말할 수 있다.' [...] 이 정의는 순환성에도 불구하고, 어떤 주어진 작품을 다큐멘터리로 간주할 수 있다는 첫 신호 역할을 한다. 맥락이 단서를 제공하는 것이다. [...] 우리는 영화의 다큐멘터리 지위와 객관성, 확실성, 신뢰성 정도에 대해 특정한 가정을 한다. (Nichols 2001: 22)

Carl Plantinga는 다큐멘터리(또는 그의 전문 용어로는 논픽션 영화)에 대한 몇 가지 정의를 조사했지만, 그 정의들은 너무 막연하거나 제한적인 경향이 있었다. Plantinga는 논픽션 영화에 대한 정의의 어려움을 예술에 대한 정의의 어려움과 비교하기도 했다. 둘 다 모든 종류의 물질로 채울 수 있는 빈 개념(empty concept)이기 때문에 합의에 쉽게 도달할 수 없는 용어이다(같은 글: 14). 다만 다음에 제시될 원형성(prototypicality), 색인(index), 확언성(assertiveness)에 기초한 기능적 정의가 좀 더 유용할 수 있다.

George Lakoff(1987: 4 참조)는 특정 원형과 관련해서만 정의되는 범주의 모호한 경계에 대해 연구했다. 한 범주의 원형적인 예는 그 범주의 핵심으로 여겨지는 속성을 갖는다. 반면, 그보다 더 부수적인 경우는 이러한 범주의 일부만을 가질 수도 있다. Carl Plantinga는 이를 다큐멘터리에 적용했다.

그의 주장에 따르면 원형적 다큐멘터리와 예외적 다큐멘터리 사이에는 약간의 단계적 차이가 형성될 수 있으며, 이는 특정 문화의 특정 시점에서 이뤄진다고 보았다(Plantinga 1997: 15).

Noël Carroll의 색인 이론도 다큐멘터리에 적용될 수 있다. 그 이론은 다큐멘터리가 제작자, 배포자, 검토자 등 특정 에이전트에 의해 색인이 만들어지거나 혹은 공개적으로 식별되어야 다큐멘터리라고 할 수 있다고 주장한다. 그러나 그것이 전부가 아니다. 그렇게 인식되어야 비로소 다큐멘터리가 되는 것이다(Carroll in Plantinga 1997: 16).[3]

이상 모든 정의의 공통점은 어떤 것을 다큐멘터리로 승인하는 과정에서 에이전시가 중심적인 역할을 한다는 것이다. 다큐멘터리는 특정 권력관계가 작동하는 실무자의 맥락을 고려하지 않고는 정의될 수 없다. 중요한 것은 누가 무엇을 다큐멘터리로 정하며, 누가 이를 수락하는 가이다. 또한 곧 살펴보겠지만 누가 누구를 위해 번역하는가 하는가의 문제도 중요하다.[4] 이 모든 면에서 문제의 핵심은 에이전시이자 곧 에이전시의 수사학적인 소멸이다.

> 어떤 것의 실제적 유사성을 나타내기 위해서는 그 대표 에이전시를 없애 버림으로써 그 유사성이 전면에 나타나게 하는 것이다. 누군가 또는 어떤 다른 것을 지지하기 위해서는 대표권을 주장함으로써 문제 또는 관심사가 전면에 올 수 있도록 하는 것이다(Nichols 1993: 175).

다큐멘터리를 정의하는 또 다른 접근법은 텍스트의 확언적 기능에서 비롯된다. 문제는 특정 현실이 존재하는지가 아니라, 특정 다큐멘터리가 그러한 현실이 존재한다고 확언하는 지의 여부이다. Carl Plantinga는 '한때 파리 여성이 한 명 있었다'라는 문장을 예로 들며, 이것은 발언된 상황에 따라 가상의 이야기로 인식할 수도 있고 현실의 확언으로 간주할 수 있다고 보았다 (Plantinga 1997: 16-17).

이렇듯 원형성, 색인, 확언성에 근거한 다큐멘터리의 정의는 무의미하게 보일 수 있다. 정의라는 것은 다큐멘터리의 발신자 또는 시청자에 달려 있기 때문이다. 그들은 다큐멘터리를 다소 원형적으로 볼 수도 있고, 다큐멘터리의 주장에 의문을 제기할 수도 있다. 또 다큐멘터리의 명칭을 받아들이거나 거절할 수도 있다. 따라서 정의라는 것은 다소 공허해진다. 한 예로 Oliver Stone의 1991년 영화 〈JFK〉는 픽션과 다큐멘터리 경계에서 나타나는 다큐멘터리 재현의 관습을 재미로 다룬다. 이 영화는 전통적인 다큐멘터리처럼 보이스오버 해설(voice-over narration)로 시작되며, 가상의 장면이 서서히 삽입된다. 이 모호한 표현은 관객에게 포스트모던 시대에서 역사적 사실을 설정하는 고충을 강조할 수 있다(Plantinga 1997: 23-24). Michael Moore의 작품 〈Bowling for Columbine〉(2002)의 '진실' 논란도 이러한 관점에서 볼 수 있다.

3. 속설 2: 다큐멘터리 번역은 영상번역과 다르다.

다시 번역으로 돌아가서 다큐멘터리 번역이 영상번역과 다르다는 속설에 대해 알아보자. 이는 다큐멘터리가 더빙이나 자막 같은 주요 번역 방식처럼 영상번역의 일반적인 어려움을 보이지 않는다는 뜻이다. 앞으로 살펴보겠지만 번역 방식(립싱크 더빙, 자막, 보이스오버)과 영상 장르, 현실/픽션의 혼란은 다큐멘터리 번역에서도 마찬가지로 나타난다.

다큐멘터리의 현실 구성에 관한 현재의 논쟁은 번역에도 영향을 미칠 수 있다. Eliana Franco는 '그러한 접근법의 직접적인 결과 중 하나는 구성/

재현의 과정에서 번역의 적극적인 참여를 제안함으로써 객관적 타당성에 도전하는 것이다'고 주장했다(Franco 2000: 235).

현재의 번역 이론은 텍스트 구성 과정 중 번역가의 영향을 인정한다. 역설적이게도 번역학과 영화학에서는 현실에 의문을 제기하는 것이 보이스오버를 사용하는 것과 충돌한다. 보이스오버는 진위의 환상을 위해 선택되는 번역 방식으로, 그 효과는 관객에게서 더욱 커질 수 있다.

다큐멘터리에서 '이미지의 가치가 "실제" 출처에 대한 신뢰를 주는 능력에 달려 있다면'(Renov 1993: 8), 보이스오버 번역에서는 담화, 연설자의 음성, 또는 연설자의 억양에서 진위가 비롯될 수 있다(Orero 2001).[5]

Rosa Agost와 Frederic Chaume는 스페인에서 사용되는 보이스오버에 대해 명확한 정의를 제시한다.

> 보이스오버(voice-over): 더빙의 일종. 더빙 연기자의 발화가 원본 구어 텍스트와 겹치는 다큐멘터리에서 특히 사용된다. 이 구두 원본은 번역본보다 낮은 음량으로 나온다. 번역본은 약 3초 후에 시작되지만 동시에 완료된다. (Agost & Chaume 1999: 250).

스튜디오마다 약간의 차이는 있을 수 있지만, 2초 후에 보이스오버가 시작되고 원천 텍스트보다 2초 전에 끝나는 것이 일반적이다. 또는 원래 사운드 트랙의 서너 단어 이후에 보이스오버가 시작될 수 있다.

보이스오버는 더빙과 같이 원천 텍스트를 완전히 대체하는 것을 목표로 하지 않는다는 점에서 동시통역과 유사하다(Zabalbeascoa 2001: 51). 이는 코드가 달라도 원천 언어와 목표 언어가 공존하는 자막과 비슷하다. 이러한 공존은 관객으로부터 끊임없는 비교를 불러일으켰고, 대개는 비판을 일으켰다. 그래서 Díaz Cintas는 자막 버전을 '취약한 번역'이라고 명명했다

(2003: 43-44). 보이스오버에서는 사운드 트랙 간에 청각적 오버랩이 거의 없기 때문에, 번역가는 관객이 번역의 품질이나 진위를 의심하지 않도록 가능한 문자 그대로 시작한다(Orero 2001).

Roberto Mayoral는 스페인의 다큐멘터리 번역에서 사용하는 보이스오버의 적합성에 정당한 의문을 제기했다. 대부분의 스페인 관객은 원문의 언어를 이해할 수 없기 때문에 진위를 따지기 위해 원본 사운드 트랙을 유지하는 것은 쓸모없을뿐더러 다큐멘터리의 수신을 방해한다고 본다. 영상 장르와 번역 모드 사이에는 일대일 대응이 없기 때문에 다큐멘터리를 번역할 때에는 보이스오버, 립싱크 더빙, 자막, 내레이션 등 어떤 번역 방식이 가장 효과적인지 재검토하는 것이 유용하다(2001: 43).

다큐멘터리의 큰 특징은 다른 영상 텍스트와 마찬가지로 언어와 비언어적 요소 사이의 이미지와 음향 간의 상호 작용이다. 언어 텍스트는 청각 채널(립싱크 더빙 및 보이스오버) 또는 시각 채널(자막 및 키론)을 통해 우리에게 전달된다. 음성/영상, 구두/비 구두 간의 이러한 특수한 상호 작용은 더빙 스튜디오에서 제작된 다큐멘터리의 번역에 대해 다음과 같은 지침을 설명할 수 있다. 다른 세부사항 중에서도 스튜디오의 스타일 시트는 대문자를 통해 번역가에게 텍스트를 번역하지 말고 더빙해야 한다고 알려준다. 따라서 더빙은 번역 및 다음의 Jakobson의 구분에도 반대된다. 기호 간 번역(intersemiotic translation)과 언어 간 번역(interlinguistic translation)은 영상번역에서 공존하지만 서로 반대되는 개념이다.[6] 게다가 '다큐멘터리'는 '텍스트'와 반대되는데 이는 '텍스트'를 서면 형태로 간주하는 것과는 대조적으로 '다큐멘터리'를 영상 형태로 간주하는 것임을 명백히 나타낸다.

이상 다큐멘터리의 까다로운 특성을 프로테안, 혼종적 성격을 통해 확인했다. Frederic Chaume(2003: 190)에 따르면, 번역가는 장르의 특성을 다음의 관점에서 살펴본다.

- 텍스트의 길이
- 전문용어의 유무
- 음향 및 시각적 내레이션(서술) 간의 지시성 정도
- 사건의 본질과 예측 가능성
- 동기화 작업과의 관련성
- 원천 텍스트 언어의 독창성

다큐멘터리 번역을 영상적으로 특징화하기 위해 주제(field), 방식(mode), 번역 방식(translation mode) 및 텍스트적 기능(textual function)과 같은 담론적 측면을 고려할 수 있다.

주제: 앞에서 이미 제시한 Erik Barnouw의 언급처럼 다큐멘터리에는 탐험가, 기자, 유격대 대원 등 다기능성을 바탕으로 모든 분야의 담론과 주제가 포함될 수 있다. 한 다큐멘터리 번역가의 주장을 보면, '다큐멘터리 번역가의 임무는 탐사 보도 기자와 가깝다. 최대한의 주제에 대한 최소한의 지식이 필요하다(Mir 1999: 55)'는 의미이다. 이 요구사항은 모든 번역가에게 적용된다고 볼 수 있다. 그러나 서면 텍스트의 번역가는 특정 분야의 전문가일 수 있지만, 일반적으로 영상 번역자는 특정 주제(예: 생물학)에 대한 전문가가 아니라 특정 방식(예: '영상' 대 '서면')의 전문가로 여겨진다. 해당 전문 지식은 서지 정보 및 인터넷 검색, 전문가 질의 등으로 보완되어야 한다.

담론 방식: 영상. 다큐멘터리를 포함하여 영상번역이 다른 유형의 번역과 구분되는 것은 주제가 아닌 방식이라는 짐을 기억해야 한다. Frederic Chaume(2002: 2)는 영상번역에 대해 다음과 같이 말했다. '서면 또는 구두

번역과는 대조적이며, 이는 법률, 기술, 과학 번역과 다르다. 왜냐하면, 이 주제들은 번역가가 조작한 서면, 구두, 영상 텍스트로 다루어질 수 있기 때문이다.'

Gregory & Carroll(1978: 47)의 잘 알려진 구분에 따르면, 영상 다큐멘터리 텍스트는 서면 텍스트(내레이터 경우)의 구술 발언이자 좀 더 즉흥적인 텍스트(진행자 경우)라고 볼 수 있다. 이로 인해 번역의 어역(register)에 다양성이 생긴다. 내레이터의 어역과 발음은 진행자 및 사회적 행위자보다 더 격식화 되는 경향이 있다. 이것은 문법(통사), 어휘 및 발음의 관점에서 내레이터와 진행자에게 다른 어역을 추천하는 Televisió de Catalunya(TVC 1997)의 더빙을 위한 스타일북처럼 다른 번역 지침을 만들어낼 수 있다(Chaume 2001: 79-80 참조). 진행자는 전문가의 격식적/형식적 스타일부터 어린이의 자연스러운 스타일에 이르기까지 다양한 어역이 있을 수 있다. 어쨌든 내레이터보다 진행자를 위한 더 많은 '구두' 텍스트가 추정되며, 이에 따라 번역 방법이 결정된다.

번역 방식: 립싱크 더빙, 보이스오버, 자막. 스페인에서 후자의 옵션은 몇몇 극장에만 국한되며, TV에는 사실상 존재하지 않는다. 더빙과 보이스오버는 모두 스페인 TV의 다큐멘터리에 사용되며, 이 두 가지 번역 방식은 내레이터와 진행자에게 사용될 수 있다. 일반적으로 보이스오버는 내레이터가 유명한 과학자 또는 기자인 경우, 원본과 번역본의 비교를 위해 사용된다(Agost 1999: 88). 이에 따라 유사성의 필요성이 연사의 지위와 관련되어 있음을 알 수 있다. 그러나 립싱크 더빙 대신에 보이스오버를 선택하는 가장 중요한 이유는 재정적인 부분이다. 보이스오버는 적은 에이전트가 연관되어 있기 때문에 훨씬 저렴하며, '보이스오버에 걸리는 시간은 립싱크 더빙보다도 훨씬 짧다(Luyken 1991: 81).'

스페인에서는 더빙과 자막이 때때로 함께 사용될 수 있다. 예를 들어, 자막은 제3외국어용이나 화자의 사투리를 이해하기 어려울 때 사용된다. 또한, 날짜, 포스터, 광고, 자막 또는 중요할 수 있는 시각적 정보(Castro 2001: 291)처럼 영화의 서면 정보를 번역하기 위해 화면에 쓰인 메시지인 키론을 사용할 수 있다. 자막은 극장에서 상영되는 다큐멘터리에도 사용된다.

텍스트적 기능: Rosa Agost의 영상 장르 번역 분류에 따르면 다큐멘터리는 서술적, 묘사적, 설득적, 설명적 기능을 갖춘 정보 장르로 생각할 수 있다(1999: 30, 40). 정보 장르의 설득 기능에는 전문성의 정도가 다양하다. Klaus Gommlich(1993: 175-184)가 제안한 번역 지향 분류법은 기술 과학 텍스트에 맞춰 고안된 것이지만, 모든 다큐멘터리에도 적용될 수 있다.

- 사실 전달 텍스트 I(Transfactual texts I): 정보 기능. 전문가에게 전달됨.
  예) 전문가끼리 의사소통하는 특정 수술 기술에 관한 영화
- 사실 전달 텍스트 II: 역시 정보 기능이 있지만, 비전문가 독자에게 전달됨.
  예) 아프가니스탄에 관한 유럽 다큐멘터리
- 행위 전달 텍스트 I(Transbehavioural texts I): 설득력이 있지만 구속력은 없는 기능. 대상 관객의 행동 변화를 강요하기보다는 제안함.
  예) 환경주의 단체가 제작한 남극 대륙에 관한 다큐멘터리
- 행위 전달 텍스트 II: 설득력과 구속력 모두 있는 기능. Gommlich는 법률과 특허를 언급함(1993: 178).
  예) 영상번역의 경우, 대여 비디오테이프에 표시된 영화 시청의 법적 요건

원형적 다큐멘터리는 사실 전달 텍스트 II 범주에 속할 수 있다. 전문가에서 비전문가로 정보 기반의 의사소통을 전제로 하기 때문이다. 다큐멘터리는 행위 전달 텍스트 II로 간주할 수도 있다. 이는 선전, 게릴라 액션, 클라리온 콜 내용 등 Erik Barnouw(1998: 7)가 제안한 다큐멘터리의 사회적 기능 중

일부를 내용으로 다룰 경우에 해당된다.

관객(audience): 관객은 다큐멘터리 번역의 핵심이다. 막연하게 '일반 대중'으로 정의된 TV 또는 영화 관객은 이질적일 수 있으므로 번역자는 이상적으로 모든 관중에게 번역을 제공해야 한다. 그러나 얼마나 많은 전문가와 비전문가가 다큐멘터리를 보는 가는 결코 알지 못하기 때문에, 텍스트의 텍스트적(사실 전달 또는 행위 전달) 기능을 선험적으로 정의하는데 어려움이 따르고, 가장 넓은 범위의 관객을 만족시켜야 한다는 점이 번역 작업의 어려움으로 꼽힌다.

관객은 흥미로운 연구 분야이다. 관객 설계는 영상번역 연구에서 유망한 관점이며(Hatim & Mason 1997, Gambier & Gottlieb 2001, Mason 2001, Bartrina 본서), 특히 다큐멘터리와 관련이 있다. 장르의 까다로운 특성은 그것을 보는 관객과 연관될 수 있다. 그리고 이것은 목표 관객의 번역 수용에 문제가 된다. Marsa Laine은 이런 측면에서 번역가가 고려해야 할 질문을 상기시켜준다. 바꿔 말하면, 원천 문화에서 프로그램의 잠재 관객은 누구인가? 번역 대상 프로그램은 어떤 목표 관객을 갖는가? 일반 대중? 특정한 단체? 분야 전문가? 이 모든 것들이 번역가의 중재자적 역할을 가리킨다(Laine 1996: 199 참조).

Yves Gambier와 Henrik Gottlieb은 '번역은 "텍스트"로 끝나지 않고 전달로 끝난다'는 점을 상기시킨다(2001: xix). 이와 관련하여 번역가는 잠재적인 목표 관객을 설정하고 그에 걸맞은 번역 결정을 내리는데, 이때 고려사항은 다음과 같다. 다큐멘터리 전체 내 특정 부분의 상대적 중요성, 다큐멘터리의 종류, 방송 시간, 텍스트와 이미지 간의 상호 작용 등이다. 상호 작용은 때로 문제가 되는데, 이미지가 중요해서 번역 부분이 생략될 수 없는 상황에 해당한다. 그렇지만 이미지가 목표 구술 텍스트에서 사용될 수 없는 세부 사항을 제공할 때는 상호 작용이 해결책이 되기도 한다.

그리하여 번역의 도전이라 일컬어지는 전문용어 문제도 절대적인 전제 조건은 아니지만, 번역에서 의도한 관객과 관련이 있다. 예를 들어, 카탈로니아어 번역가 Jordi Mir는 4~10세 아동 대상 다큐멘터리의 번역에서 라틴어로 된 동물 학명의 사용을 피하여 이해를 도왔다. 반면, 대부분 다큐멘터리에서는 가장 적절한 과학 용어를 공들여 조사하며 연구했다(Mir 1999: 53).

마찬가지로, 번역가 Ramon Burgos는 체르노빌과 어린이들에게 미치는 방사능의 영향에 관한 다큐멘터리에서 원문의 '항혈청(anti-sick serum)'이라는 표현의 사용을 고려했다. 그는 그 단어의 카탈로니아어 의학 용어가 '항염증제(antiemètic)'라는 것을 알고는 대부분의 평범한 관객이 이해할 수 없는 것으로 판단하여 의도적으로 그 용어의 사용을 피했다. 일반적으로 어떤 용어는 로망스어보다 영어로 전문화 되어 있다고 볼 수 있다. 게다가 대중적인 과학 영문 텍스트(영상 및 서면)에서는 특수 용어의 이해를 돕기 위해 다른 말로 바꾸어 표현하기도 한다. 특히, 그리스어 또는 라틴어 기원의 경우에 발견된다. 예를 들어 '고혈압(hypertension)'이라는 용어는 '혈압 상승(raised blood pressure)' 또는 '신경(neuron)', '신경 세포(nerve cell)'로 설명되며, 스페인어 또는 카탈로니아어 용어는 추가 설명 없이 사용할 수 있다. 이와 비슷하게 남극 대륙에 관한 다큐멘터리의 카탈로니아어 번역에서 번역가는 원문의 일반적인 용어를 유명한 과학 용어로 대체했다. 가령 '남극의 얼굴이 바뀐다(the face of Antarctica is changing)'는 '남극 생태계가 변하고 있다(l'ecosistema de l'Antàrtida està canviant)'로 번역했고, '식물 연구를 하는 사람들(people doing plant research)'은 '식물학자(botànics)'로, '이 장소(this place)'는 '풍경(paisatge)'으로 표현했다.[7] 따라서 이러한 예는 원형적인 번역 해결책이 아니라, 번역 해결책이 잠재 독자를 고려해서 어떻게 목표 문화의 특정 장르 관습에 부합하는지를 보여준다.

요약하면, 다큐멘터리는 번역과 연구에 있어 다음의 과제를 안고 있다. 이 다변적인 장르는 각각 다른 시대와 관객을 넘나들기 때문에 정의를 내리기가 모호하다는 것, 따라서 목표 관객층을 파악하기 어렵다는 것이다. 이는 번역 과정 전체에 영향을 미치는데, 바꿔 말하면 모든 종류의 용어 및 정보 번역 문제 해결에서 핵심적인 단서가 되기도 한다. 결국, 텍스트와 이미지 간의 상호 작용은 문제인 동시에 해결책이다. 다큐멘터리는 많은 기능(비난, 탐사, 선전 등)을 갖춘 프로테안 기관으로서 아직 대부분 연구되지 않은 영역의 번역과 연구 필요성을 수반한다.

주석

1. 2.2장에서 픽션, 논픽션, 진실, 다큐멘터리의 현실에 대한 개념을 간략하게 논의할 것이다. 본 장의 다큐멘터리의 기원에서는 방법론적 편리성을 위해 생략한다.
2. Bill Nichols(1993: 176-177)는 명백한 재현 기법의 중요성을 주장했다. 재연은 한때 다큐멘터리 재현의 관례였지만, 관찰적 스타일은 신뢰성을 파괴하는 것에 지나지 않는다. 초기 시네마 베리테(cinema verité)에 의해 전달된 현실의 생생한 느낌과 비교할 때, 재연은 스튜디오 영화 제작의 전통에 얽매여 있는 것처럼 보였다. 그러나 진위의 문제는 그렇게 간단히 해결되지 않는다. 어떤 점에서 재연이 경험담보다 덜 정확한가? 전형적인 경험담에서는 일어난 사건에 대해 누군가가 말하는 것을 들으면서 그 사건 자체의 "진짜" 기록 이미지를 본다. 이러한 전략은 원래 말이라는 것이 지닌 가치보다 더 큰 진리의 가치를 부여하는 것이 아닐까? 경험담이라는 말은 시간의 경과에 따라 형성되는 암시적 관점에 의해 깨달은 해석이 아닐까?
3. 이것은 기술론적 번역학에서 사용되는 번역의 정의를 떠올린다. 번역은 특정 시점에 특정 단체에 의해 고려되는 것이다(Hermans 1985: 13, Toury 1980 참조).
4. '누가/누구에게/무엇을 위해/어떤 매체를 통해/어디에서/언제/왜 전송하는가[…]' 뉴 레토릭 학파(New Rhetoric) Christiane Nord의 이러한 질문을 통해 번역 지향 텍스트 분석의 지침을 정리한다(Nord 1991: 36).
5. Orero는 Luyken(1991), Pönnio(1995), Fawcett(1996)의 지적을 요약한다. 구체적으로 Fawcett은 영국의 '중립' 악센트를 특정 프로그램에 적합하게 지역적 또는 문화적 악센트로 바꾸는 관행이 증가하고 있음을 언급한다(Fawcett 1996: 76 Orero(2001)). Jorge Díaz Cintas도 마찬가지

로 영국 내 외국어 악센트가 있는 영어에 대해 언급했다. 외국 원문을 대체하기 위한 보이스오버를 설명하면서, 프로그램 언어의 연사가 영어로 말하는 방식을 재현했다. Díaz는 덧붙여 이러한 방법이 언어적 고정관념을 영속시키는데 도움이 된다고 한다(2001: 39).

6. Jakobson 구분에 대한 비평을 참고하려면 Derrida(1985)와 Hermans(1997: 16 참조)를 보라.

7. 필자는 카탈로니아 방송사(Televisió de Catalunya)의 번역가 Ramon Burgos를 만나서 그의 번역 다큐멘터리에 관하여 많은 상담과 도움을 받았음을 명시하는 바이다. 또한, 영상번역에 관한 유익한 대화와 더불어 그의 통찰력에도 깊은 감사를 표한다.

참고문헌

Agost, Rosa. 1999. *Traducción y doblaje: palabras, voces e imágenes*. Madrid: Ariel.

Agost, Rosa and Frederic Chaume. 1999. "La traducción audiovisual". In Hurtado Albir, Amparo (dir.) *Enseñar a traducir: metodología en la formación de traductores e intérpretes*, Madrid: Edelsa: 182-195.

Barnouw, Eric. 1993. *El documental: historia y estilo*, Barcelona: Gedisa.

Castro, Xosé. 2001. "El traductor de películas". In Duro, Miguel (coord.) *La traducción para el doblaje y la subtitulación*. Madrid: Cátedra: 267-298.

Chaume, Frederic. 2001. "La pretendida oralidad de los textos audiovisuales y sus implicaciones en traducción". In Chaume, Frederic and Rosa Agost (eds): 77-88.

Chaume, Frederic. 2002. "Models of Research in Audiovisual Translation". *Babel* 48 (1): 1-13.

Chaume, Frederic. 2003. *Doblatge i subtitulació per a la* TV. Vic: Eumo.

Chaume, Frederic and Rosa Agost (eds). 2001. *La traducción en los medios audiovisuales*. Castelló: Publicacions de la Universitat Jaume I.

Delabastita, Dirk. 1989. "Translation and mass-communication: film and T.V. translation as evidence of cultural dynamics". *Babel* 35 (4): 193-218.

Derrida, Jacques. 1985. "Des Tours de Babel", translated into English by Joseph Graham. In Graham, Joseph (1985) (ed.) *Difference in Translation*, New York: Cornell University Press: 165-207.

Díaz Cintas, Jorge. 2001. *La traducción audiovisual: el subtitulado*, Salamanca: Almar.

Díaz Cintas, Jorge. 2003. *Teoría y práctica de la subtitulación: inglés-español*. Barcelona: Ariel.

Dries, Josephine. 1995. *Dubbing and Subtitling: Guidelines for production and distribution*. Düsseldorf: European Institute for the Media.

Fawcett, Peter. 1996. "Translating Film". In Geoffrey Harries (ed.) *On Translating French Literature and Film*, Amsterdam: Rodopi: 65-88.

Franco, Eliana. 2000. "Documentary Film Translation: A Specific Practice?". In Chesterman, Andrew et al. (eds) *Translation in Context*, Amsterdam: John Benjamins: 233-242.

Franco, Eliana. 2001. "Inevitable Exoticism: The Translation of Culture-Specific Items in Documentaries". In Chaume, Frederic and Agost, Rosa (eds): 177-181.

Gambier, Yves (ed.). 1997. *Language Transfer and Audiovisual Communication: A Bibliography*. Turku: Centre for Translation and Interpreting.

Gambier, Yves (guest editor). 2003. *Screen Translation*. Special Issue of The Translator. 9 (2).

Gambier, Yves and Henrik Gottlieb (eds). 2001. *(Multi)media Translation: Concepts, Practice and Research*, Amsterdam: John Benjamins.

Gommlich, Klaus. 1993. "Text Typology and Translation-Oriented Text Analysis". In Wright, Sue Ellen (ed.), *Scientific and Technical Translation:* 175-184.

Gregory, Michael and Susanne Carroll. 1978. *Language and Situation: Language Varieties and their Social Context*. London: Routledge and Kegan Paul.

Hatim, Basil and Ian Mason. 1997. "Politeness in Screen Translating". *The Translator as Communicator*. London: Routledge: 78-96.

Hermans, Theo (ed.). 1985. *The Manipulation of Literature. Studies in Literary Translation*. London: Croom Helm.

Hermans, Theo. 1997. "Translation as Institution". In Snell-Hornby, Mary, Jettmarová, Zuzanna & Kaindl, Klaus (eds) *Translation as Intercultural Communication. Selected Papers from the EST Congress, Prague 1995,* Amsterdam: John Benjamins: 3-20.

Herrero, Javier. 2001. "El género del documental: descripción y análisis traductológico". Paper delivered at Ist SETAM Conference 'Update on Audiovisual-Translation Studies in Spain', April 27 2001 at Universitat Pompeu Fabra, Barcelona, www.ijlv.uji.es.

Lakoff, George. 1987. *Women, fire, and Dangerous Things: What Categories Reveal About the Mind.* Chicago: The University of Chicago Press.

Laine, Marsa. 1996. "Le commentaire comme mode de traduction". In Gambier, Yves (ed.) *Les transferts linguistiques dans les médias audiovisuels*, Villeneuve d'Ascq: Presses Universitaries du Septentrion: 197-205.

Luyken, Georg-Michael. 1991. *Overcoming Language Barriers in Television*. Manchester: The European Institute for the Media.

Manvell, Roger and Elisabeth Weis. 1990. "Motion Pictures: History — Early Years

1830-1910". *The New Encyclopaedia Britannica*, 15th edition, (24): 379-383.

Mason, Ian. 2001. "Coherence in subtitling: the negotiation of face". In Chaume, Frederic and Rosa Agost (eds): 19-31.

Mayoral, Roberto. 2001. "El espectador y la traducción audiovisual". In Chaume, Frederic and Rosa Agost (eds): 33-46.

Mir i Bòria, Jordi. 1999. "Els documentals: problemes i solucions". In *VII Seminari sobre la Traducció a Catalunya*, Quaderns divulgatius, 12, Associació d'Escriptors en Llengua Catalana: 41-70.

Nichols, Bill. 1993. "Getting to Know You... Knowledge, Power, and the Body". In Renov, Michael (ed.) *Theorizing Documentary*. London: Routledge: 174-191.

Nichols, Bill. 1991. *La representación de la realidad: Cuestiones y conceptos sobre el documental*. Barcelona: Paidós. Translated by Josetxo Cerdán and Eduardo Iriarte. [*Representing Reality: Issues and Concepts in Documentary*. Bloomington: Indiana University Press, 1991.]

Nichols, Bill. 2001. *Introduction to Documentary*. Bloomington: Indiana University Press.

Nord, Christiane. 1991. *Text Analysis in Translation*. Amsterdam: Rodopi.

Orero, Pilar. 2001. "La traducción de entrevistas para *voice-over*". Paper delivered at Ist SETAM Conference 'Update on Audiovisual-Translation Studies in Spain', April 27 2001 at Universitat Pompeu Fabra, Barcelona, www.ijlv.uji.es.

Plantinga, Carl. 1997. *Rhetoric and Representation in Nonfiction Film*. Cambridge: Cambridge University Press.

Pönnio, Kaarina. 1995. "Voice-over, narration et commentaire". *Translatio, Nouvelles de la FIT-FIT Newsletter XIV* (3-4): 303-307.

Renov, Michael (ed.). 1993a. *Theorizing Documentary*. London: Routledge.

Renov, Michael. 1993b. "The Truth About Nonfiction". In Renov. 1993a: 1-11.

Toury, Gideon. 1980. *In Search of a Theory of Translation*. Tel Aviv: Porter Institute for Poetics and Semiotics.

[TVC] Televisió de Catalunya. 1997. *Criteris lingüístics sobre traducció i doblatge*. Barcelona: Edicions 62.

Zabalbeascoa, Patrick. 2001. "La traducción de textos audiovisuales y la investigación traductológica. In Chaume, Frederic & Rosa Agost, Rosa (eds): 49-56.

브라질의 폐쇄자막

Vera Lúcia Santiago Araújo
번역 이성제

1. 서론

브라질에서는 1960년대부터 대사를 자막번역하여 사용했다. 극장과 케이블 TV에서 선호하던 번역 방식 또한 자막번역이었다. 하지만 공중파 방송에서는 모두 더빙이 주가 되고 자막을 사용하지 않았기 때문에, 청각장애인(deaf and hard-of-hearing people)은 국영 방송에서 전달하는 정보를 얻기가 힘들었다.

이러한 상황이 바뀌게 된 데는, 두 가지 주목할 만한 계기가 있었다. 1997년에 브라질에서 가장 인기 있던 채널인 글로보 TV(Globo Television)는 일간 뉴스인 〈내셔널 뉴스(Journal Ncional)〉에 언어 내 폐쇄자막(intralingual closed subtitling)을 포함하여 방영하기로 결정한 것이다. 그로부터 2년 후, 의회는 모든 공중파 방송이 청각장애인용 자막을 포함하도록 추진하는 법안을 표결에 부쳤다. 의회가 이러한 법안을 다루는 동안, 글로보 TV는 장편 영화와 뉴스, 토크쇼와 같이 다양한 프로그램에 자막을 사용했다. 비록 글로보 TV가 청각장애인용 자막을 포함한 방송을 선도했지만, 최근에 브라질에서 이러한 자막을 사용하는 유일한 방송사는 아니었다. 브라질 TV 시스템(Sistema Brasileiro de Televisao – SBT)도 일부 방송에 청각장애인용 자막을 사용했다.

본 연구는 브라질에서 사용되는 자막 방송에 관한 최근 근황을 다루며 자막 방송의 특징뿐만 아니라 제작 과정과 청각장애를 가진 시청자들에게 자막방송이 미치는 효과를 살펴본다.

2. 폐쇄 캡션(Closed Caption)과 폐쇄 자막(Closed Subtitle)

글로보 TV가 사용한 청각장애인용 폐쇄 자막 체계는 북미식 형태를 따르며, 이는 비디오 신호에 수직 블랭킹 간격(개별적인 텔레비전 이미지 사이의 검은색 수평 막대)의 21번째 줄에 자막을 삽입하는 형태이다. 이러한 자막은 TV의 리모컨으로 해독기(decoder)를 조작해야만 볼 수 있는 반면에, 방송에서 사용하는 개방 자막(open subtitle)은 해독기가 필요 없기 때문에, 이 둘은 기술적(technical) 측면에서 구분된다.

개방 자막과 청각장애인용 자막에는 번역에서도 차이가 있다. 개방 자막은 번역과정에서 내용을 축소해서 발화와 장면을 일치시킨다. 이러한 방식은 청각장애인들을 포함한 브라질 사람들에게 익숙한 방식이다. 하지만 청각장애인용 폐쇄 자막에서는 일반적으로 축소된 자막을 사용하지 않는다. 그렇기 때문에, 발화와 화면, 그리고 자막이 일치하지 않는 것을 확인할 수 있는데, 이는 폐쇄 자막은 실제 발화를 그대로 옮긴 형태이기 때문이다. 이러한 자막은 화면에서 빠른 속도로 지나가기 때문에 시청자가 자막을 읽기 위해 상당히 노력해야하고 이에 따라 프로그램을 온전히 즐기기가 어려워진다.

이러한 형식상의 차이로 인해, 본 연구에서는 '자막'을 다르게 구분한다. 북미지역에서는 발화가 자막으로 나타나면 서브타이틀(subtitle)이라고 칭한다. 그 외의 경우에는 캡션(caption)이라는 명칭을 사용한다. 하지만 브라질의 시청자들은 다른 방식으로 생각한다. 브라질 시청자들은 서브타이틀은 수정 및 편집된 것이고, 캡션은 발화를 그대로 옮긴 것이라 여긴다.

글로보 TV는 두 가지 방식의 캡션을 사용한다. 첫 번째는 자막이 화면 아래에서 위로 올라가는 방식인 롤업(roll-up) 캡션으로 최대 4줄까지 자막을 보여준다. 자막은 좌에서 우로 등장한다. 이러한 종류의 캡션은 토크쇼나 뉴스와 같이 실시간 번역이 필요한 프로그램에서 사용하는 방식이다. 다음에 제시된 [그림 1][1]은 〈Jornal Hoje (Today's News)〉라는 뉴스 프로그램에서 나타난 롤업 캡션의 한 예이다.

[그림 1. 롤업 폐쇄 캡션]

팝온(pop-on) 캡션은 브라질의 영화관이나 텔레비전에서 흔히 볼 수 있는 오픈 서브타이틀과 유사하다. 글로보 TV는 팝온 방식의 캡션을 영화에서 사용한다. 롤업 캡션과는 다르게, 발화와 영상에 맞게 캡션이 나타나고 사라진다. [그림 2]는 장편 영화 〈지저스(Jesus)〉에서 사용된 두 개의 팝온 캡션을 보여준다.

[그림 2. 팝온 폐쇄 캡션]

지금까지 언급한 두 가지 특징만이 캡션과 서브타이틀을 구분하는 요소가 아니다. 또 다른 요소는 발화자의 표시, 음향 효과, 녹음과정에서 나오는 소음, 언어 외적 정보, 그리고 보이지 않지만 청취하는 관객들이 들을 수 있는 다른 음향 신호 같은 정보의 추가적인 삽입 여부이다. De Linde와 Kay는 이러한 요소들의 중요성을 알기위해서는 최소한 한번이라도 다음과 같은 "실험"을 통해서 청각장애인의 입장이 되어보아야 한다고 주장한다.

디른 인어에서 번역된 자막 영화를 무음상태로 시청한다면 청각 장애를 가진 관객이 겪어야 했던 다음과 같은 당혹감을 경험할 수 있을 것이다: 눈에 보이는 자막을 누가 이야기 했는지 혼란스러울 것이다; 왜 사람의 행동이 갑

자기 변하는지 알 수 없을 것이다(예: 살인자의 발자국 소리를 듣고 공포에 질린 얼굴); 장면이 바뀌었는데도 자막이 겹쳐있으면 상황을 이해하는 데 방해가 될 것이다. (1999: 9-10)

이 실험을 통해 우리는 동일한 언어를 사용한 자막 영화임에도 불구하고 청각장애인들이 겪는 자막 영화 시청의 어려움을 경험할 수 있을 것이다. TV의 음량이 낮으면 가끔 영화를 즐기는데 필요한 정보를 얻기가 어렵다.

추가적인 정보는 캡션과 제공되는 정보의 종류에 따라 다르게 나타난다. 예를 들어, 발화자가 누구인지는 이탤릭체, 괄호, 영상의 합성 또는 상징 형태로 표시된다. 팝온 폐쇄 캡션은 발화자를 두 가지 방법으로 나타낸다. 첫 번째는 [그림 2]처럼 화면에 드러나지 않은 발화자를 괄호나 이탤릭체로 보여주는 방식이다. 괄호 역시 전화나 초인종, 살인자의 발자국 소리, 사람들이 울고 웃는 소리 등 영화의 음향 효과를 청각장애인에게 알려주기 위해 사용되기도 한다. 두 번째 방식은 발화자가 화면에 드러나 있을 때 발화자의 위치에 캡션을 삽입하는 것이다. 이러한 방식은 두 명 이상의 발화자가 동시에 말할 때도 사용된다. 이러한 경우에 캡션은 발화자의 각 위치에 동시적으로 나타나고, 아래의 [그림 3]이 그 예시이다.

[그림 3. 화면에 드러난 발화자 표시]

롤업 캡션은 (괄호를 사용하여) 발화자의 이름이나 상징을 사용해서 발화자를 표시한다. 발화, 캡션, 그리고 이미지가 동시에 나타나지 않거나 캡션이 재빠르게 지나가면, 발화자를 파악하는데 혼란이 올 수 있다. 이러한 사례는 〈Programa do Jo (Jo's Show)〉라는 토크쇼의 캡션에서 나타난다. 이 토크쇼는 발화의 밀도가 분당 약 241단어로 높고, 이는 브라질에서 사용하는 포르투갈어의 평균 발화 속도이다. 토크쇼의 캡션이 실제 발화와 거의 동일한 형태이기 때문에 빠른 속도로 캡션이 지나가며 화면을 보는 사람들은 대화를 이해하는 데 어려움을 느낀다.

3. 폐쇄 캡션 제작

폐쇄 캡션은 Steno do Brasil이라는 회사가 제작하고 위성으로 글로보 TV에 전달된다. 자막 업무를 맡고 있는 전문가를 속기 캡션제작자(stenocaptioner)라고 하고, 속기사가 사용하는 전용 키보드를 사용한다. 이러한 키보드 덕분에 실시간 캡션이 가능해진다.

속기 캡션제작자는 반드시 타자에 능숙해야 하며 1분에 약 160단어를 타이핑할 수 있어야 한다. 브라질 신문 ≪Folha de Sao Paulo≫(09.03.2000)의 한 기사에 따르면, 속기 캡션제작자는 기자들의 발화 속도인 분당 187단어 이상의 속도까지도 타이핑할 수 있어야 한다고 한다. Steno do Brasil은 캡션제작자를 양성하기 위한 훈련 과정을 가지고 있으며 현재는 시각장애인들도 이런 업무를 시행할 수 있도록 훈련시키고 있는데(≪JA magazine≫(10.01.2000)), 이는 발화, 화면과 제목의 동기화는 캡션제작에 있어 중요한 요소가 아니기 때문이다.

속기 키보드는 24개의 프로그램화되어 있는 키를 가진 기계인데, 동시에 누를 수 있는 특징이 있다. Robson은 이 키보드를 사용하여 "속기 캡션 제작자들이 한 번에 한 글자씩 적지 않고 한 번의 타수로 음절이나 단어 전체를 쓸 수 있다고 한다('타법(stroke)라고 칭함)"(1997: 73). 속기 키보드가 일반 키보드보다 빠른 이유는 이 뿐만이 아니다. 속기 키보드는 단어나 음절이 철자에 따라서가 아니라 발음에 따라 타자를 치기 때문에 더 빠른 속도가 가능하다. 즉, "속기 캡션제작의 언어는 음성학적이다"(Robson 1997: 73)라고 할 수 있다. 마지막 이유는 속기 캡션제작자가 발음의 일부만 타자를 쳐도 컴퓨터는 자주 사용하는 단어를 검색해서 표시해준다.

속기 키보드는 법정에서 사용하는 키보드와 유사하며 일반적인 키보드와는 키 배열이 다르다. Robson(1997: 73)은 키보드가 작동하는 방식을 다음과 같이 설명한다.

> 왼쪽에 있는 7개의 키(STKPWHR)는 왼손으로 조작하여 첫 자음(음절의 시작음)을 입력한다. 그리고 오른쪽에 있는 10개의 키(FRPBLGTSDZ)는 오른손으로 조작하여 마지막 자음을 입력한다. 양손의 엄지는 모음(AOEU)를 입력한다.

누구나 알 수 있듯이, 모든 발음이 속기 키보드에 있지는 않기 때문에, 이로 인해 속기 캡션제작자는 기존의 키를 조합하여 키보드에 없는 발음을 만들어 낸다. 만약 [I]라는 소리를 입력하려면, [E]와 [U]를 동시에 눌러야 한다 (Robson 1997: 74). 모음의 경우에는 단음과 장음의 차이가 있지만, 이 또한 다른 키의 조합으로 입력 가능하다.

숫자의 입력은 속기 키보드 상단에 있는 숫자 키를 누르면 입력 가능하다. 숫자 키의 배열은 다음과 같다: 1234는 왼쪽에, 6789는 오른쪽에 있으며, 그리고 05는 아래쪽에 배열되어 있다. 왼쪽에서 오른쪽으로 어떠한 조합이든 한 번의 타자로 입력가능하다; 만약 369를 입력하고자 하면 숫자 키를 동시에 누르기만 하면 된다. 하지만 693과 같은 경우에는 개별적으로 입력해야만 한다.

속기 키보드의 복잡한 구조로 인해서, 잘못된 키를 입력하면 의도한 것과 완전히 다른 단어가 생성되고 오류가 발생한다. Robson은 이러한 실수로 발생한 단어가 그 상황에 전혀 어울리지 않기 때문에, 청각장애인들이 그러한 단어를 이해하는 데 많은 어려움이 생기지는 않는다고 주장한다 (1997: 76). 하지만 또 다른 어려움도 존재하기 때문에, 문제가 될 수도 있다고 Robson은 주장한다. 태어날 때부터 청각장애인이었던 브라질 사람들 다수는 포르투갈어를 제2의 언어(외국어)로 사용하고, 수화가 제1의 언어(모국어)가 된다.

잘못된 속기 입력으로 인한 오류는 아래의 예시에서 확인할 수 있다. 이는 충분히 시청자 입장에서 오해를 불러일으킬 수 있는 예시로, 뉴스 진행자가 언급한 것은 "Nem era um sonho de Cinderela como na ⋯" [이것은 신데렐라 꿈같은 게 아니었⋯]이었지만, 방송에서는 굉장히 어색한 형태의 텍스트가 나타났다.

> **NEM ERA UM SONHO DE ZE INDIO**
> **REGISTRA RELATA COMO NA**
> **[이것은 제 인디오의 꿈이 아니에요⋯]**

필자는 비록 Robson이 언급한 단어 오역에 대해서는 동의할 수 없지만, 숫자의 오역에 대한 지적은 동의한다. 숫자를 잘못 번역하면 엄청난 혼란을 일으킨다. 속기 캡션제작자도 이러한 문제를 잘 알고 있으며, 이러한 문제를 해결하기 위해 미국의 캡션제작자는 "모든 숫자를 수가 아닌 단어로 나타낸다"(Robson 1997: 77). 브라질의 캡션제작자도 가끔 보이는 것과 같이 숫자를 단어로 표현하고 있다. 비록 숫자를 단어로 바꾸는 과정에서 더 많은 키 입력이 필요하지만, 전문가들이 오류를 범할 위험은 줄일 수 있다.

지금까지 폐쇄 캡션의 중요 사항에 대해서 알아봤으니, 효용성에 대해서도 간단히 확인해보자. 지금까지 언급한 요소들을 통해서 세에라(Ceará) 주립대학 연구진들이 확인하고자 한 것은 실제로 브라질의 청각장애인들이 폐쇄 캡션을 통해서 글로보의 프로그램을 보는 것이 가능한지에 대한 여부이다. 그 해답을 찾기 위해 응답 조사를 실시했다(Araújo 2000, Franco 2001, Franco & Araújo 2003). 다음 섹션에는 이 조사에서 얻은 주요 결과에 대해 제시하겠다.

4. 글로보 TV의 자막이 브라질의 청각장애인의 요구를 충족시켜주는가?

미국은 20년이 넘도록 폐쇄자막을 성공적으로 사용하고 있지만, Donaldson(1998)과 De Linde & Kay(1999)에 따르면 이것이 영국의 시청자들에게는 만족스러운 수준은 아니라고 한다. 일반적인 영국인들 역시 빠른 속도로 지나가는 자막을 통해 TV 프로그램 시청에는 무리가 없다는 것을 저자들도 인정하지만, 선천적인 청각장애인들에게는 사정이 다르다. 수화가 그들에게는 주요 의사소통 수단이기 때문에 빠르게 흘러가는 자막을 읽는 것에는 무리가 있다. 이 조사는 브라질의 시청자가 이 두 범주 중에 어디에 속하는가를 알아보는 것이 핵심이다.

응답 조사는 두 가지 방식의 연구로 구성되어 있었다. 첫 번째는 소규모의 브라질 시청자(청각장애인 12명과 일반인 13명)를 대상으로 한 예비 테스트(pilot scheme)[2]였다. 그 결과 청각장애인 시청자가 자막 프로그램을 즐기기 위해서는 더 응축된 자막이 필요하다는 것을 확인할 수 있었고, 두 번째 연구는 여기서 도출된 가설을 확인하기 위해 구성되었다. 두 번째 연구는 글로보 프로그램 중 일부 장면의 재번역, 질문지의 수정, 새로운 조사의 순으로 세 단계로 구성되었다.

4.1 글로보 캡션의 재번역

글로보 프로그램의 새로운 자막이 만들어진 이유는 포르탈레자 시(Fortaleza)에 있는 청각장애인 시청자의 가독력이 캡션을 따라갈 정도가 아니었기 때문이다. 빠른 캡션을 읽기 위해서는 많은 노력이 요구되었다. 롤업 캡션은 발화 및 화면과 일치하지 않고 2초 뒤에 나타났다. 팝온 캡션의 속도는 그렇게 빠르지 않았지만, 실험 참가자들에게는 여전히 부담스러웠다. 유사하기는 하지만, 개방 자막보다는 응축성이 낮았는데, 그 이유는 편집이 더빙된 영화를 기반으로 이루어지고 캡션과 화면의 동기화를 주된 목적으로 실행되었기 때문이다.

새로운 번역을 위한 절차는 브라질의 비디오와 텔레비전의 개방 자막에서 사용하는 방식과 비슷하게 진행되었으며, 그로 인해 글로보의 캡션은 발화 및 화면과 동기화되기 위해 축소되었다. 캡션은 개방 자막처럼 바뀌었는데, 전산화된 속기를 사용할 수 없었기 때문이다. [표 1]과 [표 2]가 그 과정을 보여준다.

2000년도에 글로보에서 방영한 허구(fictional)와 실화(factual)적 프로그램에서 여섯 개의 장면이 선정되어 새로운 자막 테스트에 사용되었다. 각 장면의 세부적 내용은 [표 3]에서 확인할 수 있다.

[표 1. 글로보 캡션]

글로보 캡션	발화	초당 캡션 철자 수(cps)	번역된 발화(%)
Nem era um sonho de Zé índio [그건 제 인디오의 꿈이 아니에요]	Nem era um sonho de Cinderela [그건 신데렐라의 꿈이 아니에요]	27	
Registra relata como na [~에 관해서 말해줘요]	Como na [~에서와 같이]]	23	
Maioria dos casos esta [대부분의 경우에]	Maioria dos casos … esta [대부분의 경우처럼…이것은]	23	100
Costureira queria algo nem e [의상제작자가 무엇인가 원하는데…아무것도…]	Costureira queria algo [의상제작자가 뭔가 바래요]	28	
Bem [많이]] Mais simples [더 단순해요]	Bem mais simples [더 단순한 것을요]	16	

[표 2. 새로운 캡션]

재번역 캡션	발화	초당 캡션 철자 수(cps)	번역된 발화(%)
Nem era um sonho de Cinderela [그건 신데렐라의 꿈이 아니에요]	Nem era um sonho de Cinderela como na maioria dos casos. [대부분의 경우처럼 그건 신데렐라의 꿈이 아니에요]	29	55
Ela queria algo bem mais simples [그녀는 훨씬 단순한 걸 원하죠]	Essa costureira queria algo bem mais simples. [의상제작자가 훨씬 단순한 걸 바래요]	32	

[표 3. 방송 프로그램]

프로그램 종류	프로그램	장면	시간(분)
뉴스	⟨Bom dia Brasil(굿모닝 브라질)⟩	풋볼 경기	4.24
	⟨Jornal Nacional(내셔널 뉴스)⟩	마약 거래상	2.11
	⟨Jornal Hoje(오늘의 뉴스)⟩	브라질인의 해외 성매매	2.27
텔레비전 버라이어티 쇼	⟨Fantástico(판타스틱)⟩	외래어	4.0
토크쇼	⟨Programa do Jô(조의 쇼)⟩	가수와 인터뷰	4.0
장편 영화	⟨Jesus(지저스)⟩	사도들	2.27

4.2 질문지 수정

객관식 질문지가 효과적인 연구를 위한 도구로 사용될 수 없다고 판단한 이유는 청각장애인들이 가독성이 낮아서 질문지 작성에 어려움이 있었기 때문이다. 연구자와 대상자 사이의 소통을 돕기 위해 LIBRAS라고 부르는 브라질의 수화가 가능한 통역가를 고용하여 모든 질문과 가능한 답변을 수화로 전달할 수 있도록 했으며 청각장애인들이 응답지에서 올바른 선택을 할 수 있도록 도왔다. 테스트가 예상보다 오래 걸려 모두가 피로했던 연구였다. 이러한 난관을 극복하기 위해 새로운 전략을 사용했다. 새로운 질문지를 개방형과 폐쇄형 질문으로 구성하고 응답자는 통역가가 번역한 직후에 응답하기로 했다. 이러한 전략은 더 효과적이었는데 그 이유는 브라질 청각장애인들의 포르투갈어 쓰기 능력이 읽기 능력보다 더 나았기 때문이다.

다음에 제시된 [표 4]와 [표 5]는 각각 질문지의 유형을 보여주는데, ⟨Borrowed Worlds⟩의 장면에 대한 질문들이다. 질문지는 De Linde & Kay (1999)가 제안한 형태를 기반으로 '개념', '세부사항' 그리고 '사진'에 대한 질문으로 구성되었다. 그리고 "청각장애인 참가자의 각 장면별 내용이해 수준과 자막을 읽고 이해할 수 있는 능력에 초점을 맞추었다"(Franco & Araújo 2003).

[표 4. 첫 번째 연구를 위한 질문지]

개념	무엇에 관한 프로그램인가? (a) 영어 이해의 어려움; (b) 일부 영어 단어에 있어 발음의 어려움; (c) 브라질의 포르투갈어 차용어 사용의 중요성; (d) 영어가 브라질의 포르투갈어에 미치는 영향 어떤 단어가 잘못 발음되었나? (a) DRIVE THRU and BIRD & CO. (b) BARRA BEAUTY and BLUE SHOP; (c) HOT FUDGE and SUMMER COLLECTION (d) PARK STREET and MALL NUMBER ONE
세부사항	자유의 여신상은 어디에 있나? (a) 바라 섬; (b) 자동차 공원; (c) 뉴욕 (d) 마이애미 Mauro Rasi의 가정부 이름은 무엇인가? (a) Rufiana; (b) Rufia; (c) Rufina (d) Rutiana
사진	Zeca Baleiros의 재킷 색깔은 어떤 것인가? (a) 밝은 파랑색 (b) 파랑색; (c) 갈색; (d) 검정색 Zeca Baleiros가 몸에 지닌 것은 (a) 모자 (b) 안경; (c) 장갑; (d) 반지 이다.

[표 5. 두 번째 연구를 위한 질문지]

개념	무엇에 관한 프로그램인가? 보도 장면에서 나온 사람들이 정확하게 발음했다고 생각하는가? 그렇게 생각하는 이유는 무엇인가? Mauro Rasi는 브라질의 포르투갈어에 외래어가 포함되는 것을 찬성하는가? Zeca Baleiro는 프로그램 후반에 어떤 행동을 하는가?
세부사항	자유의 여신상은 어디에 있는가? Mauro Rasi의 가정부 이름은 무엇인가? Mauro Rasi는 브라질의 자유의 여신상에 대해 어떻게 생각하는가?
사진	Zeca Baleiros의 재킷은 무슨 색깔인가? Zeca Baleiro가 연주하는 악기는 무엇인가?

4.3 새로운 응답 조사 시행

브라질에서 가장 큰 북동쪽 도시들 중 하나인 포르탈레자 시에 있는 세에라 청각장애인 교육기관에 다니는 선천적인 청각장애를 가진 중등학생 15명이 새로운 자막을 테스트하기 위해 자원하였다. 실험 참가자들은 26세에서 30세 사이의 남성과 여성이다. 그 중 3명은 이전 연구에 참여한 전례가 있었다. 다른 12명은 당 교육기관의 졸업반 학생들이었다.

절차는 처음 시행 했던 연구와 유사하다. 참가자들은 전체 프로그램 여섯 장면을 하나씩 시청하고 각 장면이 끝난 직후 질문지를 작성했다. 발화와 장면이 일치하는 자막에서 참가자들의 이해력이 더 좋았지만, 아래에 제시되는 바와 같이 결론을 짓기에는 이른 감이 있었다.

〈조의 쇼〉는 분당 168단어로 발화되고 자막은 분당 241단어의 정보를 가지고 있는 매우 압축된 대화이기 때문에 실험자들이 이해하기가 어려웠다. 실제 발화의 70%를 번역했기 때문에, 자막은 발화를 그대로 옮긴 것에 가까웠다. 비록 속독을 요하는 일이었지만 실험참가자들은 프로그램을 이해할 수 있었다. "발화의 이해가 장면에 의존하지 않을 때, 발화 - 장면 - 캡션의 불일치가 내용의 수용을 방해하지 않을 것이다"라는 가설(Franco & Araújo 2003)이 입증된 것이다.

하지만 기대했던 바와 달리 참가자들의 이해력은 새로운 자막으로도 개선되지 않았다. 프로그램은 시청 가능했지만 개념, 세부사항과 장면을 통합적으로 이해하는 것은 [표 6]에서 확인할 수 있듯이 쉽지 않은 일이었다.

오히려 첫 실험에서 더욱 균형 있는 결과가 도출되었는데 각 질문 유형에서 정답률은 약 50%였다. 이번 실험에서는 청각장애를 가진 시청자들이 내용과 장면에만 너무 초점을 맞춘 나머지 세부적인 내용은 간과했다. 그들은 또한 일치된 캡션에 불편을 느꼈다. 이는 청각장애인을 위한 자막번

역이 훨씬 더 많은 수정이 필요하다는 것을 시사한다. 새로운 자막을 따라
갈 수는 있지만, 프로그램을 즐기기 위해서는 더 압축된 자막이 필요할 것
으로 보인다.

〈조의 쇼〉에 관한 불균형한 결과에도 불구하고, 롤업 캡션으로 번역된
다른 프로그램들에서는 동일한 문제가 발생하지 않았다. 첫 번째 연구에서
는 두 번째 가설인 "발화가 화면에 의존할 때, 발화와 장면의 불일치는 내용
의 수용과 이해를 방해한다"(Franco & Araújo 2003)를 검증했다. 이 가설 또
한 입증되었지만, 실제로 프로그램에 대한 청각장애인들의 이해도는 그리
높지 않았다. 두 번째 연구에서 참가자는 동기화된 자막에서 기존과 다른
이해도를 보여주었다. 그 결과는 [표 7]에서 확인할 수 있다.

[표 6. 〈조의 쇼〉에 대한 테스트 결과]

질문 유형	참가자 수	질문 수	정답 수	정답 %
		〈조의 쇼〉		
세부사항	17	5	2	2
장면	17	2	13	38
개념	17	2	18	53

[표 7. 롤업 캡션을 포함한 프로그램의 테스트 결과]

질문 유형	참가자 수	질문 수	정답 수	정답 %
		〈내셔널 뉴스〉		
세부사항	13	2	15	58
장면	13	2	5	19
개념	13	3	22	56

〈오늘의 뉴스〉				
질문 유형	참가자 수	질문 수	정답 수	정답 %
세부사항	12	5	36	60
장면	12	2	23	96
개념	12	2	12	50
〈판타스틱〉				
질문 유형	참가자 수	질문 수	정답 수	정답 %
세부사항	12	1	2	17
장면	12	2	23	96
개념	12	2	22	92

〈내셔널 뉴스〉와 〈판타스틱〉에서 나타난 결과는 양호했지만, 수치가 일정하지 않았다. 〈내셔널 뉴스〉는 리오 데 자네이로의 어선에서 사용하는 라디오 전보에 대해 보도했었다. 전보가 사용되고 있었지만 실제로는 들리지 않던 장면이 번역된 자막과 함께 나타났다. 장면의 세부사항을 인지하지 못하고 청각장애인들이 혼란스러워 했던 이유(19%의 정답률)는 두 가지 종류의 자막이 동시에 나타났기 때문으로 추측된다. 이러한 어려움에도 불구하고, 청각장애인들이 보도의 내용은 이해하고 있었다는 것(57%의 정답률)을 확인할 수 있었다.

〈판타스틱〉은 브라질의 포르투갈어에 외국어가 미치는 영향에 대한 내용을 다루었다. 브라질에 있는 가게와 레스토랑이 영어로 된 상호를 사용하는 것에 대해 보도했다. 이 경우에는, 실험 참가자들이 세부사항을 이해하는데 어려움이 있었는데(17%의 정답률) 그 이유는 제2언어인 포르투갈어를 이해하지 못하는 청각장애인들이 제3의 언어를 다루는 데는 더 많은 어려움을 겪을 것이기 때문이다.

첫 번째 연구에서 롤업 캡션을 이해하는데 예외가 존재했던 프로그램이 있었다. 바로 뉴스 프로그램인 〈굿모닝 브라질〉이었고, 전국 축구 결승전에 대한 보도였다. 청각장애인들이 이 프로그램을 잘 이해할 수 있었던 이유(평균 정답률 44%)는 브라질 사람들이 축구를 자주 시청하고, 축구 경기에 더 많은 노출경험이 있었기 때문으로 판단된다(Franco & Araújo 2003). 새로운 연구에서 이 프로그램에 대한 이해도는 훨씬 높았는데(평균 78%의 정답률), 이는 [표 8]에서 볼 수 있듯이 응축된 자막이 이해하기 쉬웠다는 의미이다.

[표 8. 〈굿모닝 브라질〉에 대한 테스트 결과]

〈굿모닝 브라질〉				
질문 유형	참가자 수	질문 수	정답 수	정답 %
세부사항	13	1	11	85
장면	13	2	23	88
개념	13	2	16	62

팝온 캡션이 사용되는 〈지저스(Jesus)〉라는 장편 영화만 대상으로 두 번째 연구가 이루어졌다. 첫 번째 연구에서 영화는 발화와 장면의 동기화가 영화를 이해하는데 도움이 된다는 가정을 점검했었다. 하지만 이 가설은 유일하게 검증되지 못한 가설이었는데, 그 이유는 청각장애인 시청자들이 내용을 이해하지 못하고(31.95%의 정답률), 장면에만 집중(62.5%의 정답률)했기 때문이다. 두 번째 연구에서 이러한 수치는 균등하게 분포되어 있었다. [표 9]는 내용과 장면에 관한 질문에 대한 비슷한 결과를 제시한다.

[표 9. 〈지저스(Jesus)〉에 대한 테스트 결과]

	〈지저스〉			
질문 유형	참가자 수	질문 수	정답 수	정답 %
세부사항	11	5	14	25
장면	11	2	14	64
개념	11	2	11	50

5. 결론

본 연구는 청각장애인 공동체의 요구를 충족시키기 위해서는 많은 개선점이 필요하다는 것을 시사하며, 브라질에서 사용되는 폐쇄자막 시스템에 대해 간단히 기술했다. 두 번에 걸쳐 시행된 연구는 청각장애인들이 자막 프로그램을 이해하기 위해서는 자막의 압축과 편집이 중요한 요소라는 점을 증명했다.

하지만 두 번의 연구만으로 신뢰성을 가진 결과를 도출했다고 보기는 어렵다. 폐쇄자막에 대한 법률이 통과되기까지, 더 신뢰성 있는 연구결과를 위해서 여러 지역에서 온 다양한 실험참가자들을 대상으로 한 더 많은 연구가 필요하다. 연구자는 본 연구가 청각장애인들이 텔레비전에 접근할 수 있는 권리를 보장하는데 기여할 수 있기를 희망한다. 브라질의 방송사는 진정으로 효과적인 폐쇄자막 모델을 생산하기 위해서는 그들이 가진 관점 및 선호와 기대를 실행에 옮겨야 할 것이다.

주석

1. 모든 사진자료는 Cid Barbosa에 의해 촬영됨.
2. 본 연구에 대한 세부사항은 Franco & Araújo(2003) 참조.

참고문헌

Araújo, V. L. S. 2000. *Um estudo sobre a tradução por legenda fechada*. Fortaleza, UECE: Unpublished Research Project.

De Linde, Z. and Kay, N. 1999. *The semiotics of subtitling*. Manchester: St. Jerome Publishing.

Donaldson, C. 1998. "Subtitling for the deaf and hard-of-hearing". Berlin: Languages & the Media − 2nd International Conference and Exhibition.

Franco, E. P. C. 2001. *Um estudo sobre a eficiência das marcas de oralidade na tradução por legenda fechada (closed caption)*. Fortaleza, UECE: Unpublished Research Project.

Franco, E. P. C. and Araujo, V. L. S. 2003. "Reading television: Checking deaf people's reaction to closed subtitling". *The Translator* (9)2: 249-267.

Robson, G. 1997. *Inside captioning*. CyberDawg Publishing.

B

BABEL — 134

Ballester, Ana — 54, 57, 100, 120

Balzac, Honore — 248

Baker, Mona — 8, 15, 100, 109, 120, 123

Bakhin, Mikhail — 157, 159

Baldry, Anthony — 132, 144

Baloti, Kirstine — 135, 144

Barbosa, Cid — 295

Barnouw, Eric — 260~262, 269, 271, 275

Bartoll, Eduard — 12, 85, 207, 220

Bartrina, Francesca — 13, 67, 82, 225, 272

Basque — 103

Bassnett, Susan — 42, 43, 55, 57, 59

Bassols, Margarida — 103, 120, 123

Bastin, Georges — 118, 120

Bazin, A. — 244

Becker, Jacques — 243

Benjamin, Walter — 56, 57

Bergmann, Jörg, R. — 168, 185

Bernbom Jørgensen, Tom — 139, 144

Bertolucci, Bernardo — 68

Boen, Ellen — 143, 144

Boerdwell, David — 162

Bovinelli, Bettina — 108, 111, 121

Boyle, Danny — 126, 244

Branagh, Kenneth — 243

Branigan, E. — 229, 237

Bravo, José María — 67, 83, 236, 237

Bresson, Robert — 242

Brown, P. — 232, 237

Buñuel, Luis — 243

C

Cain, James M. — 243

Camiña, Rosa María — 103, 106, 110, 111, 121

Capanaga, Pilar — 108, 111, 121

Carroll, Mary — 133, 152

Carroll, Nöel — 265

Cartmell, D. — 229, 236, 237, 238

Castro, Xosé — 271, 275

Catalan — 120, 122, 148, 221

Catalonia — 236

Cattrysse, Patrick — 228, 229, 237, 244, 256

César, Pierre Jules — 260

Chaume, Frederic — 12, 44, 57, 60, 65, 67, 72, 73, 82, 83, 130, 144, 146, 236~238, 259, 267~270, 275, 277

Chaves, M. J. — 65, 67, 71, 83

Chabrol, Claude — 243

Chomsky, Noam — 188

Conen, Isja — 9, 14

Coppieters, Ilse — 256

Coremans, Linda — 244, 256

Corte, de E. — 210, 220

Cowdrey, Ron — 193

Cowie, Moira — 8, 16

D

Dahl, Christian — 133, 144

Danan, Martine — 125, 134, 141, 144, 175, 185

Davidson-Nielsen — 133

Debarle, Irmeli — 252

Delabastita, Dirk — 8, 15, 259, 275

Demeny, Georges — 260

Denton, John — 125, 144

Díaz Cintas, Jorge — 8, 11, 12, 14, 15, 41, 54, 56, 57, 71, 83, 94, 101, 144, 145, 152~155,
    185, 220, 232, 234, 237, 259, 267, 274, 275

Donaldson, C. — 286, 296

Dorado, Carles — 13, 206, 220

Dries, Josephine — 8, 15, 125, 145, 275

Dreyer, Carl Theodor — 243

d'Ydewalle, Géry — 89, 94, 131, 132, 145, 148

E

Edison, Thomas Alva — 261

Eguíluz *et al.* — 8, 84, 236, 237

Einsestein, Sergei —

Elbro, Carsten — 125, 132, 145

ESIST — 52

Espasa, Eva — 13, 258

European Broadcasting Union — 134, 204

Even-Zohar, Itamar — 42, 43, 46, 57, 101, 104, 121

F

Fawcett, Peter — 54, 58, 274, 276

Ferrer, María — 110, 111, 121

Finney, Angus — 138, 145

Finnish — 148

Flaherty, Robert — 262

Flaubert, Gustave — 243

Flotow, Luise von — 56, 58

Fodor, I. — 64, 65, 70, 72, 73, 80, 82, 83

Foppa, Klaus — 159, 163, 185, 186

Foucart, Claude — 246, 256

Fowles, John — 244

Franco, Eliana — 266, 267, 276

Fuller, Sam — 243

G

Gaiba, Francesca — 108, 111, 121

Gallini, Serena — 108, 111, 121

Gambier, Yves — 7~11, 13~15, 144~146, 148, 185, 2047, 221, 238~240, 256, 259, 272, 276

García, Isabel — 120

Garrison, D. R. — 214, 220

Gielen, Ingrid — 131, 145

Gilabert, A. — 61, 63, 83

Gile, Daniel — 202, 204

Giono, Jean — 243

Godard, Jean-Luc — 242

Goffman — 157, 184

H

I

Ivarsson, Jan — 12, 86, 87, 94, 133, 146, 152, 153, 185

Izard, Natalia — 100, 103, 106, 109~111, 122, 148, 221

J

Jäckel, Anne — 246, 256

Jakobson, Roman — 239, 240, 257, 268, 275

Jarvad, Pia — 143

Jenkins, H. — 231, 237

Juvonen, Païvi — 165, 185

K

Kahane, E. — 64, 65, 83

Kainulainen, Tuomas — 254, 257

Karamitroglou, Fotios — 54, 58, 66, 83, 139, 147

Kaurismäki, Aki — 242

Kay, N. — 94, 204, 281, 286, 289, 296

Koolstra, Cees M. — 130, 131, 147

Kovačič, Irena — 154

Kovarski, Salmon — 107, 110, 122

Kristeva, Julia — 255, 257

Kruger, Jan-Louis — 141, 147

Kure, Lillian Kingo — 143, 144

Kussmal, Paul — 199

L

Laine, Marsa — 272, 276

Lakoff, Geroge — 264, 276

Lambert, José — 42, 234, 235, 238

La Polla, Franco — 108, 115, 122

Larrinaga, Asier — 103, 104, 106, 110, 111, 119, 122

Lecuona, Lourdes — 8, 15

Ledesma, I. — 61, 63, 83

Lefevere, André — 42, 50, 57~59, 255, 257

Leigh, Mike — 173, 184, 185

Levinson — 232

L'Herbier, Marcel — 246

Linell, Per — 160, 162, 163, 165, 172, 185

Linde, Z. — 87, 94, 204, 281, 286, 289, 296

Lomheim — 130

Lorenzo, Lourdes — 8, 15, 121~123, 145

Luckmann, Thomas — 163, 168, 185

Lumière, Louis — 261, 262

Luyken *et al* — 8, 12, 15, 71, 72, 84, 86, 87, 94, 134, 147, 196, 204, 270, 274, 276

M

Malmkjaer, Kirsten — 53, 189

Manvell, Roger — 261, 276

Marey, Étienne Jules — 260

Marková, Ivana — 159, 161, 164, 165, 184~186

Martín, L. — 61

Martínez, Xènia — 11, 19

Orero, Pilar ― 7, 13~15, 206, 207, 220, 259, 267, 268, 274, 277

Ozu, Yasujiro ― 243

P

Paget, D. ― 231, 238

Pajares, E. *et al.* ― 15, 236, 238

Palola, Eino ― 246

Paris ― 257

Passolini, Pier Paolo ― 68

Pereira, Ana María ― 8, 15, 121~123, 145

Petrilli, Susan ― 240, 256, 257

Phillipson ― 143, 147

Plantinga, Carl ― 263~266, 277

Popovic ― 107

Portugal ― 205

Postigo, María ― 98, 123

Preisler, Bent ― 147

Press, Niklas ― 147

Puccini, Giacomo ― 246, 256

Pym, Anthony ― 123, 235, 238

R

Raahauge, Jens ― 133, 143, 147

Rabadán, Rosa ― 8

Reiss, Katherina ― 240, 257

Remael, Aline ― 12, 45, 54, 58, 151, 157, 159, 174, 186, 196, 204, 227~229, 238

Renoir, Jean ― 243

Renov, Michael — 258, 263, 267, 277

Robinson, Douglas — 187, 191, 198, 201

Robson, G. — 284, 285

Rohmer, Eric — 245

Rommetveit, Ragnar — 164, 186

Rosi, Francesco — 244

S

Sajavaara, Kari — 136, 148

Sánchez, Diana — 11, 14, 25, 93, 103, 106, 110, 111, 121, 200

Santamaría, J. M. et al. — 236

Santamaria, Laura — 207

Schegloff, Emmanual A. — 163, 186

Schøller, Marianne Bundgaard — 144, 148

Sciascia, Leonardo — 244

Selby, Keith — 193, 204

Sharp, E. — 209

Shochat, Ella — 117, 123

Shuttleworth, Mark — 8, 16

Simenon, Georges — 243

Simon, Sherry — 55, 56, 58

Simons, Anthony — 243, 257

Smith, Stephen — 133, 148

Snell-Hornby, Mary — 8, 16, 122, 276

Sokoli, Stavroula — 54, 58

Sørensen, Knud — 138, 148

Spangenberg, Kaj — 132, 148

Stam, Robert — 117, 123

Stoddart, Jonathan — 189, 204, 205

Stone, Oliver — 266

Taviani, brothers — 68

Titford, Christopher — 8, 16, 205

Toda, Fernando — 207, 221

Toury, Gideon — 14, 42, 47, 59, 100, 102, 104, 109, 123, 235, 249, 257, 274, 277

Trifol, Albert — 61, 63, 83

Tuck, Robert — 188, 189, 205

Tzara, T. — 249

van den Broek — 42

van de Poel, Marijke — 132, 148

Vanoye, Francis — 157, 186

Venuti, Lawrence — 51, 52, 58, 59, 109, 118, 121, 123, 204

Vian, Boris — 248

Vidal, M. del Carmen África — 56, 57, 122

Vigny, Alfred de — 248

Vuorinen, Erkka — 245, 257

용어 찾아보기

ㅇ

ㅊ

ㅋ

역자 소개

김윤정 ˙ 부산대학교 영어영문학과 박사후연구원
- 미국 University of Wisconsin-Madison 언어학 석사
- 미국 Ohio State University 영어교육학 박사

권유진 ˙ 부산대학교 영어영문학과 번역학 박사과정
- 부산대학교 영어영문학과 번역학 석사
- 부산국제영화제 〈Muhammad: The messenger of God〉, 〈Good Manners〉, 〈Goodbye Kathmandu〉 등의 영한 공동 자막번역
- 칸영화제 출품작 〈기억〉(정재영 감독)의 한영 자막번역 및 시놉시스 번역
- 온라인 사전 'PNU 영화제목 번역사전'(파트1. 영미편)의 공동편찬

이수정 ˙ 부산대학교 영어영문학과 번역학 석사과정 수료
- 제 21회 부산국제영화제 〈Muhammad: The Messenger of God〉 영한 공동 자막번역
- 제 22회 부산국제영화제 〈Good Manners〉, 〈Goodbye Kathmandu〉 영한 공동 자막번역

박영민 ˙ 부산대학교 영어영문학과 번역학 석사과정
- 제 22회 부산국제영화제 〈Good Manners〉, 〈Goodbye Kathmandu〉 영한 공동 자막번역

홍지연 ˙ 부산대학교 영어영문학과 번역학 석사과정 수료
- 제 21회, 제 22회 부산국제영화제 영상 자막번역 〈세르지오 & 세르게이〉 외 총 4편

강지수 | 부산대학교 영어영문학과 번역학 석사

박보람 | 부산대학교 영어영문학과 번역학 석사과정

심안리 | 부산대학교 영어영문학과 번역학 석사과정

양지윤 | 부산대학교 영어영문학과 번역학 석사

윤예정 | 부산대학교 영어영문학과 번역학 석사

이가은 | 부산대학교 영어영문학과 번역학 석사과정

이성제 | 부산대학교 영어영문학과 번역학 석사

이은지 | 부산대학교 영어영문학과 번역학 석사

최은영 | 부산대학교 영어영문학과 번역학 석사과정

영상번역 연구

초판 1쇄 발행일 2018년 2월 28일

Pilar Orero 엮음
김윤정· 권유진· 이수정· 박영민· 홍지연
강지수· 박보람· 심안리· 양지윤· 윤예정
이가은· 이성제· 이은지· 최은영 옮김

발행인 이성모
발행처 도서출판 동인
주 소 서울시 종로구 혜화로3길 5 118호
등 록 제1-1599호
TEL   (02) 765-7145 / FAX (02) 765-7165
E-mail dongin60@chol.com
I S B N 978-89-5506-781-1
정 가 18,000원